全国船舶工业职业教育教学指导委员会"十三五"规划教材

U0645239

船舶设备选型

郑　兰　朱显玲　主　编

王超敏　副主编

张远双　桂永辉　主　审

哈尔滨工程大学出版社

Harbin Engineering University Press

内 容 简 介

本书主要介绍船舶的舵设备、锚设备、系泊设备、拖曳设备、救生设备、起货设备、关闭设备、航行与信号设备,通过实船选用以及设计实例,让读者不仅掌握船舶设备的基本知识,还获得船舶设备选型设计技能。

本书可用于船舶与海洋工程专业学生的教材,也可作为船舶设计人员的参考资料。本书还收入了船舶设备管理与维护内容,为从事船舶航运及轮机管理工作的读者提供了丰富的资料。

图书在版编目(CIP)数据

船舶设备选型/郑兰,朱显玲主编. —哈尔滨:哈尔滨工程大学出版社,2019.10(2023.7 重印)
ISBN 978 – 7 – 5661 – 2239 – 1

Ⅰ.①船… Ⅱ.①郑… ②朱… Ⅲ.①船体设备 – 选型 Ⅳ.①U667

中国版本图书馆 CIP 数据核字(2019)第 216818 号

选题策划　　史大伟
责任编辑　　张志雯
封面设计　　李海波

出版发行　哈尔滨工程大学出版社
社　　址　哈尔滨市南岗区南通大街 145 号
邮政编码　150001
发行电话　0451 – 82519328
传　　真　0451 – 82519699
经　　销　新华书店
印　　刷　黑龙江天宇印务有限公司
开　　本　787 mm×1 092 mm　1/16
印　　张　13.75
字　　数　354 千字
版　　次　2019 年 10 月第 1 版
印　　次　2023 年 7 月第 3 次印刷
定　　价　37.00 元
http://www.hrbeupress.com
E-mail:heupress@ hrbeu.edu.cn

船舶行指委"十三五"规划教材编委会

编委会主任:李国安

编委会委员:（按姓氏笔画排名）

前　言

　　船舶设备是船舶的重要组成部分,关系着船舶的操纵性安全性和经济性。本书主要介绍船舶的舵设备、锚设备、系泊设备、拖曳设备、救生设备、起货设备、关闭设备、航行与信号设备,通过实船选用以及设计实例,让读者不仅掌握船舶设备的基本知识,还获得船舶设备选用的设计技能。本书不仅可用于船舶与海洋工程专业学生的教材,也可作为船舶设计人员的参考资料。最后,本书还收入了船舶设备管理与维护内容,为从事船舶航运及轮机管理工作的读者提供了丰富的资料。

　　本书编写过程中结合了一些实例,参考了国内最新的法规、规范、国家标准和国际公约,结合船舶设备的发展情况进行编写。由于船舶设备涉及的面比较广,鉴于本书篇幅有限,不可能涵盖各个方面,有一些内容展开不够深入,读者可根据需要参阅其他资料。

　　本书由武汉船舶职业技术学院郑兰、朱显玲担任主编,王超敏担任副主编,武汉船舶职业技术学院张远双副教授和中国船级社桂永辉工程师担任主审。具体编写任务为:第一章、第二章第七节、第四章、第五章由朱显玲编写,第八章和第九章由王超敏编写,其他内容由郑兰编写。

　　由于作者水平有限,时间仓促,书中不足和错误之处在所难免,敬请广大读者和各位专家批评指正。

编　者

2019 年 10 月

目　　录

第一章　舵设备认识与选用

第一节　舵的作用原理及舵设备的组成

舵是船舶主要的操纵设备,船舶航行时依靠舵设备来保持航向或改变航向。作为船舶重要性能之一的操纵性包含着两个相关的性能,即航向稳定性和回转性。其中,航向稳定性指的是船舶保持既定航向,做直线运动的能力。航向稳定性好的船舶意味着经济性能好。回转性指的是船舶按需要由直线航行进入曲线运动的能力。回转性好意味着船舶安全性能好。

船的类型、尺度以及用途不同,对舵的要求也各异。远洋船舶在海洋中做较长时间航行,较少变更航向,停靠次数也不多,因此保持航向是主要的,操纵的灵活性则是次要的。而川江船和港作船,经常要改变航向,停靠也较频繁,则操纵灵活性是主要的,保持航向就成次要的了。但不论是哪种船舶,保持航向或灵活地改变航向,都靠舵装置来实现。另外,在航行中,纠正船舶偏离既定的航向以及避让其他来往的船只,也需靠舵装置来控制。

一、舵的作用原理

利用转动舵叶来改变航向时,有一系列水动力作用过程。当舵以速度 v_0 运动,或者说水以速度 v_0 流经舵时,舵就相当于一个在流场中运动的有限翼展的机翼。当舵角为零即舵处于正中位置时,舵叶两面流线对称,舵上并不产生水动力,如图 1-1 所示。

当舵转过某一舵角 α 时,就相当于机翼以攻角速度 v_0 运动,此时舵叶两侧流线对称性被破坏,如图 1-2 所示。由伯努力方程可知:翼背处流线长、流速高、压强低,翼面处流线短、流速低、压强高,在机翼的两侧形成了压力差,压力分布如图 1-2 中双点画线所示。舵叶上各点压力均取舵叶表面的法线方向。由于流体具有黏性,对舵产生沿舵叶表面切线方向上的摩擦力。二者的合力,即为舵上总水压力(动压力),简称为舵压力 P(以下用 P 表示压力的大小)。P 的作用线与舵叶对称表面的交点称为舵的压力中心 O,其位置通常以其与舵叶导缘的距离来度量。

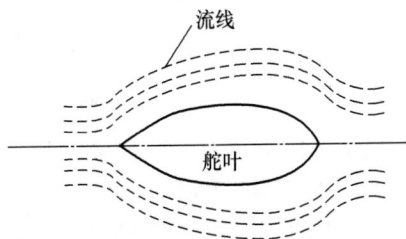

图 1-1　舵角为零时舵叶流态

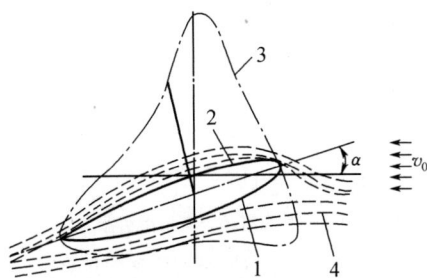

1—叶面;2—叶背;3—水压力分布曲线;4—流线;α—攻角。

图 1-2　舵角不为零时舵叶流态

将 P 沿流体动力和垂直于流体运动的方向分解,得到舵叶的阻力 P_x 和舵叶的升力 P_y,如图 1-3 所示。P_y 可用于计算由舵上水压力产生的转船力矩,若将 P 沿舵叶中心线方向和垂直于中心线方向分解,则可得舵叶的切向力 P_t 及舵叶的法向力 P_n。P_n 可用于计算水压力产生的舵杆扭矩。根据力的平移定理,P_y 可用一转船力矩 $P\cos\alpha L/2$(L 为船长)和作用于船舶重心 G 的横向力 $P\cos\alpha$ 所代替,如图 1-4 所示。在转船力矩和横向力的作用下,船首向转舵方向转动。此时船舶还将产生反向横移和轻度的横倾。并且船舶的阻力将增加,航速将下降。

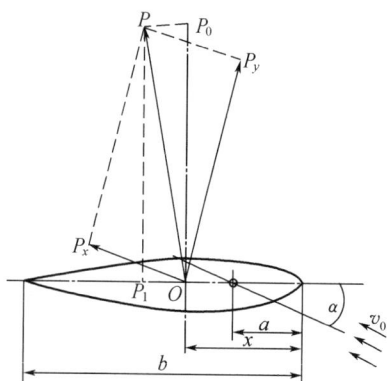

图 1-3　舵叶受力分析

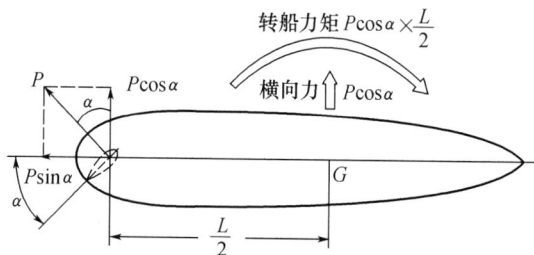

图 1-4　舵力使船舶回转

二、舵设备的组成与布置

舵设备中除了舵以外,为在规定时间内将舵转到所需要的角度并保证其有效工作,还需要有操舵装置、舵机和转舵装置。舵设备组成及在船上的布置如图 1-5 所示。舵叶在船舶尾部的支承和布置如图 1-6 所示。

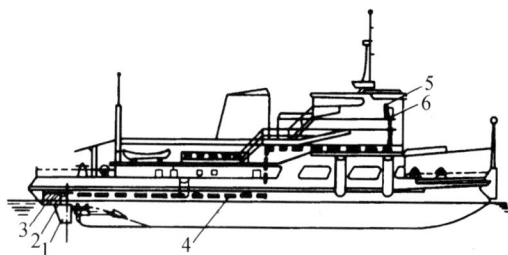

1—舵;2—转舵装置;3—舵机;4—传动装置;
5—操舵器;6—舵角指示器。

图 1-5　舵设备的组成和布置

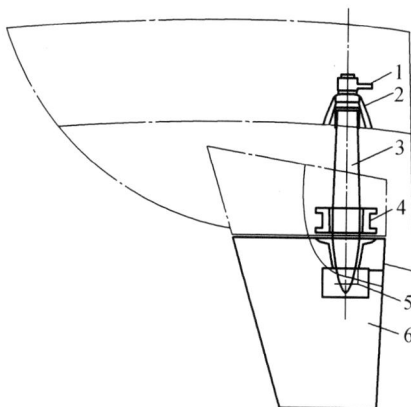

1—舵柄;2—上舵承;3—舵杆;4—下舵承;
5—可拆小门;6—舵叶。

图 1-6　舵叶的支承和布置

舵设备主要由以下几个部分组成。

（1）操舵器：指供舵工或驾驶人员转舵用的手柄或舵轮，一般分布在驾驶室内，如图1-7所示。

（2）舵角指示器：指用于指示和监督舵的实际位置的仪表，如图1-8所示。

图1-7 操舵器

图1-8 舵角指示器

（3）传动装置：可将舵机的启动信息由驾驶室传至舵机舱，分布于驾驶室和舵机舱之间。

（4）舵机：指带动传动舵转动的机械，是产生转舵的原动力，如图1-9所示。

（5）转舵装置：可把舵机的动力传给舵。

（6）舵：是舵叶、舵干及其支撑部件的总称，舵叶如图1-10所示。

图1-9 舵机

图1-10 舵叶

第二节　舵的类型、几何特性及其构造

一、舵的类型

图1-11所示为船后舵的主要类型，其分类如下。

1. 按舵的固定方式分类

舵踵支承的舵——在舵叶下端或上端均设有支承部件者称为舵踵支承舵，如图1-11中的Ⅰ型和Ⅱ型。

半悬挂舵——半平衡舵,其舵叶的上部支承丁悬挂舵壁或尾柱的舵钮上,下部呈悬挂状,如图 1-11 中的Ⅲ型。

悬挂舵——仅在船体内部设有支承点者为悬挂舵,其特点是只有上支承没有下支承,悬挂舵多为平衡舵,应用广泛,如图 1-11 中的Ⅳ型。

2. 按舵杆轴线在舵叶宽度上的位置分类

不平衡舵——舵杆轴线在接近舵叶前缘(导缘)处穿过,如图 1-11 所示的Ⅰ型。其特点是舵叶全部位于舵杆轴线之后,舵钮支点较多,舵杆强度容易得到保证,但是需要较大的转舵力矩,因此只用于小船。

平衡舵——舵叶面积分布于舵杆轴线的前后,如图 1-11 所示的Ⅱ型和Ⅳ型。其特点是所需的转舵力矩小,进而可相应减小舵机功率。舵杆轴线之前的舵叶面积起平衡作用,这部分的面积与舵叶全部面积之比称为平衡比度或平衡系数,一般为 0.2~0.3。因此,在海船中得到了广泛应用。

半平衡舵——舵的下半部为平衡舵,上半部为不平衡舵,如图 1-11 所示的Ⅲ型。平衡比度介于平衡舵和不平衡舵之间,即 0.2 以下。此舵一般用于尾柱形状比较复杂的船舶。

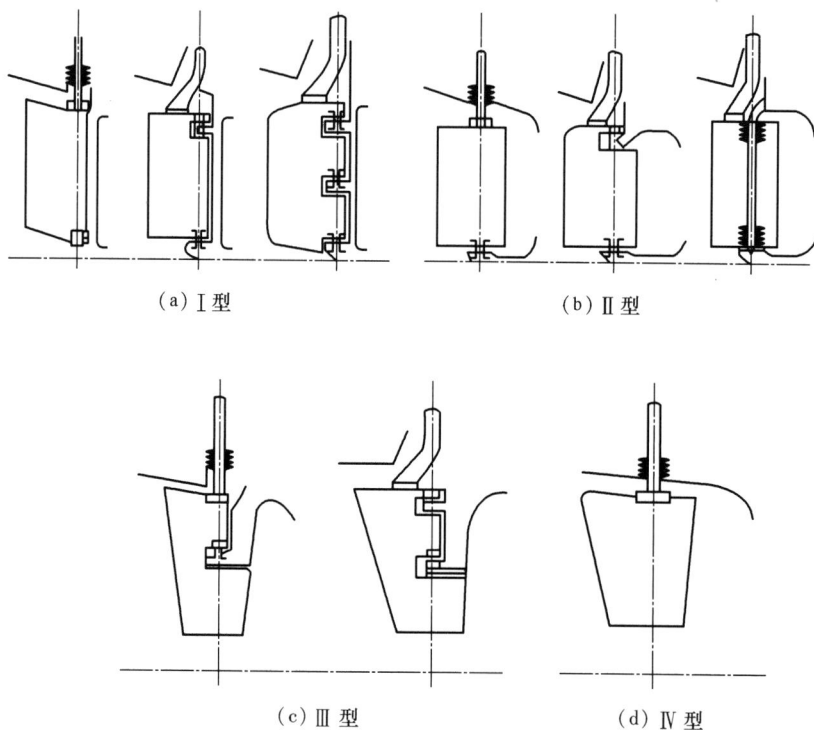

(a) Ⅰ型   (b) Ⅱ型

(c) Ⅲ型   (d) Ⅳ型

图 1-11　船用舵的基本类型

3. 按舵叶剖面的形状分类

平板舵——由舵板、舵臂、上舵杆、下舵杆以及舵销和连接法兰等构件组成,如图 1-12 所示。

流线型舵——剖面呈流线型,外部用钢板呈流线型包裹,内部设置水平隔板和垂直隔板,如图 1-13 所示。这种舵阻力小,压力作用中心位置随舵角变化范围小,有利于减少舵机功率;流线型舵在小舵角情况下即可产生较大的舵压力,有利于转船;流线型剖面舵都是复板舵,符合强度观点,并且在一定条件下可改进推进器的效率,所以采用得最普遍。除了部分非自航驳船外,绝大多数机动船都采用流线型舵。

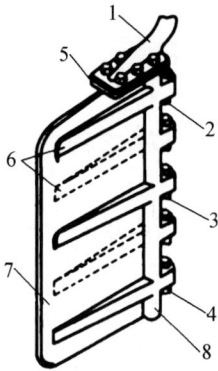

1—上舵杆;2—上舵销;3—中间舵销;4—下舵销;
5—连接法兰;6—舵臂;7—舵板;8—下舵杆。

图 1 – 12　平板舵

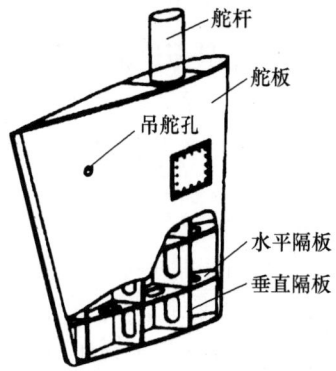

图 1 – 13　流线型舵

二、舵的基本参数

常用的船用舵的基本参数如图 1 – 14 所示。

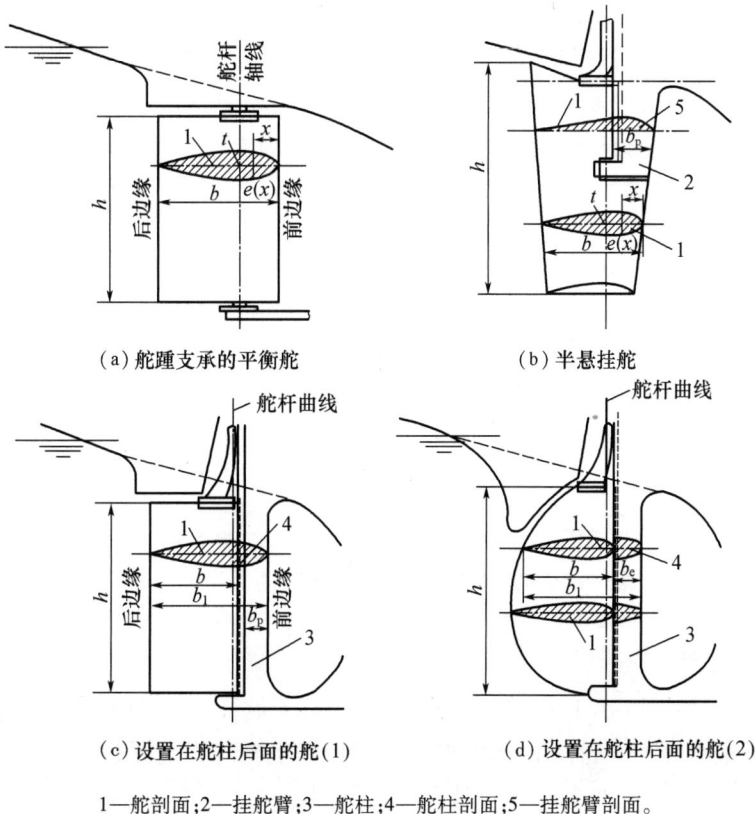

（a）舵踵支承的平衡舵

（b）半悬挂舵

（c）设置在舵柱后面的舵(1)

（d）设置在舵柱后面的舵(2)

1—舵剖面;2—挂舵臂;3—舵柱;4—舵柱剖面;5—挂舵臂剖面。

图 1 – 14　舵的基本参数

（1）舵面积 A：指舵叶的侧投影面积。

（2）舵的平衡面积 A_f：位于舵杆轴线之前的舵叶面积。

（3）舵的平衡系数 β：$\beta = A_f/A$。

（4）舵柱面积 A_p：舵的高度范围内，舵柱对称面的面积。

（5）挂舵臂面积 A_h：在舵的高度范围内，挂舵臂对称面的面积。

（6）舵及舵柱（或挂舵臂）组合面积 A_t：$A_t = A + A_p$ 或 $A_t = A + A_h$。

（7）舵高（翼展）h：对于矩形舵和梯形舵为舵叶上边缘与下边缘之间的距离；对于其他形状舵应取上下边缘之间的平均距离，即平均高度 h_m。

（8）舵宽（弦长）b：在垂直于舵杆轴线的舵叶剖面上，导缘（前边缘）与随缘（后边缘）之间的距离；对于非矩形舵，应取平均宽度 b_m。

（9）舵柱宽度 b_p：在垂直于舵杆轴线的舵柱剖面上，舵柱前后边缘之间的距离。

（10）舵＋舵柱组合体剖面的宽度（弦长）b_t：在垂直于舵杆轴线的舵叶和舵柱剖面中，从舵柱前边缘到舵叶后边缘之间的距离。

（11）舵的展弦比 λ：舵的高度（翼展）h 与宽度（弦长）b 之比值，即 $\lambda = h/b$；对于非矩形舵，$\lambda = h_m/b_m = h_m^2/A$。

（12）舵＋舵柱（挂舵臂）组合体的展弦比 λ_t：组合体翼展与弦长之比值，即 $\lambda = h/b_t = h^2/A_t$；对于非矩形舵，$\lambda_t = h_m/b_{tm}$（$b_{tm}$ 为组合体平均宽度）。

（13）后掠角 Λ：舵叶上下边缘距舵导缘 1/4 弦长的点的连线与舵杆轴线之间的夹角。

三、舵剖面的几何参数

舵剖面是由垂直于舵杆轴线的平面截得的舵叶剖面，通常沿高度方向厚度不变的矩形舵的各个剖面的形状完全相同。非矩形舵虽然各个剖面的弦长不同，但一般均采用相同的厚度比，因而其各个剖面的形状相似。流线型舵的剖面形状通常为对称剖面，导流管为不对称剖面。

舵剖面的几何参数定义如下：

b——弦长，连接剖面的前端点和后端点的直线（弦线）的长度。

y_1、y_2——从弦线 X 轴垂直量取的剖面轮廓线的纵坐标值。由于对称剖面的中心线为直线，且与弦线重合，因此 $y_1 = y_2$。不对称剖面的中线坐标值为 $y_0 = (y_1 + y_2)/2$。

e——剖面在任意 X 值处的厚度：$e = |y_1| + |y_2|$。

t——剖面的最大厚度。

$\bar{t}$——剖面厚度比，$\bar{t} = t/b$。

历年来，各国发表了许多船用舵系列的水动力试验结果，它们给出了各种剖面类型、展弦比、厚度比、侧投影形状、尖端形状、后掠角等舵的水动力资料。

四、舵的构造

一般单板舵的构造（图 1 - 15）主要组成构件有：上舵杆、下舵杆、舵叶、舵壁、舵钮、舵杆接头以及上下舵承等。上舵杆由船内部穿出船外，其上端与操舵器相连，下端与舵相连，操舵器通过它转动舵叶，因此上舵杆也就是舵的转轴，一般呈圆形断面，支承它的是上下舵承。上舵杆的直径大小视其承受的扭矩和弯矩而定。下舵杆亦称舵主件，对于非平衡舵，位于舵叶的前缘,通常也是呈圆形断面,舵壁就装在其上,舵压力矩通过它传至上舵杆。舵壁是前后布置的用以把舵叶和下舵承连接起来的构件,可将舵叶上的载荷传至下舵杆并加强舵叶自身的刚性。在舵壁的前方设有舵钮,用舵销将其与舵柱的上舵钮相连。

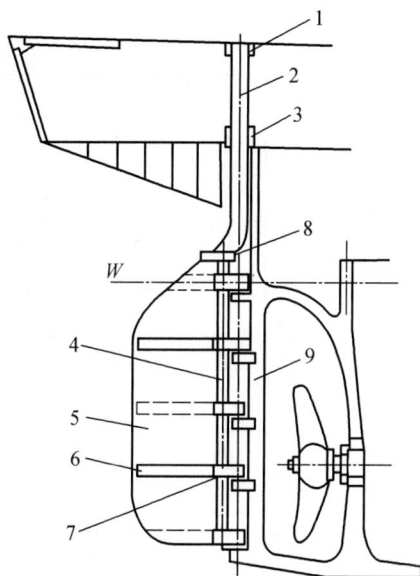

1—上舵承;2—上舵杆;3—下舵承;4—下舵杆(舵主件);5—舵板;
6—舵壁;7—舵钮与舵销;8—连接法兰;9—舵柱。

图 1 - 15 单板舵的结构

现代船舵多采用复板的空心流线型舵,其结构如图 1 - 16 所示。这种舵舵体强度好,舵钮、销较少,一般为两个,舵叶为空心焊接结构,其一侧的舵板采用正常焊接的方法与水平桁材和垂直桁材相连,而另一侧封闭用的舵板必须采用特殊的方法焊接,常用的有舌焊法和搭板塞焊法。

舌焊法是在水平和垂直桁板上留有突出的舌(图 1 - 17),以便嵌入舵板上对应的切口中,舌上有眼孔,供楔子打入以迫使舵板紧贴于桁板上,然后在舌的周围施以焊接后将舵板外的舌割去并磨光。搭板塞焊法是在桁板的边缘上加一搭板,搭板与桁板用填角焊连接,再采用长孔焊或 V 形焊将舵板与搭板连接起来。由于长孔焊的周边难以完全填焊到,并且焊缝也不连续,因而以具有 V 形焊缝的焊接比较好,因为 V 形焊的准备工作比较少,所需搭板也比较窄些,只是舵板要根据桁板的间距裁成相应的板块。舵板在其后缘最好焊在一个型材上,并需具有充分的焊缝,通常采用如图 1 - 18 所示的焊接连接方式。流线型舵一般多为少支承舵,很少采用舵钮,支承件是上、下舵承,如图 1 - 19 所示。

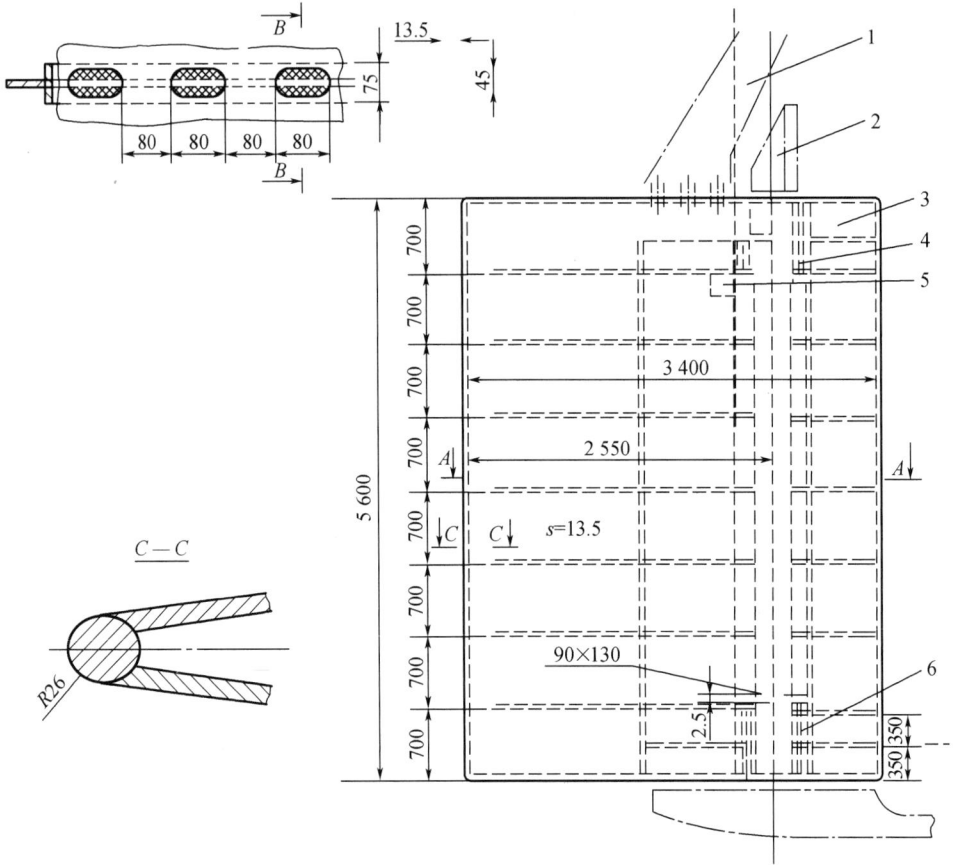

1—舵杆;2—舵轴;3—舵叶;4—上舵承;5—焊制钢管;6—下舵承。

图 1 - 16　流线型舵结构(单位:mm)

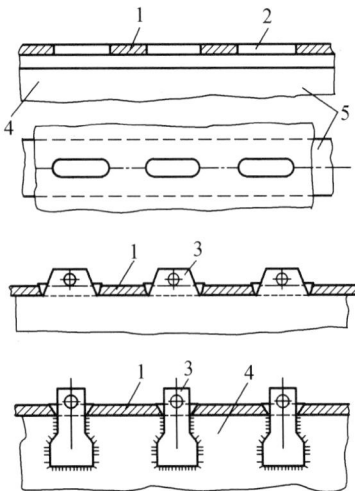

1—舵板;2—填焊;3—舌板;4—桁板;5—搭板条。

图 1 - 17　舵板的焊接方式图

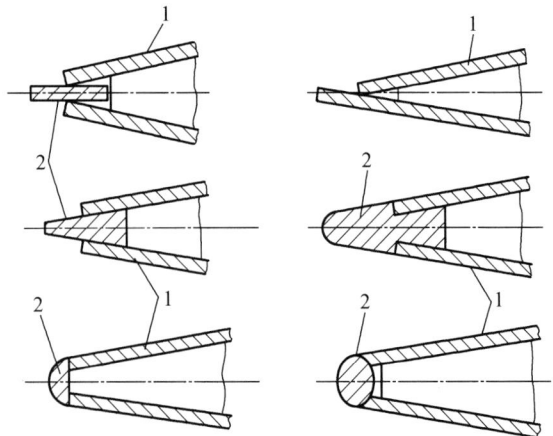

1—舵板;2—尾端材。

1 - 18　舵后缘的焊接方式

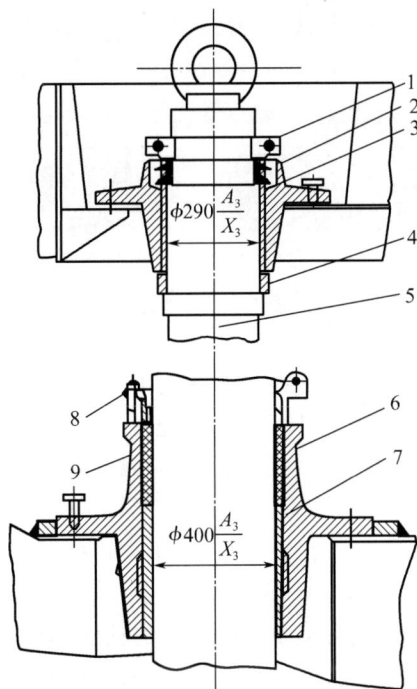

1—卡环;2—单向球轴承;3—上舵承本体;4—定位坯;5—舵杆;
6—水封填料;7—轴衬;8—压紧环;9—下舵承本体。

图1-19 上、下舵承(单位:mm)

五、舵装置的主要组成

1. 舵叶

舵叶是产生舵压力的构件。现代海船大多数采用焊接结构的流线型剖面舵叶,它是一个密封的钢质空心结构。它主要由舵叶旁板、垂直隔板、水平隔板、舵杆和舵销等组成。

2. 舵杆

舵杆是舵的转轴。舵杆通常为变断面的圆柱,其下端通过法兰或锥体与舵叶连接(图1-20、图1-21),上端与舵柄或舵机连接。其作用是传递舵机的转舵力矩,从而转动舵叶。其伸入舵叶的部分称为下舵杆,相当于舵叶组成部分,可以保护舵叶的强度和刚度。

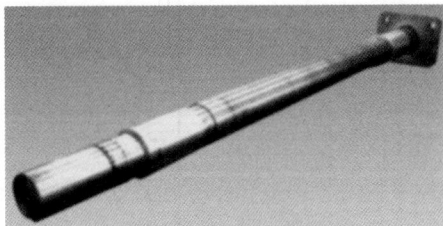

图1-20 法兰连接舵杆

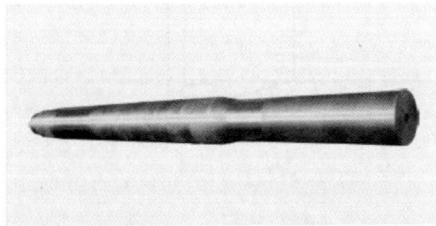

图1-21 锥体连接舵杆

3. 舵承

舵承是固定在船上,用以支承舵杆的轴承装置,如图1-22所示。舵承按其受力状态可分为支承舵承及支承推力舵承;按其安装位置可分为上舵承、中间舵承及下舵承;按其密性可分为水密舵承及非水密舵承;舵承的摩擦部分可采用滑动轴承或滚动轴承。

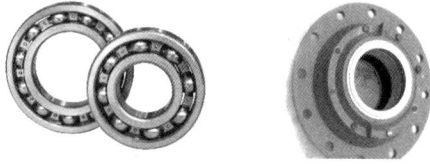

图 1-22 舵承

上舵承通常位于舵头附近,在操舵机械所在的甲板或平台上,一般为止推轴承;下舵承通常位于舵杆穿出船体外板处,或舵杆套筒出口处,一般为滑动水密轴承,以防止海水进入船体。设置舵杆套筒的半悬挂舵也有将上舵承同时做成水密的。

4.舵干与舵叶的连接件

舵干与舵叶目前常用连接方式有法兰连接及锥体连接。

5.舵柱

舵柱是船体尾柱的一部分,用以支承不平衡舵的柱状部件,如图 1-23 所示。有时将其剖面形状设计成与舵叶剖面相配合,两者形成组合流线型剖面,用以提高舵的工作效率。

6.舵托

舵托是位于尾柱底部的突出部分,也称底承座,用以安装下舵销或舵轴(图 1-23)。

7.舵销和舵钮

舵叶与舵柱或挂舵臂之间采用舵销连接时,舵叶及舵柱或挂舵臂上相应设置数个有孔的突出物,即为舵钮(图 1-24)。

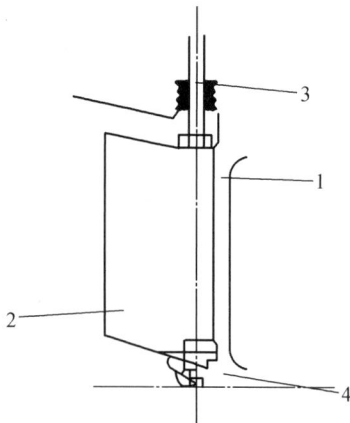

1—舵柱;2—舵叶;3—舵杆;4—舵托。

图 1-23 不平衡舵的结构

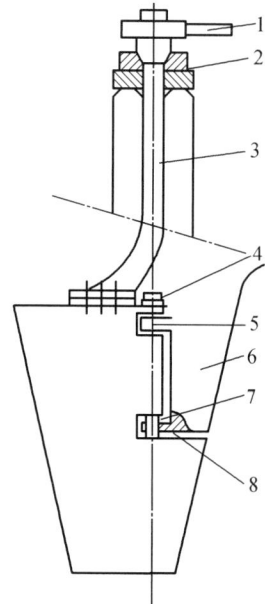

1—舵柄;2—上舵承;3—舵杆;4—上舵销;
5—舵钮;6—挂舵臂;7—下舵销。

图 1-24 半平衡舵的结构

8.挂舵臂

挂舵臂是附连与船体尾部的臂状构件,用以支承半悬挂舵。一般也将其剖面设计成与舵叶相配合的流线型(图1-24)。

9.舵柄

舵柄通常是装在舵杆头上,用以转动舵杆的构件。其形状视转舵装置不同而异,有时可作为舵机的组成部分(图1-24)。

10.止跳环

船舶在航行时,舵叶因受到波浪冲击或其他因素影响,可能发生垂向移动。为防止舵被抬升,应配有适当的防止舵上抬的止跳环。悬挂舵可在舵承的下端与舵叶上端面之间设置专用的止跳环,止跳环或挡圈套制成对称形状,用螺栓连接成整圆。

11.舵角限位器

舵角限位器是一种限位装置,用以防止舵叶转角超过允许极限角度,一般流线型舵的极限角为32°,平板舵为35°。舵角限位器通常设置在舵机操舵机械所在的甲板和舵叶上。

第三节 舵机与转舵装置

一、舵机

舵机一般分为蒸汽舵机、电动舵机、液压舵机等。蒸汽舵机已不常见,电动舵机一般仅被小型船舶采用,而现代大型船舶大多采用转矩大、噪声小的液压舵机。

1.电动舵机

电动舵机由电动机带动蜗杆、涡轮转动进而带动舵扇和舵杆转动。舵扇上有弹簧缓冲装置可以吸收波浪对舵的冲击,如图1-25所示。它的优点是工作可靠、操作简便、动作迅速准确、维护保养简单,并且电动机的机械特性近似恒功率,适用于任何种类的设备。缺点是转舵力矩过大,电动舵机显得过分庞大而笨重,目前适用于小型船舶。

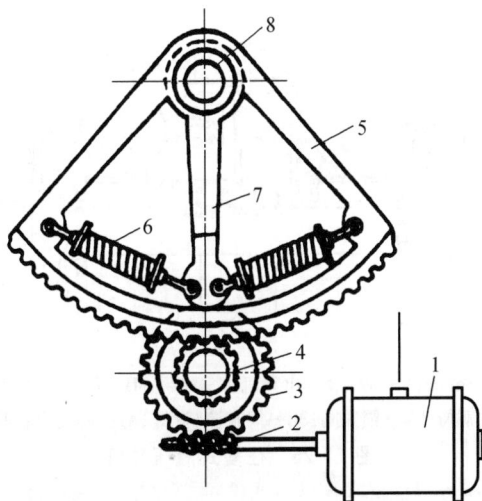

1—电动机;2—蜗杆;3—涡轮;4—齿轮;5—齿弧式舵扇;6—缓冲装置;7—纵向舵柄;8—压紧环。

图1-25 电动舵机

2. 液压舵机

液压舵机是现代船舶上应用最广泛的舵机。它的优点是同电动操舵装置相比，液压操舵装置在操舵次数十分频繁的情况下，具有较高的可靠性。对于大型和高速舰船，采用液压舵机可以减小操舵装置尺寸，减轻质量。缺点是工艺要求高、价格昂贵、日常功耗大、维护保养复杂。液压舵机按照转舵装置的运行形式不同，分为往复式和转叶式两种。

（1）往复式液压舵机

这种舵机由操舵装置控制系统启动电动机带动变量泵，如图1-26所示。变量泵从一对油缸中输油的同时从另一对油缸中吸油，使活塞在油压的作用下移动，通过球窝关节带动舵柄从而转动舵叶。如果改变输油方向，舵就反向转动。

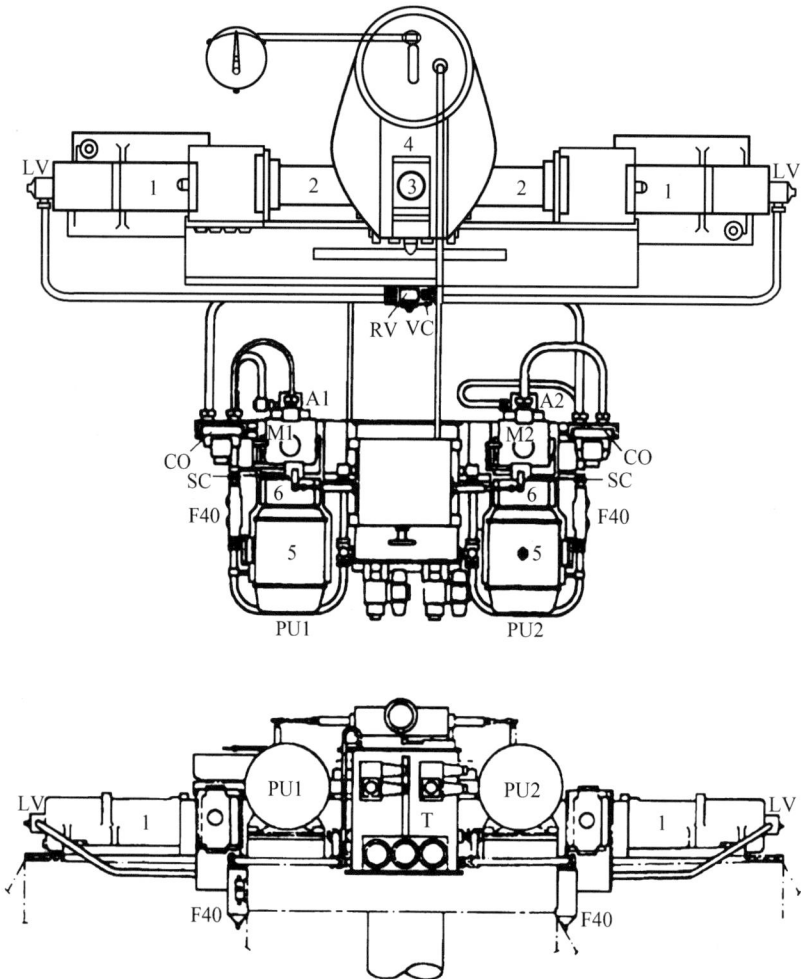

1—液缸；2—柱塞；3—滑块；4—舵柄；5—电动机；6—油泵；M1、M2—油泵；PU1、PU2—动力装置；CO—换向阀；RV—溢流阀；LV—锁紧阀；SC—伺服控制；A1、A2—辅助泵；F40—过滤器；T—舵柄。

图1-26 往复式液压舵机

（2）转叶式液压舵机

转叶式液压舵机油缸体内有三个定叶和三个转叶，缸体分为六个工作腔，如图1-27

所示。工作腔内充满油液。转叶用键固定在大舵杆上。电动机带动变量泵运转,可遥控控制杆油液的流量和流向,通过管路向三个对应的工作腔泵油,同时从另外三个工作腔吸油。

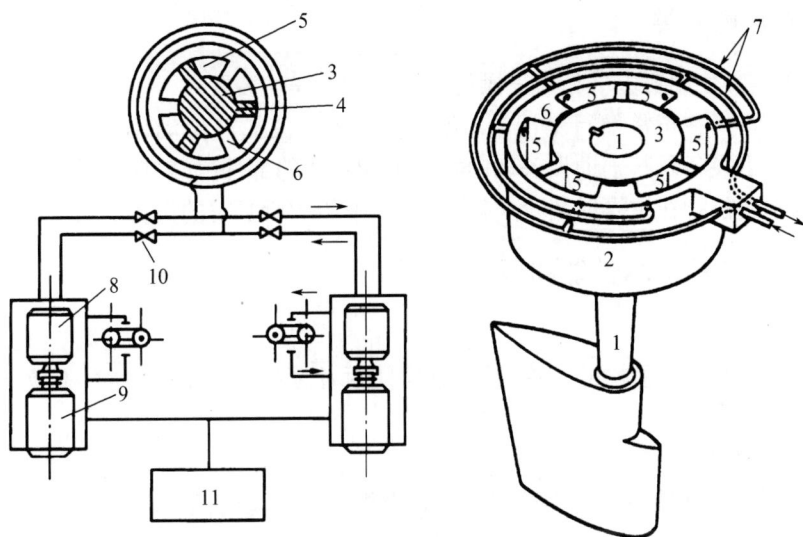

1—舵杆;2—固定块;3—回转体;4—动叶;5—压力腔室;6—定叶;

7—油路管;8—油泵;9—电动机;10—截止阀;11—储油箱。

图1-27 转叶式液压舵机

二、转舵装置

在液压舵机中,转舵装置将油泵供送的液压能转变为扭转舵杆的机械能,推动舵叶转动,常用的有滑式、滚轮式和摆缸式。

1. 滑式转舵装置

滑式转舵装置一般采用四油缸、双撞杆的结构。它工作可靠、密封性好、易于制造、便于维修,有良好的转舵力矩,得到广泛应用。其缺点是质量与体积都很大。

2. 滚轮式转舵装置

在这种转舵装置中,油缸的液压能通过撞杆顶部直接顶动滚轮的办法转变为舵柄的摆动,从而产生转舵力矩。这种装置具有结构简单、加工容易、安装要求不高等优点,但在大转矩舵机中的应用受到了限制。

3. 摆缸式转舵装置

这种装置的结构特点在于采用了与支架相铰接的两个摆动式油缸和双作用的活塞。转舵时利用活塞在油压作用下所产生的往复运动以及两油缸的中心线的相应摆动,即可通过与舵柄相铰接的活塞杆推动舵叶转动。这种装置油缸的利用率高、体积小、质量轻,但工艺要求高,一般多见于功率不大的舵机中。

第四节　操舵装置与自动舵

一、操舵装置分类

操舵装置按其使用要求可分为主操舵装置和辅助操舵装置。

主操舵装置:指在正常航行情况下,为驾驶船舶而使舵产生动作所需的机械、转舵装置、舵机装置动力设备及其辅助设备和向舵杆施加转矩的部件,如舵柄及舵扇。

辅助操舵装置:指在主操舵装置失效时,为驾驶船舶所必需的设备。

二、操舵装置的基本性能和要求

1. 配置要求

应配备满意的主、辅助操舵装置,其布置应使两者之一在发生故障时,不致导致另一装置不能工作。

2. 监控与供电要求

(1)应在驾驶室和适当的主机控制位置装设指示其电动机正在运转的设备。

(2)供电独立,其中之一可以由应急配电板供电。

3. 主操舵装置和舵杆要求

(1)具有足够强度,并能在船舶最大航海吃水和最大营运前进航速时进行操舵,能使舵自任一舷35°转至另一舷35°,并且于相同条件下自一舷的35°转至另一舷30°所需的时间不超过28 s。

(2)当舵柄处的舵杆直径(不包括航行冰区的加强)大于120 mm时,操舵装置应为动力操纵。

(3)在最大后退航速时不致损坏,但不需验证。

4. 辅助操舵装置要求

(1)具有足够的强度和足以在可驾驶的航速下操纵船舶,并能在应急情况下投入工作。

(2)应能在船舶最大航海吃水和以最大营运前进航速的一半但不小于7 kn时进行操舵,能使舵自一舷15°转至另一舷15°,且所需时间不超过60 s。

(3)当舵柄处的舵杆直径(不包括航行冰区的加强)大于230 mm时,操舵装置应为动力操纵。人力操舵装置允许装船使用的条件是操舵力不超过160 N,且其结构不致对操舵手轮产生破坏性的反冲作用。

5. 主操舵装置和辅助操舵装置动力设备的布置

(1)当动力源发生故障失效后又恢复输送时,能自动再启动。

(2)能从驾驶室控制使其投入工作。

(3)任一台操舵装置动力设备的动力源发生故障时,应在驾驶室里发出声、光警报。

(4)当主操舵装置具有两台或两台以上相同的动力设备时,则可不必设置辅助操舵装置。

6. 操舵装置控制系统的布置

(1)主操舵装置应在驾驶室和舵机室两处都设有控制器。

(2)主操舵装置应设置两套独立的控制系统,且每套系统均应能在驾驶室控制。但不要求设双套操舵手轮或手柄。如控制系统是由液压遥控传动装置组成,则除10 000总吨及以上的油船、化学品船或气体运输船外,不必设置第二套独立控制系统。

（3）对辅助操舵装置为动力操纵的,也应能在驾驶室和舵机室进行控制,并应独立于主操舵装置的控制系统。

7. 通信设备要求

驾驶室与舵机室之间应设有通信设施。

8. 舵角位置要求

（1）主操舵装置为动力操纵的,应在驾驶室显示。舵角的显示装置应独立于操舵装置的控制系统。

（2）在舵机室内能看到舵角的指示。

9. 液压动力操舵装置要求

液压系统的循环油箱应设低位警报器,在驾驶室和机器处所内易于观察的地方发出声、光警报。

10. 安全阀要求

开启压力应不小于 1.25 倍的最大工作压力。

11. 操舵装置的应急动力要求

当舵柄处舵杆直径（不包括航行冰区加强）大于 230 mm 时,应设有能在 45 s 内向操舵装置自动供电的应急电源或位于舵机室内的独立动力源。在 10 000 总吨及以上的船舶上,替代动力源应具有足够供应至少连续工作 30 min 的能量,在其他船舶上替代动力源应具有足够供应至少连续工作 10 min 的能量。

12. 动力设备数量要求

10 000 总吨及以上的油船、化学品船或气体运输船和 70 000 总吨及以上的其他船舶,其主操舵装置应设有两台或两台以上相同的动力设备。

13. 10 000 总吨及以上的每艘油船、化学品船、液化气体运输船的操舵装置还应满足的要求

（1）当主操舵装置的一个动力转舵系统的任何部分（除舵柄、舵扇或为同样目的服务的部件或因转舵装置卡住以外）发生单项故障以致丧失操舵能力时,能在 45 s 内重新获得操舵能力。

（2）主操舵装置应包括两个独立和分开的动力转舵系统,或至少两个相同的动力转舵系统在正常运转中同时工作时能满足要求。

（3）非液压型操舵装置应能达到同等的标准。

另外,对 10 000 总吨及以上但小于 100 000 载重吨的油船、化学品船或液化气体运输船的操舵装置,舵机制造厂应使其产品符合国际海事组织（IMO）通过的《非双套转舵系统的验收准则》的要求,并经船级社认可。

三、操舵控制装置

目前,大多数船舶采用电力控制主、辅操舵装置。因为它不仅便于遥控,还可进行双套独立操舵系统的布置。它不受船体变形及环境温度的影响,工作可靠,维修管理方便,有利于操舵自动化实现。

1. 随动控制系统

随动控制系统有舵角反馈装置,转动舵轮随之转出舵角。舵轮转动停止,舵角也停止。舵轮转动角度和舵叶的偏转角度是相当的,操舵直观。

2.直接控制系统

直接控制系统没有反馈装置,而是用手柄或按钮直接控制继电器使舵机转动。手柄或按钮相当于继电器的开关。操舵时,当舵角指示器指到所需的舵角时,要立即将手柄或按钮松开,使手柄回位到中间位置或使按钮跳起。该线路布置简单,一般作为随动控制系统失灵时的备用控制系统。使用直接控制系统操舵时,应注意掌握船舶的回转惯性的作用,要及时切断电源,才能使舵叶准确到达所需的舵角。

3.应急操舵系统

当操舵装置控制系统或主操舵装置发生故障而不能在驾驶室进行辅助操舵装置的控制时,应脱开驾驶室的控制系统,改由舵机室控制操舵。这时,应利用驾驶室与舵机室通信设施进行应急操舵。

按规定,至少应每三个月进行一次应急操舵演习,以熟练掌握应急操舵程序。在驾驶室和舵机室内有永久显示操舵装置控制系统和"操舵装置/动力装置"转换程序的简单操作说明,并附有方框图。有关水手和驾驶员应熟悉装在船上的操舵系统的操作,以及系统之间的转换程序等。应急操舵的演习日期和详细内容应记入航海日志内。

4.电动液压操纵系统

综上所述,整个舵机操纵系统主要由三个以上系统组成。目前,大中型船舶多采用电动液压舵机。它以液体作为传递能量的介质,利用电动油泵的压力,将操舵器的动作迅速而准确地传递给舵柄,使舵转动。

四、自动舵

自动舵能模拟并代替人工操舵。它保持航向的精度比人工操舵高,相对提高了航速,并大大降低操舵人员的劳动强度,还可以与其他导航设备集合,形成自动导航系统。

自动舵的基本工作原理如图1-28所示。随动操舵的指令机构是人工操舵的舵轮,而自动舵是航向信号。此外,自动舵还增加了一个外部的航向闭环调节系统。

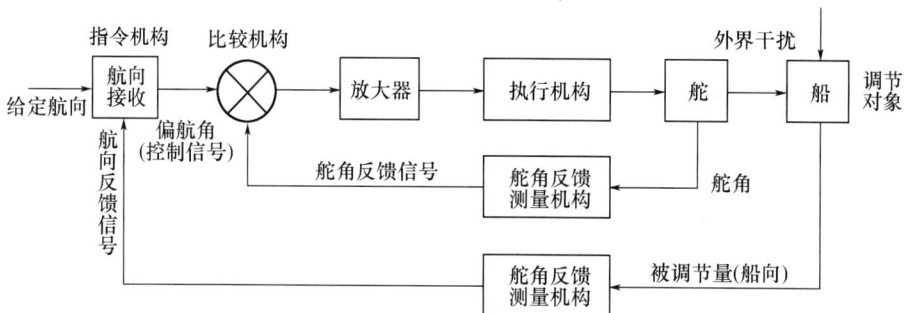

图1-28 自动舵操舵系统图

1.自动舵的使用

(1)操舵水手应正确、熟练地进行人工舵与自动舵的转换操作,在转换操作时,应由值班驾驶员操作或在其监督检查下进行。

(2)在长期使用自动舵以后及在需要特别谨慎驾驶之前,均应试验人工操舵。

2.从人工操舵转为自动舵

(1)注意压舵及航向改变调节均应置于"0"位。

（2）先将灵敏度调高些。

（3）用人工操舵使船首稳定在设定航向上。操舵仪及驾驶台上的舵角指示器均在"0"位时，将选择开关从"手操"转换至"自动"。

（4）注意观察舵角指示器是否正常（转换开始时，特别注意有无"跑舵"现象），正常后根据海况及装载情况进行各旋钮调节，使之配合得当，获得最好的航线稳定性（可通过船舶尾后海面的痕迹是否较直来判断），并注意各旋钮是否对准刻度。

3. 使用中注意事项

（1）在大风浪中航行，为保护自动舵应改用人工舵。

（2）当船舶避让改向及航行于狭水道、渔区、航道复杂水域，或能见度不良，进出港和靠离泊位时应改用人工舵。

（3）值班驾驶员至少每小时检查一次自动舵的运行情况，并核对电、磁罗经的航向是否正确；每隔 4 h 至少进行一次随动舵的试验。

（4）在随动操舵状态下，自动舵的各有关调节旋钮不起作用；在自动状态下，舵轮不起作用。

（5）需大幅度改向时，应用人工舵改向。待船首稳定于设定的航向时，再改为自动舵。

第五节　舵　系　设　计

舵系设计步骤：首先，确定舵叶面积、舵的外形和剖面形状；然后，计算设计舵上的流体动力和转舵力矩；接着，通过舵的强度计算，定出舵杆直径及其他构件尺寸；最后，计算舵机功率并选择舵机。

一、舵叶参数确定

1. 舵叶面积

船型一旦确定后，舵叶面积的选择将直接影响船舶的操纵性。舵叶面积确定原则：一般凡是要求回转性、灵敏性好的船舶，其舵叶面积要取大些，如军舰、港口工作船、川江船、内河船等。凡是要求航向稳定性好的船舶，如远洋运输船，其舵叶面积可以小些。而要达到同样的舵压力，如果船速高舵叶面积可小，船速低舵面积应大。目前，在船舶设计中确定舵叶面积的方法主要有以下几种。

（1）按母型船选择舵叶面积

对于船舶操纵性指标没有明确定量要求，而仅仅是希望有较好的操纵性的情况下，可以找出一艘操纵性较好，且与所设计的船舶的船型及主尺度接近的母型船，取两艘船舵面积比相等，舵叶面积比 χ 计算公式为

$$\chi = \frac{A}{LT} \times 100\% \tag{1-1}$$

式中　L——船长；

　　　T——夏季载重线的吃水；

　　　A——舵叶面积。

按该船的舵叶面积 A_0 确定所设计船舶的舵叶面积 A，其计算公式为

$$A = \frac{A_0 LT}{L_0 T_0} \tag{1-2}$$

式中 L_0、T_0——母型船的船长及吃水；

L、T——设计船舶的船长及吃水。

设计船舶的舵叶面积比可以参考母型船,再根据设计船舶与母型船在船型、舵型、航速及航区等方面的差异,加以修正。

（2）利用船型统计资料选择舵叶面积

表1-1中提供了某些船型的舵叶面积比的资料,可供选择舵叶面积时参考。这种选择舵叶面积的方法的困难在于,统计资料中舵叶面积比的上下限范围较大,很难做出正确的选择,通常只能在船舶设计初期使用。

表1-1 各种船舶舵叶面积比

船型	舵叶面积比 χ	船型	舵叶面积比 χ
单螺旋桨船	1.6% ~1.9%	机动性较高的船舶	2.0% ~4.0%
双螺旋桨单舵船	1.5% ~2.5%	拖网渔船和有限航区船舶	2.5% ~5.5%
双螺旋桨双舵船（总面积）	1.7% ~2.1%	海洋拖船	3.0% ~6.0%
油船	1.3% ~1.9%	引水船和渡船	2.5% ~4.0%
大型高速客船	1.2% ~1.7%	巨型货船和客船	1.4% ~2.0%
运河快速客船	1.8% ~2.0%	小型货船和客船	1.7% ~2.3%
沿海航行船舶	2.3% ~3.3%	近海船舶	2.0% ~3.3%

（3）按船级社规范确定舵叶面积

各国船级社通过公式规定了舵叶面积的最小值及附加规定。

挪威船级社（DNV）的《船舶入级规范》中关于舵叶面积的规定是,直接在推进器后面工作的舵（单舵或多舵）的舵叶面积 $A(\mathrm{m}^2)$ 应不小于按下式计算所得的值

$$\left.\begin{array}{l} A = \dfrac{TL}{100}\left[1 + 50C_{\mathrm{B}}^2\left(\dfrac{B}{L}\right)^2\right] \\[3mm] C_{\mathrm{B}} = \dfrac{\Delta}{1.025LBT} \end{array}\right\} \qquad (1-3)$$

式中 L——船长,m；

T——吃水,m；

B——船宽,m；

Δ——排水量,t；

C_{B}——方形系数。

对于在港湾、运河或其他狭窄水道内频繁地机动航行的船舶,按式（1-3）确定的舵叶面积应予增加。对于设有流线型舵柱的船舶,舵柱侧面积的一半可计入舵叶面积。设有挂舵臂的船舶,位于舵顶部水平线以下挂舵臂的面积可计入舵叶面积。不直接在推进器后面工作的舵,按式（1-3）计算所给出的舵叶面积应至少增加30%。具有特殊剖面或形状可提高效率的舵,可具有较小的总面积。具有大的干舷以及高的连续上层建筑的船舶,必须考虑增加舵叶面积。

德国劳氏船级社（GL）的《钢质海船入级与建造规范》中关于舵叶面积的规定是,为达

到足够的操纵性能,建议可动舵叶面积 $A(\text{m}^2)$ 应不小于由下式计算所得的值

$$A = C_1 C_2 C_3 C_4 \frac{1.75LT}{100} \qquad (1-4)$$

式中　C_1——船型系数,一般情况下 $C_1 = 1.0$;对于排水量超过 50 000 t 的散装货船和液货
　　　　船,$C_1 = 0.9$;对于拖船和拖网渔船,$C_1 = 1.7$;

　　　　C_2——舵型系数,一般情况下 $C_2 = 1.0$;对于半悬挂舵,$C_2 = 0.9$;对于双舵,$C_2 = 0.8$;
　　　　对于高升力舵,$C_2 = 0.7$;

　　　　C_3——舵叶剖面形状系数,一般情况下 $C_3 = 1.0$;对于 NACA 剖面舵和平板舵,$C_3 = 0.7$;对于凹翼型剖面舵,$C_3 = 0.8$;

　　　　C_4——舵系布置系数,对于舵位于螺旋桨尾流之内的,$C_4 = 1.0$;对于舵位于螺旋桨
　　　　尾流之外的,$C_4 = 1.5$;对于半悬挂舵,挂舵臂的投影面积的 50% 可计入舵叶面积
　　　　A 中。

（4）按图谱确定舵叶面积

中国船级社规范采用图谱确定舵叶面积。《船舶操纵性临时标准》以及中国船级社（CCS）指导性文件《海船操纵性标准》均提出了关于海船操纵性衡准的要求。为满足这一要求,舵叶面积可按图 1-29 确定。其使用范围为除双体船、高速船及特种作业船以外的机动海船,以及舵叶剖面 NACA00 的常用舵型。

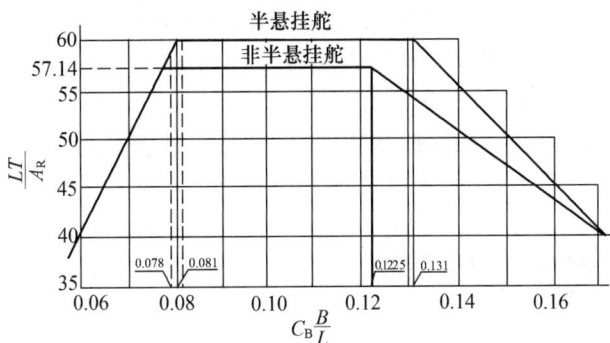

图 1-29　确定舵叶面积图谱

2. 舵叶的展弦比与外形

展弦比 λ 是影响舵叶的流体动力特性的主要因素:随着展弦比 λ 的减小,与升力系数最大值相对应的攻角——临界攻角（$\alpha_{\max}$）将加大,即失速象推迟出现。在临界攻角之前,同一攻角下,展弦比大者,升力系数也大。所以,舵的展弦比较大的船,可期望用较小的舵角获得较大的升力,其小舵角舵效较好。展弦比较小时,展弦比越小,则升力系数的最大值越大。此外,展弦比对压力中心位置也有一定影响:λ 过小时会使压力中心后移,使 C_p 增大。但在船用舵范围内,这个影响极小,可忽略不计。在确定舵叶的尺度时,往往由于尾部形状的限制,λ 的选择余地是不大的,一般为 0.5 ~ 3.0。

3. 舵叶剖面形状和厚度比

目前,在国内应用广泛的为 NACA 和 HEK 两种剖面。NACA 剖面升力较大,阻力较小,可惜只有敞水舵资料,其剖面的前缘不肥大,适合正对螺旋桨尾流的舵叶。HEK 剖面具有结合船模和螺旋桨的正航和倒航的试验结果,故应用方便。其剖面后部较肥,用在非正对

螺旋桨尾流,或虽正对螺旋桨但具有舵柱的船舶时,舵效较好。JFS 型舵叶剖面的性能比以上两种优越,在我国已经开始研究应用。

舵叶厚度比为舵叶最大厚度和舵宽之比值。其过大或过小对升力系数不利,一般认为在 0.1 ~ 0.2 范围较为合适。确定时需要考虑水动力性能和舵杆直径要求。其选取原则为单桨船取 0.15 ~ 0.18,双桨船取 0.15,半平衡舵取 0.09,悬挂舵取 0.2 左右。设计时参照舵杆直径大小对厚度比进行修正。

4. 舵平衡系数

对于一定形状和面积的舵叶,舵平衡系数 β 是舵杆位置的函数。平衡系数将影响舵机功率的大小。为了减小舵机功率,希望将舵轴线位置与压力中心尽可能接近。当船舶实际工作时,压力中心会前后移动,具体情况较复杂。小型船舶所需转舵力矩较小,其操舵装置由人力操纵,宜选用较小舵平衡比,以避免不平衡现象。

中、大型船舶或高速船,其操舵装置由动力操纵,此时舵角不稳定现象不妨碍舵机工作,为了减少转舵力矩,宜选用较大的舵平衡比。但实际上,舵平衡系数的选定,还要考虑到船体、螺旋桨等的配合。舵平衡系数的常用范围为 0.2 ~ 0.3。

5. 舵叶数目和位置

一般运输船都是单舵,因为运输船多为单轴单桨,以使结构简单。内河船有用双舵、三舵或四舵等多舵方式,因为内河船吃水浅,水深有限。急流、险航道航行的船,或顶推大量驳船的推轮常使用双舵或多舵。军舰从生命力考虑常使用多桨多舵。舵的数目与船舶性能以及螺旋桨数目有关,从尾流控制器的概念考虑,应综合考虑螺旋桨、尾体型线、舵型等来确定数目多少。舵的类型主要考虑船型及其他装置的配备。

在布置舵叶时,应注意对它的保护,避免碰撞,而且应考虑到有利于提高舵效及推进效率,尽量减少船体振动。从侧面看,舵叶上缘不可超出设计水线并应与尾部线性有良好的吻合。下缘不得低于龙骨。从水平面看,在任何可能达到的舵角下,舵叶均不应超出船体轮廓线。单桨船舵叶布置在正对螺旋桨的位置上。而高速双桨船,为了避免轴壳空泡对舵叶的冲击,将舵叶稍稍偏离桨轴布置。

三、舵叶水动力计算

计算舵叶水动力特性的理想方法是能根据母型船的实测数据,或带有桨、舵的船模试验数据进行舵叶水动力特性计算。这种方法计算准确,符合实际情况,但费用高。现实方法通常是先根据敞水舵叶的水动力特性进行计算,然后再计及船体和螺旋桨等对舵叶的影响。这种方法费用低,数据容易获得,具有可行性。

敞水舵试验指的是为了排除船体及螺旋桨对水动力性能的影响,将舵模型单独放置在水槽或风洞中进行试验。敞水舵的水动力特性计算有两种方法:①利用模型舵叶的敞水试验资料计算。在舵设计中,经常采用各个研究机构发表的舵的图谱。通过一些参数换算,来选取合适的舵。②按照近似公式计算舵的水动力特性。由于舵的结构尺寸是按照船级社规范要求确定的,因此舵的水动力特性计算主要用途是,借此确定舵机扭矩及功率。在缺乏敞水舵水动力特性试验资料的情况下,可按照近似公式进行计算。

当水流以速度 v_0、攻角 α 流经舵叶时,舵上产生水压力 P,作用于压力中心 O,舵压力及压力中心都随着攻角 α 而改变。水动力合力 P 可分为升力 P_y 和阻力 P_x,或是法向力 P_n 和切向力 P_t,如图 1 - 3 所示,按照下式关系确定

$$
\begin{cases}
P = \sqrt{P_y^2 + P_x^2} = \sqrt{P_n^2 + P_t^2} \\
P_n = P_y\cos\alpha + P_x\sin\alpha \\
P_t = P_x\cos\alpha - P_y\sin\alpha \\
P_y = P_n\cos\alpha - P_t\sin\alpha \\
P_x = P_n\cos\alpha - P_t\sin\alpha
\end{cases}
\tag{1-5}
$$

水动力对舵叶前缘的力矩为 $\boldsymbol{M} = \boldsymbol{P}_n \cdot x_p$ 以下用(M 表示力矩大小),合力 P 对舵杆轴线的水动力矩为 $M_r = P_n \cdot (x_p - a)$,式中 x_p 为舵压力中心至舵叶前缘的距离。通常把阻挠舵向舷侧方向转动的力矩作为正值;反之,把帮助舵向舷侧方向转动的力矩作为负值。舵的水动力分量 P_n、P_t、P_y、P_x 及力矩 M 还可用无因次形式表示,即

$$
C_n = \frac{P_n}{\frac{\rho v^2}{2}A}, \quad C_t = \frac{P_t}{\frac{\rho v^2}{2}A}, \quad C_y = \frac{P_y}{\frac{\rho v^2}{2}A}, \quad C_x = \frac{P_x}{\frac{\rho v^2}{2}A}, \quad C_m = \frac{M}{\frac{\rho v^2}{2}Ab}, \quad C_p = \frac{x_p}{b}
\tag{1-6}
$$

式中　C_n——法向力系数;

C_t——切向力系数;

C_y——升力系数;

C_x——阻力系数;

C_m——力矩系数;

C_p——压力中心系数;

A——舵叶面积;

ρ——水的密度;

v——水流和舵叶相对速度。

$$
\begin{cases}
\sqrt{C_n^2 + C_t^2} = \sqrt{C_y^2 + C_x^2} \\
C_n = C_y\cos\alpha + C_x\sin\alpha \\
C_t = C_x\cos\alpha - C_y\sin\alpha \\
C_y = C_n\cos\alpha - C_t\sin\alpha \\
C_x = C_t\cos\alpha + C_n\sin\alpha
\end{cases}
\tag{1-7}
$$

这些系数之间关系为 $C_m = C_n C_p$。

四、舵叶零部件尺寸计算

舵设备零件的强度校核和尺寸确定主要有两种方法:一种是根据船舶建造的有关规范进行,另一种是按照力学理论计算。这里主要介绍第一种方法。

1. 舵力

舵力 $\boldsymbol{F}$(N,以下用 F 表示力的大小)按下式计算,即

$$
F = 132K_1K_2K_3Av_d^2
\tag{1-8}
$$

式中　A——舵叶面积,m^2;

K_1——λ 影响系数,$K_1 = \frac{1}{3}(\lambda = 2)$;

K_2——舵叶剖面形状系数,见表 1-2;

K_3——舵叶位置系数,对位于螺旋桨尾流之外的舵取 0.8;对于固定螺旋桨导管之后

的舵取 1.15;其他情况取 1.0;

v_d——设计航速,kn。

舵设计航速 v_d 按夏季载重吃水时船舶的最大营运航速 v 确定。最大营运航速通常是指主机按发生最大连续功率的转速运行时的航速。v_d 按下列原则确定:正车,当 $v > 10$ kn 时,$v_d = v$;当 $v < 10$ kn 时,$v_d = (v + 20)/3$。倒车时,v_d 应为最大倒车速度,但取值应不小于 $0.5v$。冰区航行船舶的最大营运航速应不小于 CCS《钢质海船入级与建造规范》的规定。

表 1-2　舵叶剖面形状系数

翼型(舵叶剖面形状)	K_2	
	正车时	倒车时
NACA00 哥汀根翼型	1.10	0.80
凹翼型	1.35	0.90
平边翼型	1.10	0.90

2. 舵杆扭矩

船舶正车和倒车时的舵杆扭矩 T(N·m,以下用 T 表示扭矩大小)按下式计算,即

$$T = FR \tag{1-9}$$

式中　F——舵力,N;

R——力臂,m。

(1)无缺口舵叶的力臂 R(m)按下式计算,即

$$R = b_m(C_p - \beta) \tag{1-10}$$

式中　b_m——舵叶平均宽度,$b_m = \dfrac{1}{2}(x_2 + x_3 - x_1)$;

C_p——压力中心系数,正车时取 0.33,倒车时取 0.66;

β——平衡系数,$\beta = \dfrac{A_f}{A}$ (A_f 为舵杆中心线前方的面积,m²;A 为舵叶面积,m²)。

正车时力臂 R 的值应不小于 $0.16\,b_m$。

(2)有缺口舵叶(半悬挂舵)的力臂 R 按图 1-30 及式(1-11)计算,即

$$
\begin{cases}
R = b_1(a_1 - \beta_1)\dfrac{A_1}{A} + b_2(a_2 - \beta_2)\dfrac{A_2}{A} \\
\beta_1 = \dfrac{A_{1f}}{A_1} \\
\beta_2 = \dfrac{A_{2f}}{A_2}
\end{cases}
\tag{1-11}
$$

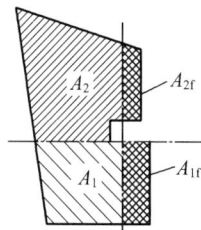

图 1-30　有缺口舵叶示意图

式中　A——舵叶面积,m²;

A_1、A_2——舵叶缺口下部及上部的面积,m^2;

b_1、b_2——A_1 和 A_2 部分面积的平均宽度,m;

a_1、a_2——系数,正车时取 0.33,倒车时取 0.66;

A_{1f}、A_{2f}——分别代表舵叶缺口上、下部的平衡面积,m^2。

3. 舵杆弯矩

悬挂舵(图 1 - 31)下舵承处的舵杆弯矩 M_b(N·m)为

$$M_b = F\Big[l_2 + \frac{l_1(2C_1 + C_2)}{3(C_1 + C_2)}\Big] \qquad (1-12)$$

式中 l_1、l_2、C_1 和 C_2——如图 1 - 31 所示,m;

F——舵力,N。

4. 舵销对舵叶的支持力

(1)双支点平衡舵

舵轴舵所示的双支点平衡舵,其受力按下列公式计算。

上舵销轴承和舵轴上轴承的支持力 P_1(N)为 $P_1 = 0.7F$。

下舵销轴承和舵轴下轴承的支持力 P_2(N)为 $P_2 = 0.6F$。

(2)半悬挂舵

①对于图 1 - 11 中Ⅲ型(h)所示的双舵半悬挂舵,其受力按下列公式计算。

下舵销轴承处的支持力 P_1(N)为

$$P_1 = \frac{F}{2}\Big[1 + \frac{A_1 h_m}{A(h_m - h_1)}\Big] \qquad (1-13)$$

上舵销轴承处的支持力 P_2(N)为(但不应小于 $0.4F$)

$$P_2 = \frac{F}{2}\Big[\frac{A_1 h_m}{A(h_m - h_1)} - 1\Big] \qquad (1-14)$$

②单舵销半悬挂舵需按图 1 - 32 所示的计算模型用直接计算法确定。

负荷 P'_1(N/m)以及 P'_2(N/m)按下列各式计算,即

$$P'_1 = \frac{FA_1}{l_1 A}, \quad P'_2 = \frac{FA_2}{l_2 A} \qquad (1-15)$$

式中 l_1、l_2——如图 1 - 32 所示,m;

F——舵力,N;

A——舵叶面积,m^2;

A_1、A_2——舵叶下部及上部的面积,m^2。

5. 舵杆

CCS《钢质海船入级与建造规范》对于舵杆各个部分结构尺寸的规定如下。

(1)舵柄处传递舵扭矩的舵杆直径 D_t(mm)应不小于按下式计算所得的值

$$D_t = 4.2\sqrt{\frac{T}{K_s}} \qquad (1-16)$$

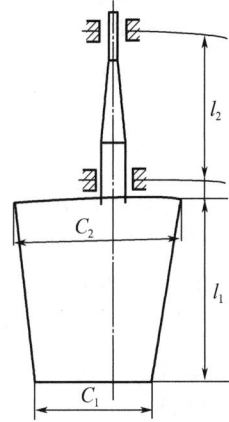

图 1 - 31 悬挂舵

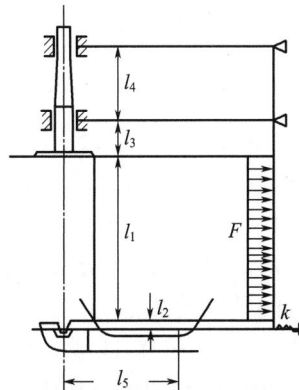

图 1 - 32 单舵销的双支点平衡舵模型

式中　T——舵杆扭矩,N·m;

　　　K_s——舵杆材料系数,所使用材料的最小屈服强度 σ_s 应不小于 200 MPa。

式(1-16)适用于上舵承处舵杆无弯矩的情况。

(2)对于双支点平衡舵及半悬挂双舵销舵的舵杆,其上舵承以下的舵杆直径应不小于上舵承处的舵杆直径。

(3)对于半悬挂舵及单舵销半悬挂舵即单舵销双支点平衡舵,其下舵承处和下舵承以下的舵杆直径 D_c(mm)应不小于按下式计算所得的值

$$D_c = D_t \sqrt[6]{1 + \frac{4}{3}\left(\frac{M_b}{T}\right)^2} \qquad (1-17)$$

式中　D_t——舵柄处的舵杆直径,mm;

　　　T——舵杆扭矩按式(1-9)计算,N·m;

　　　M_b——下舵承至舵叶顶部间舵杆的最大弯矩,N·m。

(4)下舵承以上的舵杆直径,应尽可能保持与下舵承处的舵杆直径一致,然后逐渐减少至上舵承处的直径。但锥体的长度应不小于两处直径差额的 3 倍,锥体以上至上舵间不应有任何凹槽。

(5)单板舵的舵杆直径按以上各式计算。对悬挂舵,其下段的 1/3 可向下过渡至下舵杆直径的 75% 处。

6. 舵叶

流线型剖面舵叶结构的具体要求如下:组成箱形结构的有效舵旁板的宽度,应取不大于该处舵叶横向尺度的两倍,也不大于 2.5 倍的下舵承处的舵杆直径或舵顶部连接法兰的长度。舵板、顶板和底板的厚度 t(mm)应不小于按下式计算所得的值

$$t = 5.5s\beta \sqrt{d + \frac{F}{A} \times 10^{-4}} + 2.5 \qquad (1-18)$$

式中　d——夏季载重线吃水,m;

　　　F——舵力,N;

　　　A——舵叶面积,m²;

　　　β——系数,$\beta = \sqrt{1.1 - 0.5\left(\frac{s}{b}\right)^2}$,其中 s 和 b 分别为板格的短边长度和长边长度,m;如果 $b/s \leq 2.5$,则取 $\beta = 1$。

根据舵旁板的厚度可以得到其他一系列构件的尺寸:

①舵顶板和底板的厚度应不小于舵旁板的厚度。

②舵叶内部垂直隔板和水平隔板的厚度应不小于 70% 的舵旁板厚度,且不小于 8 mm。

③舵叶的导边板厚度应不小于 1.2 倍的舵旁板厚度,但也不必大于 22 mm。

④半悬挂舵在下舵销区域的舵旁板应加厚,其厚度应较按式(1-18)计算所得之厚度增加 80%。加厚的舵旁板应延伸超过连续垂直隔板和下舵销区域上下的水平隔板,在角隅处应有尽可能大的圆角。

7. 舵杆与舵叶的连接

舵杆与舵叶的法兰连接中,最常用的是水平法兰连接。连接法兰的形状和尺寸取决于连接的强度要求、法兰所在处的舵叶剖面的形状及螺栓布置的要求等因素。连接螺母应采用开口销或焊接的制动板紧固,以防止螺母脱落。为保护螺栓和螺母的外露部分,填敷水

泥或其他填充物。水平法兰的连接面处,最好设置紧配键,以减少螺栓受力。

水平法兰连接按 CCS《钢质海船入级与建造规范》的要求进行。

(1)连接法兰的螺栓直径 d_b(mm)应不小于按下式计算所得的值

$$d_b = 0.62\sqrt{\frac{D_c^3 K_s}{nK_b E_b}} \tag{1-19}$$

式中 D_c——下舵承处舵杆直径,mm;

n——螺栓总数,至少有 6 个;

E_b——螺栓中心与螺栓系中心的平均距离,应不小于 0.9 倍的下舵承处的舵杆直径 D_c;如果连接法兰承受弯曲应力,则螺栓中心到法兰纵向中心线间的平均距离应不小于 $0.6D_c$;

K_s、K_b——分别为舵杆材料系数和螺栓材料系数,均按式(1-16)K_s 说明确定。

(2)连接法兰的厚度 t(mm)应不小于下式计算所得的值,但不大于 $0.9d_b$

$$t = d_b\sqrt{\frac{K_b}{K_f}} \tag{1-20}$$

式中 d_b——按不超过 8 个螺栓计算所得之螺栓直径,mm;

K_f、K_b——分别为螺栓材料系数和法兰材料系数,均按式(1-16)K_s 说明确定。

(3)螺栓外侧的宽度应不小于 0.67 倍的螺栓直径。

(4)连接法兰应为铰孔螺栓,螺母应有可靠的制动装置。

(5)连接法兰应配有紧配键,以减轻螺栓的负荷。如果螺栓直径按式(1-19)计算所得值再增加 10%,则可不安装紧配键。

(6)如果舵杆与法兰分别锻制而以焊接连接时,则应在整个结合面内焊透,并应符合船级社规范对于焊接的要求。

法国船级社(BV)的《海船规范》规定,当舵杆直径不超过 350 mm 时,连接法兰和舵杆可以焊接,但法兰厚度应增加 10%。

GL《钢质海船入级与建造规范》规定,悬挂舵只有当连接法兰的规定厚度小于 50 mm 时,才允许使用水平法兰。

7.舵机功率

操舵装置的选择实质是舵机的选择、对舵机形式及其扭矩的确定。在确定舵机扭矩时,除了舵上的水动力造成的舵杆扭矩外,还应计及舵系各支承处的摩擦力矩,而其中最主要的是舵杆轴承的摩擦力矩。操舵装置总的计算扭矩 T_c(N·m)可按下式计算,即

$$\begin{cases} T_c = T + \sum T_{ft} \\ \sum T_{ft} = 0.5\mu\sum d_i P_i \end{cases} \tag{1-21}$$

式中 T_c——操舵装置总的计算扭矩;

T——作用于舵上的水动力引起的舵杆扭矩;

$\sum T_{ft}$——诸舵承处摩擦力矩之和;

μ——舵承处摩擦系数;

d_i——舵轴承处舵杆直径;

P_i——舵轴承处的支承反力。

五、海船舵设备设计实例

实例1：某载货3 000 t的液货船,单桨单舵,螺旋桨直径2.6 m。舵位于螺旋桨正后方,采用悬挂式平衡舵,矩形舵,选用NACA剖面。根据CCS《钢质海船入级与建造规范》进行舵系设计。船型参数:垂线间长为$L = 86$ m;型宽为$B = 14.2$ m;型深为$D = 6.2$ m;设计吃水为$T = 4.5$ m;设计航速为$V = 11$ kn。舵杆、舵销、键及螺栓的材料选用G25,其最小屈服应力为$\sigma_s = 215$ MPa,其抗拉强度为$\sigma_b = 370$ MPa。

1. 舵参数确定

舵面积:$A = \chi \cdot LT = 0.019 \times 86 \times 4.5 = 7.35$ m²。

舵高:$H = 2.80$ m(根据螺旋桨高度和尾部形状确定)。

舵宽:$B = A/H = 2.62$ m。

展弦比:$\lambda = H/B = 1.07$。

平衡系数:$\beta = 0.2$。

厚度比:$t = 0.15$。

2. 舵力计算

根据海船规范,舵力计算公式为$F = 132K_1K_2K_3Av_d^2$,计算过程和计算结果见表1-3。

表1-3 舵力计算表

序号	项目	单位	正车	倒车
1	面积A	m²	7.35	7.35
2	设计航速v_d	kn	11	6
3	K_1		1.02	1.02
4	K_2		1.1	0.8
5	K_3		1.0	1.0
6	舵力F	N	131 716	28 500

3. 扭矩计算

根据海船规范,扭矩计算公式为$T = FR$,计算过程和计算结果见表1-4。

表1-4 扭矩计算表

序号	项目	单位	正车	倒车
1	舵叶平均宽度b_m	m	2.62	2.62
2	α		0.33	0.66
3	β		0.2	0.2
4	力臂 $R = b_m(\alpha - \beta)$	m	$0.13b_m < 0.16b_m$ 实取0.419	1.205
5	舵力F	N	131 716	28 500
6	舵杆扭矩T	N·m	55 189	34 343

4. 弯矩及舵承支撑力计算

下舵承处舵杆弯矩: $M_b = 237\ 089$ N·m。

参照图 1-31 得: $l_1 = 2.8$ m, $l_2 = 0.4$ m, $l_3 = 2$ m。

上舵承支撑力: $P_1 = M_b / l_3 = 118\ 544$ N。

下舵承支撑力: $P_2 = F + M_b / l_3 = 250\ 260$ N。

5. 舵杆尺寸确定

舵柄处舵杆直径 D_t 为

$$D_t = 4.2 \sqrt[3]{\frac{T}{K_s}} = 164 \text{ mm}$$

舵柄处舵杆直径实取 $\phi 170$ mm。

下舵承处舵杆直径 D_c 为

$$D_c = D_t \sqrt[6]{1 + \frac{4}{3}\left(\frac{M_b}{T}\right)^2} = 281 \text{ mm}$$

下舵承处舵杆直径实取 $\phi 290$ mm。

6. 舵叶

舵旁板、顶板和底板的厚度 t 由式(1-18)计算,式中 $s = 0.603$, $\beta = 0.86$,得 $t = 9.66$ mm。

舵旁板厚度实取: $t = 10$ mm。

舵顶板和舵底板厚度:12 mm。

舵叶内垂直隔板和水平隔板厚度:8 mm。

舵叶导边板厚度:14 mm。

7. 舵杆和舵叶采用法兰连接

连接法兰的螺栓直径 d_b 由式(1-19)确定。螺栓总数 $n = 8$,螺栓中心与螺栓系中心的平均距离 $E_b = 0.9 D_e = 261$ mm。

计算得 $d_b = 54$ mm,实取 $\phi 60$ mm。

连接法兰的厚度由式(1-20)确定,经计算 $t = 76$ mm。

8. 舵机功率的确定

舵机输出扭矩见式(1-21)。

$$\sum T_{ft} = 0.5 \times 0.15 \times (d_1 \times P_1 + d_2 \times P_2) = 6\ 955 \text{ N·m}$$

$$T_c = T + \sum T_{ft} = 55\ 189 + 6\ 955 = 62\ 144 \text{ N·m}$$

舵机的输出扭矩取 70 kN·m,液压舵机的规格为 5~2 000 kN·m。

第六节 内河船舶舵系设计

内河船舶舵系设计应满足《钢质内河船舶入级与建造规范》(以下简称《内规》)相关规定,在《内规》中对普通舵和襟翼舵做了规定,对特种舵的计算需经船级社另行审查批准。

一、内河船舵设备设置的一般规定

(1)自航船舶应具有舵设备或与舵设备相当的其他装置。非自航船一般应装设舵设备,分节驳可免设舵装置。

（2）倒车舵(当船舶向后倒航行驶时,为改善操纵性在螺旋桨前面设置的舵)的构件尺寸应满足对正车普通舵的要求。

（3）舵应通过舵承座或舵托有效地支承在船体结构上,当由舵承座支承舵质量时,舵承座所在处的甲板及其构件应适当加强。

（4）应设有防止舵杆沿轴向移动的装置。舵杆上端应设有供起吊用的装置。

（5）舵设备材料应符合我国船级社《材料与焊接规范》对船体结构材料的有关规定。

（6）操舵装置应符合规范相关要求。

（7）船长大于等于120 m且需通过内河船闸的船舶,应采用双舵和双推进螺旋桨(或全回转推进螺旋桨)配置。船首部建议设置侧推装置,艏侧推装置的推力一般应不小于按下式计算所得之值

$$T_c = 0.15k_1k_2\Delta^{\frac{2}{3}} \quad (kN) \tag{1-22}$$

式中 k_1——系数,按表1-5选取;

k_2——系数,按表1-6插值选取;

Δ——设计排水量,t。

表1-5 k_1取值表

船型	货船	旅游客船
k_1	0.56	1.0

表1-6 k_2取值表

船长/m	≤120	125	130	≥135
k_2	1.24	1.26	1.28	1.30

二、舵杆直径计算公式

1. 普通舵及组合舵舵杆

各种支承型式的舵,其下舵承处的舵杆直径 D 应不小于按下式计算所得之值

$$D = 73.25 \times \sqrt[3]{\frac{KC_nNAV^2R}{R_M}} \quad (mm) \tag{1-23}$$

式中 A——舵叶面积,m^2;

V——船舶最大计算航速,自航船应不小于10 km/h,倒车舵取船舶最大计算航速的0.6倍,非自航船舶应不小于8 km/h;

R_M——舵杆材料的抗拉强度,N/mm^2;

N——系数,单板舵、流线型舵取 $N=1.0$,带上下制流板的组合舵取 $N=1.2$;

K——系数,J级航段取3.8,其他航区取3.5;

C_n——系数。

C_n 的值按下述方法确定:

平板舵　$C_n = 0.604$。

流线型舵

$$\begin{cases} C_n = 1.069 & \lambda \le 1.0 \\ C_n = -0.55(\lambda - 1)^2 + 1.069 & 1.0 < \lambda \le 1.4 \\ C_n = 0.172\,2(\lambda - 2)^2 + 0.919\,2 & 1.4 < \lambda \le 2.0 \\ C_n = 0.919\,2 & \lambda > 2.0 \end{cases} \qquad (1-24)$$

式中　λ——展舷比。

式(1-23)中的 R

$$\begin{cases} \text{对于悬挂舵:} R = \sqrt{h^2 + 0.907\,5r^2} \\ \text{对于双支点舵:} R = \sqrt{0.062\,5h^2 + 0.907\,5r^2} \end{cases} \qquad (1-25)$$

式中　h——舵叶面积形心至下舵承中点的垂直距离,m;

　　　r——舵面水压力中心至舵杆中心线的水平距离,m。

式(1-25)中的 r 取下列两式计算值之大者:

$$\begin{cases} r = |C_p - e|b \\ r = 0.1b \end{cases} \qquad (1-26)$$

式中　b——舵叶的平均宽度,m;

　　　e——舵的平衡系数。

系数 C_p 按下列公式确定:

平板舵　$C_p = 0.357$。

流线型舵

$$\begin{cases} C_p = 0.385 & \lambda \le 1.0 \\ C_p = -0.337\,5(\lambda - 0.877\,8)^2 + 0.385 & 1.0 < \lambda \le 1.4 \\ C_p = 0.233\,3(\lambda - 1.85)^2 + 0.25 & 1.4 < \lambda \le 2.0 \\ C_p = 0.919\,2 & \lambda > 2.0 \end{cases} \qquad (1-27)$$

2. 空心舵杆外径 D_k

D_k 应不小于按下式计算所得之值

$$D_k = fD \quad (\text{mm}) \qquad (1-28)$$

式中　D——式(1-23)计算所得的舵杆直径,mm;

　　　f——系数,根据空心舵杆壁厚与外径之比 t/D_k 按表1-7用内插法选取。

表1-7　系数表

t/D_k	0.50	0.25	0.20	0.15	0.10	0.08
f	1.0	1.02	1.05	1.10	1.20	1.26

3. 舵杆直径

(1)舵柄设在上舵承以上时,该处的舵杆直径 D_1 应不小于按下式计算所得之值

$$D_1 = 69 \times \sqrt[3]{\dfrac{KC_n NAV^2 R_2}{R_M}} \quad (\text{mm}) \qquad (1-29)$$

$$R_2 = 1.1r \tag{1-30}$$

如舵柄处舵杆剖面选用方榫,则方榫的边长应不小于 D_1 的计算值。

(2)当舵柄位于上下舵承之间时,上舵承处的舵杆直径应符合本节的规定;舵柄处舵杆直径 D_2 除应不小于上舵承处的舵杆直径外,还应不小于按下式计算所得之值

$$D_2 = D \cdot \sqrt[3]{\frac{b}{a}} \quad (\text{mm}) \tag{1-31}$$

式中　D——式(1-23)计算所得的舵杆直径,mm;

　　　a——上下舵承长度中点之间的距离,m;

　　　b——上舵承长度中点至舵柄毂部中点的距离,m。

4. 襟翼舵舵杆

襟翼舵的下舵承处的舵杆直径 D 应不小于按下式计算所得之值

$$D = 73.25 \times \sqrt[3]{\frac{KNC_n NAV^2(R + R_1)}{R_M}} \quad (\text{mm}) \tag{1-32}$$

$$R_1 = 0.032 \frac{A_f}{A} \cdot \frac{\beta}{\alpha} \cdot b_f \tag{1-33}$$

式中　β/α——转角比,β 为副舵转角,α 为主舵转角;

　　　A_f——副舵面积,m^2;

　　　b_f——副舵宽,m。

　　　式(1-32)中的 C_n 按下式确定:

$$C_n = \left[0.868\left(\frac{\beta}{\alpha} - 1.75\right)^2 - 1.283\right](\lambda - 1.66)^2 + \left[1.558 - 0.424\left(\frac{\beta}{\alpha} - 1.75\right)^2\right] \tag{1-34}$$

式中　λ——展舷比。

襟翼舵舵柄位于上舵承以上时,该舵柄处的舵杆直径 D_1 应不小于按下式计算所得之值

$$D_1 = 69 \times \sqrt[3]{\frac{KNC_n AV^2 R_2}{R_M}} \tag{1-35}$$

$$R_2 = 1.1r + R_1 \tag{1-36}$$

式中　r——舵叶水压力中心至舵杆中心线的水平距离,m,取下列两式计算值之大者:

$$\begin{cases} r = |C_p - e|b \\ r = 0.2b \end{cases} \tag{1-37}$$

式中　b——舵叶的平均总舵宽,m;

　　　e——舵的平衡系数,m;

　　　C_p——系数,$C_p = 0.432$。

襟翼舵副舵舵叶顶板处的舵杆直径 D_3 应不小于按下式计算所得之值

$$D_3 = 18.5 \times \sqrt[3]{\frac{KNC_n A_f b_f V^2 R_3}{R_M}} \tag{1-38}$$

$$R_3 = \sqrt{3 + 4\left(\frac{h_f}{r_2}\right)^2} \tag{1-39}$$

式中 r_2——行星齿轮半径,mm;

h_f——副舵上端面至行星齿轮厚度中心的垂直距离,mm。

对于不在螺旋桨尾流中的舵杆直径可按公式计算所得之值减少10%。对于设在导流管后方的舵杆直径应增加10%。下舵承处与舵柄(或舵扇)之间的舵杆直径应逐步过渡。锥体的长度应至少为直径减小值的3倍。应特别注意在锥体上端避免形成凹槽。下舵承处的舵杆直径应保持至舵叶顶板,然后向下逐渐减小,至舵底端的直径应不小于0.5D。若在舵叶内以垂直隔板代替舵杆,垂直隔板应设在舵杆中心线前后,其与舵杆中心线的距离应不大于舵剖面最大厚度的1/2。若在舵叶内以圆管代替下舵杆,圆管直径应等于舵剖面的最大厚度。

三、舵叶

流线型舵的舵叶板(含顶板和底板)厚度 t 应不小于按下式计算所得之值

$$t = 1.5a \sqrt{10d + 0.039\,4NC_n V^2} + 1 \qquad (1-40)$$

式中 d——吃水,m;

a——最大板格的短边边长,m。

组合舵舵叶顶板及底板的宽度大于舵剖面最大宽度的1.8倍时,其厚度应不小于舵叶板厚度的1.5倍。舵叶内的垂直隔板、水平隔板的厚度应不小于舵叶板的厚度。代替下舵杆的垂直隔板及与其相连接的舵板厚度和代替下舵杆的圆管壁厚度,均应不小于舵叶板厚度的2倍。舵叶内部应涂以防锈涂料。舵叶的上、下部位应有排泄孔,并配有不锈材料制成的栓塞。

单板舵的舵板厚度 t 应不小于按下式计算所得之值

$$t = 0.7\sqrt{D} \qquad (1-41)$$

单板舵舵叶上的水平加强筋在舵杆处的带板剖面模数 W 应不小于按下式计算之值

$$W = 0.4ab^2 V^2 \qquad (1-42)$$

式中 a——加强筋的间距,m;

b——舵板后缘至舵杆中心线的水平距离,m。

当舵不在螺旋桨尾流后方,其水平加强筋的剖面模数 W 可按式(1-42)减少15%。水平加强筋的厚度可从舵杆处向舵后缘逐渐减少至原厚度的1/2。

四、襟翼舵齿轮传动机构

襟翼舵的齿轮材料应符合我国船级社《材料与焊接规范》的有关规定。襟翼舵的转动齿轮在工作时的接触应力应按下式计算,即

$$\sigma_H = \frac{1.18 \times 10^4}{a} \sqrt{\frac{(\beta/\alpha + 1)^3 k_e C_n N A_f b_f V^2}{b_e}} \quad (\text{N/mm}^2) \qquad (1-43)$$

式中 a——齿轮中心距,mm;

b_e——齿宽,mm;

k_e——载荷系数,按表1-8选取。

表 1 - 8　k_e 的选取

$0.1(\beta/\alpha + 1)$	k_e
0.2	1.15
0.4	1.22
0.6	1.32

传动齿轮的接触应力应不大于材料的许用接触应力 $[\sigma_{Hp}]$，$[\sigma_{Hp}]$ 应根据热处理状态按表 1 - 9 选取。

表 1 - 9　材料许用接触应力

热处理	硬　度	$[\sigma_{Hp}]$/MPa
退火、正火或调质	HB≤350	$2.5Q_1$ [2]
整体或表面淬火 [1]	HRC≤40	$19Q_2$ [2]
	HRC = 60	$16Q_2$ [2]

注：[1] 如果洛氏硬度 HRC 在 40～60 之间，则材料的许用接触应力值由内插法求得；

　　[2] Q_1 为材料布氏硬度值，Q_2 为材料洛氏硬度值。

行星齿轮的轮齿弯曲应力 σ_{F_1} 和定齿轮的轮齿弯曲应力 σ_{F_2} 应分别按下式计算，即

$$\begin{cases} \sigma_{F_1} = \dfrac{2.47 \times 10^3 \cdot k_e \cdot N \cdot C_n \cdot A_f \cdot b_f \cdot V^2 \cdot \beta/\alpha \cdot Y_1}{b_e \cdot m \cdot d_1} & (\text{N/mm}^2) \\[3mm] \sigma_{F_2} = \dfrac{Y_2}{Y_1} \cdot \sigma_{F_1} & (\text{N/mm}^2) \end{cases} \quad (1 - 44)$$

式中　m——齿轮模数，mm；

　　　d_1——行星齿轮分度圆直径，mm；

　　　Y_1、Y_2——分别为行星齿轮和定齿轮的齿形系数，由齿数 Z 按下式计算，即

$$Y_i = 3.71 - \sqrt{\frac{Z - 11.96}{12.88}} \quad Z < 25, i = 1, 2 \quad (1 - 45)$$

$$Y_i = 2.78 - \sqrt{\frac{Z - 24.65}{140.69}} \quad 25 \leqslant Z \leqslant 60, i = 1, 2 \quad (1 - 46)$$

轮齿的计算弯曲应力应不大于材料的许用弯曲应力 $[\sigma_F]$，$[\sigma_F]$ 应根据材料的热处理状况按下式确定，即

调质碳钢　　　　$[\sigma_F] = 1.5(0.17R_M + 43)$　（N/mm^2）　　　（1 - 47）

渗碳、表面淬火钢　$[\sigma_F] = 1.5(0.17R_M + 43)$　（N/mm^2）　　　（1 - 48）

式中　R_M——材料的抗拉强度，N/mm^2。

行星齿轮的宽度应不大于定齿轮的宽度。

五、舵销和舵托

单舵销的舵，其舵销直径 d_p 应不小于按下式计算所得之值

$$d_p = 2.5V \sqrt{A_p} + 20 \quad (\text{mm}) \tag{1-49}$$

式中　A_p——舵销支持的舵面积，取舵销与下舵承长度中点之间距离的 1/2 处，水平线以下的舵面积，m^2。

如舵销镶有厚度不大于其直径 10% 的衬套时，衬套厚度可计入舵销直径。舵托臼内的深度应不小于舵托直径的 1.2 倍。

六、连接零件

舵叶与下舵杆如用法兰连接，一般应采用水平法兰。水平法兰的螺栓直径 d_2 应不小于按下式计算所得之值

$$d_2 = \frac{0.65D}{\sqrt{n}} \tag{1-50}$$

式中　D——下舵承处的舵杆直径，mm；

　　　n——螺栓个数，应不少于 6 个。

法兰的连接螺栓应全部为紧配螺栓，如设有键时，紧配螺栓数量至少为两个。所有螺栓的螺帽应有锁紧装置。法兰厚度应不小于螺栓直径，螺栓中心至法兰边缘的距离应不小于螺栓直径的 1.2 倍。舵杆与法兰的接合处应有圆弧过渡，舵杆与法兰的焊接应在整个接合处焊透，并应符合我国船级社《材料与焊接规范》的有关规定。

舵杆与舵叶采用锥面连接时，锥面长度应不小于 1.5 倍舵杆直径，锥度应不大于 1:10。舵杆的锥面部分向圆柱面过渡不应有台阶，相接锥面间应装有键，其尺寸由计算决定。舵杆下端应用锁紧螺母紧固。

七、舵杆的轴承

舵杆支承可为滑动轴承或滚动轴承。滑动轴承套的高度 h 应不小于按下式计算所得之值

$$h = 10\frac{R}{pD} \tag{1-51}$$

式中　R——舵承计算反力，kN；

　　　p——舵承材料的允许压应力，MPa，按表 1-10 取值；

　　　D——支承处的舵杆直径（如有外包套，应包括包套厚度），cm。

表 1-10　舵承允许压应力

舵承材料	p/MPa	舵承材料	p/MPa	舵承材料	p/MPa
钢与黄铜	6.85	钢与巴氏合金	4.41	钢或黄铜与橡胶	2.36

轴承套的高度尚应不小于支承处的舵杆直径。

舵承计算反力 R 应不小于按下式计算所得之值

悬挂舵　　　　$$R = 38.58NC_n AV^2 \cdot \frac{h+f}{f} \times 10^{-3} \quad (\text{kN}) \tag{1-52}$$

双支点舵　　　$$R = 29NC_n AV^2 \times 10^{-3} \quad (\text{kN}) \tag{1-53}$$

式中　f——上下舵承中点平面间的垂直距离,m;

　　　　N、C_n——普通舵如式(1-23)所述;襟翼舵如式(1-32)所述。

悬挂舵的下舵承应通过纵向和横向支架牢固地与船体连接。舵承应有适当的布置,防止舵和舵销产生意外的松动和脱落。舵杆套筒的结构应能防止舷外水浸入船内。

八、舵柄、舵扇与连杆

舵柄在距舵杆中心任一剖面对其垂直轴的剖面模数 W,应不小于按下式计算所得之值

$$W = 0.14\left(1 - \frac{D_s}{R}\right)D_1^3 \quad (\text{cm}^3) \tag{1-54}$$

式中　R——舵柄长度或舵扇半径,cm(图1-33);

　　　　D_s——舵柄上计算剖面到舵杆中心的距离(图1-33),但不超过舵柄毂的孔径,cm;

　　　　D_1——舵柄(或舵扇)处的舵杆直径(图1-33),按式(1-29)计算,cm。

对于一个辐条以上的舵扇,各辐条的剖面模数总和应不小于按式(1-54)计算所得之值。矩形舵柄剖面的宽度与高度之比应不大于2。

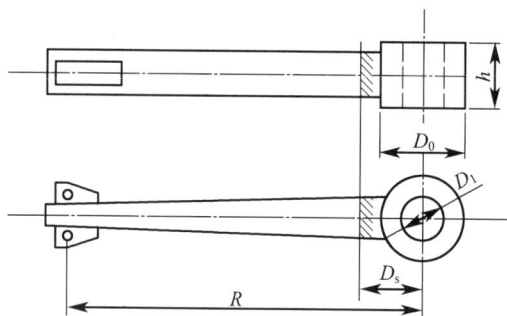

图1-33　舵柄

舵柄或舵扇的毂高和毂径(图1-33)应满足下述要求:

$$h \geqslant D_1$$
$$D_0 \geqslant 1.8D_1$$

当舵柄(或舵扇)的毂高 h 大于舵柄(或舵扇)处的舵杆直径 D_1 时,舵柄或舵扇的毂径 D_0 可适当减少,但应满足 $hD_0^2 \geqslant 1.8D_1^3$,且无论如何不能小于 $1.6D_1$。

若舵柄(或舵扇)毂是由两个半块对合组成的,则应在每一边至少用两个螺栓进行栓固。全部螺栓的总剖面积 a 应不小于按下式计算所得之值

$$a = 0.2\frac{D_1^3}{b} \tag{1-55}$$

式中　b——两端螺栓中心间距离,cm。

螺栓应进行预紧。当柄毂使用单键时,每个螺栓的预紧力应不小于螺栓材料的许用应力的70%,当柄毂使用双键时,预紧力可适当降低。

九、舵柄(或舵扇)与舵柄之间的连杆剖面积和剖面惯性矩

舵柄(或舵扇)与舵柄之间的连杆剖面积 a 和剖面惯性矩 I 应不小于按下式计算所得之值

$$a = 0.12 \frac{D_1^3}{R} \quad (\text{cm}^2) \tag{1-56}$$

$$I = 6.6 \frac{D_1^3 l^2}{R} \times 10^{-6} \quad (\text{cm}^4) \tag{1-57}$$

式中　l——连杆长度,cm;

　　　R——被动舵的舵柄长度,cm。

十、人力操舵装置传动零件

人力操舵装置的所有零件应布置得便于检查、修理和更换,并应有保护措施。

舵链的直径 d 应不小于按下式计算所得之值

$$d = 3.2 \sqrt{\frac{D_1^3}{R}} + 5 \quad (\text{mm}) \tag{1-58}$$

式中　R——舵扇半径或舵柄长度,cm;

　　　D_1——舵柄(或舵扇)处的舵杆直径,cm。

小于等于 15 mm 的舵链(除在 J 级航段航行的船舶外),可用破断负荷相等的柔韧镀锌钢丝绳代替。

舵的传动拉杆直径应为舵链直径的1.2倍。舵链导向滑轮量自链环中心的直径应不小于舵链直径的12倍。滑轮销轴直径应不小于舵链直径的2倍。

在每舷的操舵传动线路上应装有弹簧缓冲器和具有制锁功能的松紧螺旋扣。对于船长小于等于 30 m 的船舶,经船级社同意,可免设弹簧缓冲器。

十一、舵角限制器和止舵器

舵扇或舵柄在其两侧均应设置舵角限制器以限制操舵角度超过极限,舵角限制器应与船体构件牢固连接。每一操舵装置应设置止舵器或锁紧装置,以使舵能稳定地保持在任一位置。倒车舵应设有最大舵角为45°的舵角限制器。

第七节　特种舵和其他操纵形式

随着船舶技术的不断发展,除了常规舵之外,为了在一定条件下改进推进器的效率,可以对常规舵进行改进。因此,出现了许多常规舵的改进形式,虽式样繁多,但其本质还是舵,称为特种舵。

一、特种舵

1. 襟翼舵

襟翼舵是模仿飞机的襟翼,在普通主舵叶后缘加装一个称为襟翼的舵,如图1-34所示。当主舵叶转动一个角度后,副舵叶绕主舵叶的后缘转动一个更大的角度,从而改变了舵叶剖面的拱度。襟翼舵升力较普通舵更大(比普通舵大0.5~1.0倍),小舵角效果更好,具有较大的转船力矩,而舵杆扭矩较

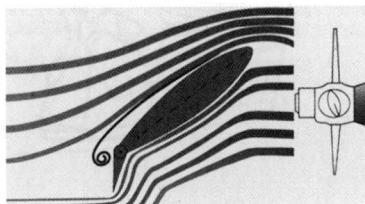

图 1-34　襟翼舵

小,可以节省舵机功率。此舵在拖船、内河船、沿海民船、油船上普遍使用。

2. 鱼尾舵

鱼尾舵亦称蒂姆舵。蒂姆在平板、NACA 及 JS 剖面的随边两侧加装楔形板,尾端加封板进行试验。通过试验,他发现加装这种楔形整流尾后,舵效明显提高。由于舵的剖面形状如同鱼尾(图 1 - 35),因而人们称其为鱼尾舵,它使升力增加 10% ~ 30%,压力中心后移。鱼尾舵升力随着舵角的增大而增大,但会使倒航操纵性恶化,故一般不宜用于新设计的舵。

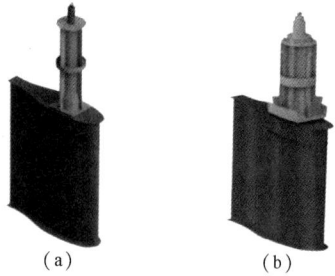

图 1 - 35 鱼尾舵

3. 制流板舵

制流板舵在国外称为西林舵。它是在一般流线型舵舵叶上下两端各加装一块制流板,并在舵叶后缘加楔形整流尾,如图 1 - 36 所示。

整流尾和制流板叠加作用使升力增加一倍,倒车水动力性能提高 10% ~ 30%,敞水时临界攻角在 40°以上。因此,制流板舵舵效高,回转性和航向稳定性大大改善,特别是倒航稳定性的指标高出常规舵两倍以上。制流板舵应用比较普遍,尤其适用于内河船和拖船新设计的舵设备,或舵效不高、大中舵角下的舵力不足,及倒航操纵性差的旧设备的改装。海船采用制流板舵时,为减少阻力可不装整流尾。对一般 NACA 剖面的舵叶,仅加装上下制流板,升力也可以提高 60%。

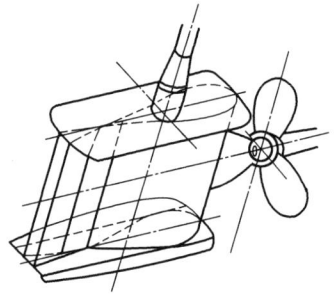

图 1 - 36 制流板舵

4. 反应舵

反应舵舵叶的导缘以螺旋桨轴为界,上下向左右扭曲。其扭曲的偏度以在螺旋桨轴线处最大,然后向上、向下减少,如图 1 - 37 所示。其扭曲的偏度到一定位置后,舵叶剖面仍为对称的机翼剖面。它能吸收尾流旋转能量,起整流作用,有利于推进。

5. 整流帽舵

整流帽舵是在单螺旋桨船舶上,顺着螺旋桨轴线,在舵上设置整流帽,其形状为对称机翼剖面的旋转体,或近似于椭圆,如图 1 - 38 所示。由于整流帽填充了通常是涡流低压区的空间,从而使得螺旋桨桨毂区的尾流得到改善,不仅提高了螺旋桨的推力和效率,消除螺旋桨帽后的腐蚀现象,还能改善船尾的震动情况。

图 1 - 37 反应舵

图 1 - 38 整流帽舵

6.差动舵

差动舵是由三个或三个以上的舵组成的舵组(图1-39)。转舵时,各舵的舵角各有不同,可以形成灵活多变的操纵性。

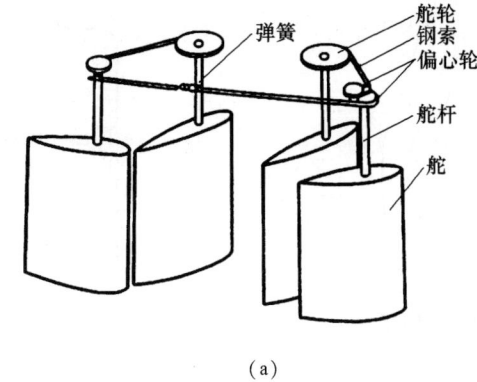

(a)

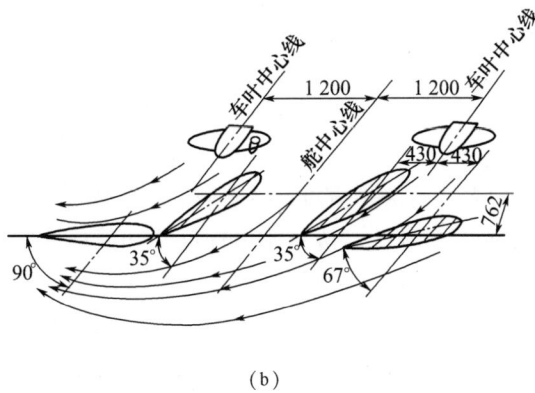

(b)

图1-39 差动舵(单位:mm)

7.主动舵

主动舵是将普通舵同小型导管螺旋桨组合为一体,在舵叶的后缘设置一个导管,导管内装设一个由设置在叶内的电动机驱动的小螺旋桨,如图1-40所示。转舵时螺旋桨随之转动,从而发出推力,其侧向分力可增加转船力矩。

由于主动舵的最大舵角达到70°~90°,故而所产生的转船力矩远远大于普通舵所产生的转船力矩,从而提高了在低速、停主机及低速、惯性淌流、倒航和风浪中的操纵性,主要用于回转性要求高和靠离码头频繁的小船,如巡逻船、领港船、渡船等。由于多出的螺旋桨还可以用作微速推进器,在有些科学考察船上也有应用。

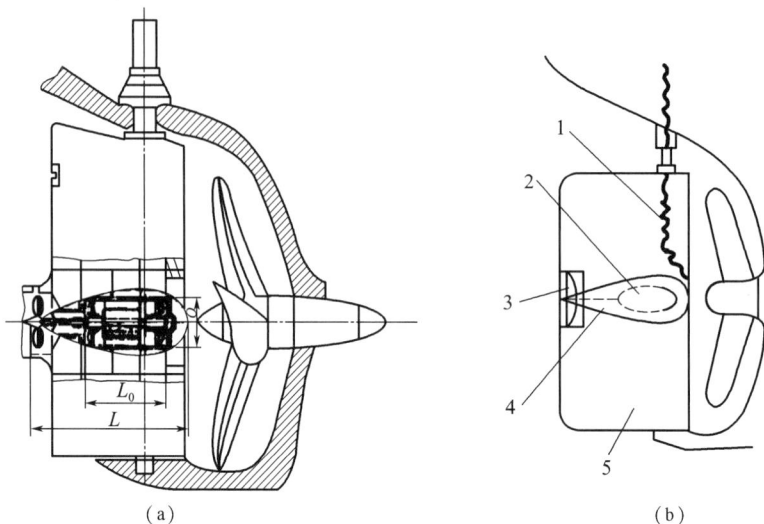

（a）　　　　　　　　　　　　（b）

1—电缆；2—小型发动机；3—转向螺旋桨；4—封闭流线型复板；5—舵叶。

图1－40　主动舵

8.倒车舵组合系统

随着船队大型化的发展，为了解决船队在任何航速下都能在狭窄海湾及航道行驶，现已在推拖船上应用了倒车舵组合系统。该系统由螺旋桨和桨前两只倒车舵、桨后一只或一只以上顺车舵组成，如图1－41所示。顺车时，倒车舵只起桨前水流的整流作用，顺车舵用来操纵；倒航时，顺车舵不动，起航向稳定作用，用倒车舵来操纵航向。倒航时转船性能好，因具有较大倒航力而能制动前驶，可顺水靠离码头，并可将船队横移。

9.转柱舵

转柱舵是由普通流线型舵同转柱组合而成的舵，如图1－42所示，利用转柱旋转时所产生的环流与来流叠加而产生升力的原理工作。转柱停止旋转即作为普通舵使用。装有转柱舵的船舶在低速航行时具有很好的机动性。转柱舵适用于低速船，但用于高速船也有特殊的好处。高速时，不开动转柱，只使用转柱后面的舵；低速时则开动转柱。

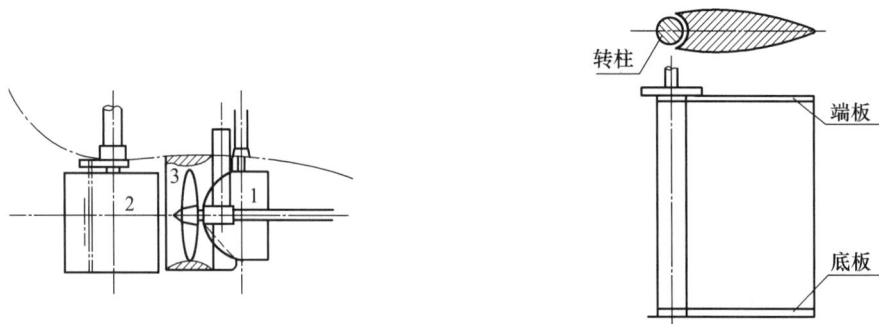

1—倒车舵；2—顺车舵；3—导流管。

图1－41　倒车舵组合系统

图1－42　转柱舵

10.科特导流管

导流管是在螺旋桨盘面处设置的一段短导管。螺旋桨设在导流管内剖面最狭窄处,可以改善尾流状态,增加推进效率,无论进、倒车都具有良好的性能。它还有保护螺旋桨、防止缆绳缠入等作用。导流管有固定导流管和转动导流管两种形式。固定导流管是导流管固定在船尾骨架上不动,舵设置在导流管后面,如图1-43所示。转动导流管是将导流管直接安装在舵杆下由舵杆转动,从而代替舵,如图1-44所示。当导流管偏转时,改变排出水流方向,从而产生比常规舵升力更大的侧向推力和转船力矩。

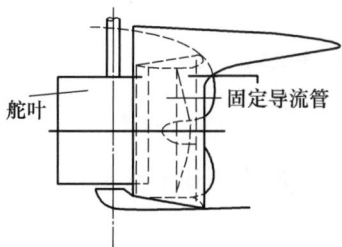

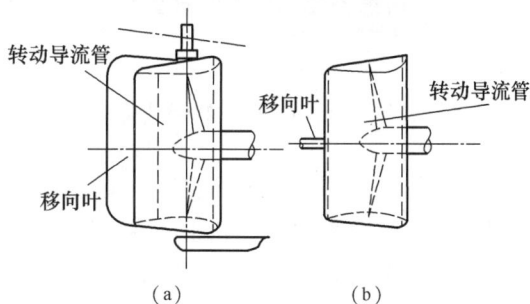

(a)　　　(b)

图1-43　固定导流管　　　　　　　图1-44　转动导流管

二、其他操纵形式

除了用舵来操纵船舶,还有一些其他方式控制船舶的运动,比如侧向推力器、全回转推进、吊舱推进等。

全回转推进(Z型推进器)是一种较常采用的舵以外的操纵形式。全向推进器是一种绕旋转竖轴作360°旋转的导管螺旋桨,因而可产生任何方向的推力使船正航、倒航或斜航。当全向推进器与侧向推力器相配合或船上设有两只全向推进器时,可以使船平行横移或原地回转。这种推进器的轴系要经过伞齿轮和垂直传动轴的换向,像Z字状,故亦称Z型推进器,如图1-45所示。

(a)　　　　　　　　　　　　(b)

图1-45　全回转推进

侧向推力器是利用安装在船体首尾端的水泵或在左右舷贯通管道中的螺旋桨横向喷

射水柱所产生的反作用力,使船转向、横移,如图1-46所示。

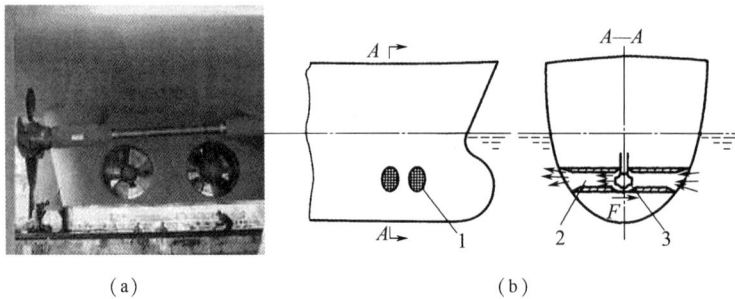

(a)　　　　　　　　　　　　(b)

1—侧向推力器外板出口;2—侧向推力器导管;3—螺旋桨。

图1-46　侧向推力器

双螺旋桨串联吊舱推进如图1-47所示,可以减小船舶震动,提高船舶安全和舒适性,也越来越多地被应用在各种类型的船上。

图1-47　吊舱推进

练　习　题

一、填空题:

1. 船舶的主要操纵设备是_____,操纵性是指船舶对驾驶者操纵的反应能力,船舶操纵性包含两个方面,分别是_____和_____。

2. 航向稳定性好的船舶意味着_____性能好,而回转性能好意味着_____性能好,而这两者又是相互矛盾的。因此,内河船舶选用_____性能好的舵,海船选用_____性能好的舵。

3. 当舵角为_____即舵处于正中位置时,舵叶两面流线对称,舵上并不产生水动力。

4. 一方面舵转过某一角度,舵叶两侧流线对称性被破坏,产生_____力;另一方面,水流经舵叶时产生_____力,两者合成为舵力。

5. 在舵力的作用下,船舶产生转船力矩和横向力,船首向转舵方向转动。此时船舶还将产生反向_____和轻度的_____。并且,船舶阻力增加,航速_____。

6. 辅助操舵装置可使舵自一舷的 15°转至另一舷的 15°,且所需时间不超过_____ s。

7. 每艘船舶均应配置一套主操舵装置和一套_____操舵装置。主操舵和辅助操舵装置应满足当其中一套发生故障时不致使另一套也失效。当船舶配备的操舵装置具有两台或几台相同的动力设备时,可不设置_____操舵装置。

8. 操舵装置按其使用要求可分为_____装置和_____操舵装置。

二、判断题

1. 平衡舵的舵叶面积都在舵杆轴线一侧,转舵比较费力,海船广泛使用。　　　　（　　）

2. 不平衡舵的优点是舵杆支点较多,强度较好,一般用在小船上。　　　　　　（　　）

3. 半平衡舵通常是半悬挂舵。　　　　　　　　　　　　　　　　　　　　　（　　）

4. 现代海船广泛采用流线型舵叶。　　　　　　　　　　　　　　　　　　　（　　）

5. 舵叶是产生舵压力的构件,舵杆是舵的转轴。　　　　　　　　　　　　　（　　）

6. 舵承是固定在船体上,用以支承舵钮的轴承装置。　　　　　　　　　　　（　　）

7. 舵杆与舵叶目前常用的连接方式有法兰连接及锥体连接。　　　　　　　　（　　）

8. 挂舵臂是附连于船体尾部的臂状构件,用以支承悬挂舵。　　　　　　　　（　　）

9. 舵柄通常是装在舵杆头上,用以转动舵杆的构件。　　　　　　　　　　　（　　）

10. 舵角限位器是一种限位装置,用以防止舵叶转角超过允许极限角度。　　（　　）

11. 主操舵装置舵柄处的舵杆直径(不包括冰区航行加强)大于 120 mm 时,主操舵装置应为动力操作。

12. 舵的平衡系数是指舵平衡部分面积和舵叶面积之比 $\beta = A_f/A$,一般民用船舶为 0.2 ~ 0.3。　　　　　　　　　　　　　　　　　　　　　　　　　　　　（　　）

13. 根据母型船的实测数据,或带有桨、舵的船模试验数据进行舵叶水动力特性计算这种方法费用低,具有可行性。　　　　　　　　　　　　　　　　　　　　（　　）

14. 从侧面看,舵叶上缘不可超出设计水线并应与尾部线性有良好的吻合,下缘不得低于龙骨。　　　　　　　　　　　　　　　　　　　　　　　　　　　　　（　　）

15. 增加舵叶的数目,有利于采用较大的舵叶面积,可以提高操纵性,但与此同时,舵装置和操舵装置设置较复杂,造价也较高。　　　　　　　　　　　　　　　（　　）

16. 急流、险航道航行的船或顶推大量驳船的推轮常使用双舵或多舵,一般运输船都是单舵,因为运输船多为单轴单桨,以使结构简单。　　　　　　　　　　　（　　）

17. 要达到同样的舵压力,如果船速高舵面积可大,船速低舵面积应小。　　　（　　）

18. 在舵叶面积选择中经常采用的参数为舵叶面积比,设计船舶的舵叶面积比可以参考母型船,再根据设计船舶与母型船在船型、舵型、航速及航区等方面的差异,加以修正。

　　　　　　　　　　　　　　　　　　　　　　　　　　　　　　　　　（　　）

19. 在确定舵叶的尺度时,往往由于尾部形状的限制,λ 的选择余地是不大的,一般为 0.5 ~ 3.0。　　　　　　　　　　　　　　　　　　　　　　　　　　　　（　　）

20. 选择合适的平衡系数,适当地缩小舵杆轴线与舵压力中心的间距,能在不降低升力的情况下,降低舵杆扭矩,从而选用功率较小的舵机。小型船舶宜选用较小舵平衡比,中大型船舶或高速船宜选用较大的舵平衡比。　　　　　　　　　　　　　　　（　　）

21. 舵系设计的步骤是:首先选择合适的舵叶参数,然后再进行舵的零部件尺寸确定,

最后确定舵机功率。 （ ）

三、请指出下图船舶中舵设备的组成及作用。

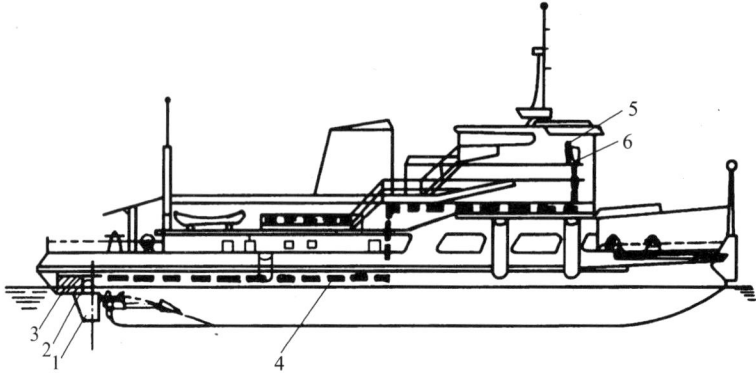

1—_____
2—_____
3—_____
4—_____
5—_____
6—_____

四、简述下列舵叶的分类。

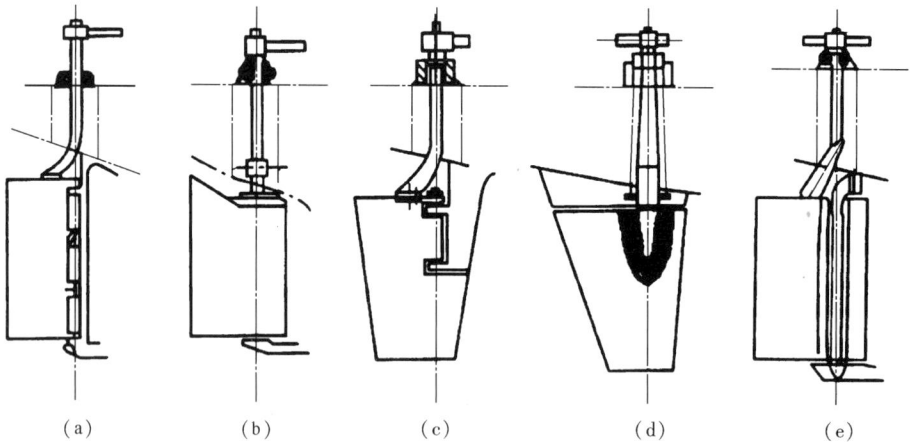

（a） （b） （c） （d） （e）

1.按照舵叶面积和舵杆轴线位置来划分,以上舵叶中不平衡舵为_____;平衡舵为_____;半平衡舵为_____。

2.按照舵叶支承方式的不同,以上舵叶中是舵踵支承舵的为_____;半悬挂舵的为_____;悬挂舵的为_____。

3.按照舵叶剖面形状来划分,以上舵叶都是_____舵。

五、请写出下图中舵的零部件名称。

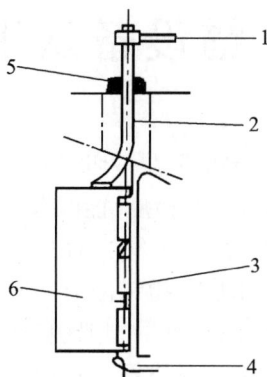

六、现有一个 NACA00 剖面的舵,舵叶尺寸如下图所示,单位为 m。计算舵叶参数:舵叶面积、舵叶平衡面积、舵的平衡系数、舵宽、舵高、展弦比、后掠角。

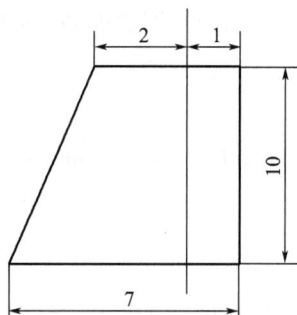

七、有一艘操纵性能较好的母型船: $L_0 = 80$ m, $T_0 = 4$ m, $A_0 = 8$ m²。设计船舶: $L = 85$ m, $T = 4.5$ m。要求设计船舶和母型船操纵性相同,问设计船舶的舵叶面积可取多少?

八、确定舵叶面积有哪几种方法?

九、舵叶厚度比确定原则有哪些?

十、舵叶展弦比与其水动力性能变化规律是怎样的?

十一、舵叶数目选择需要考虑哪些因素,一般规律是怎样的?

十二、简述襟翼舵的特点和使用范围。

十三、西林舵是怎样改装的,其特点有哪些?

十四、倒车舵组合系统由几个舵组成,一般用在什么情况下?

十五、除了舵以外,船舶还有哪些操纵形式?

舵设备

第二章　锚设备认识与选用

船舶不仅要求运动性能优良,还要保证在一切可能发生的情况下(货物的装卸、人员的上下、等候或空出码头线、躲避风浪或进行检疫)能够有效停靠。

船舶有两种停靠方式,一种是抛锚停泊,另一种是系缆停泊。所谓抛锚停泊就是利用锚设备将船舶系在港内或岸外泊地水底。抛锚停泊一般用于等候泊位、躲避台风、等候领港、接受检疫、船舶在港外停泊的情况,还有巨型船舶受吃水限制的港外停泊、海洋结构物在海上停泊作业等也会用到抛锚停泊。系缆停泊是利用系船设备将船舶直接系结在码头或岸边,其使用范围为货物装卸、旅客上下,普通民船大部分是以此方式停靠在码头上。

锚设备不仅能使船舶可靠停泊,同时也起到操纵船舶的作用。锚设备的作用主要有:①锚泊;②抛锚制动;③控制船首向;④船舶在大风浪中失控的情况下,利用拖锚或拖链漂泊滞航,以争取时间改善处境;⑤搁浅船用锚固定船身,协助脱险;⑥登陆艇登陆时,预先抛下艉锚,待登陆完毕后,收紧艉锚,借此脱离海滩。

第一节　锚泊方式及锚设备的组成

一、船舶的锚泊方式

锚泊方式随着不同的水域、气象条件和船只锚设备的布置情况而各异,通常有下述几种。

1. 船首抛锚

船首抛锚分为船首抛单锚和船首抛双锚两种,如图 2-1 所示。

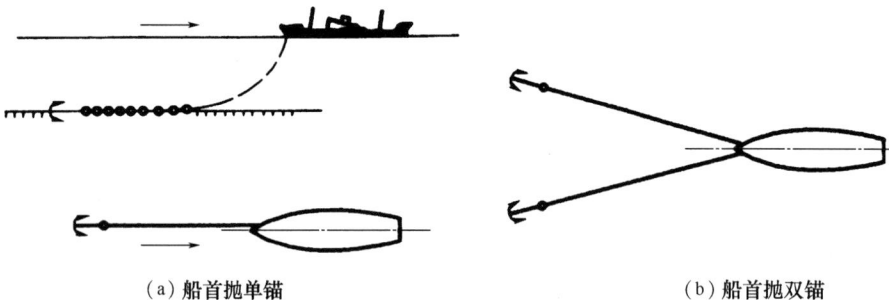

(a) 船首抛单锚　　　　　　　　　　　　(b) 船首抛双锚

图 2-1　船首抛锚

船首抛单锚用于气候条件好,停泊时间不长的情况。抛单锚时,船在水面上活动范围较大。船首抛双锚用于活动受限制或水域有较大的风浪、急流影响的情况。由于船首抛锚时船体所受的风力、流力最小,所以船首抛锚是船舶锚泊的主要形式,也是船舶主锚布置于艏部的原因。

2. 舷侧抛锚

舷侧抛锚如图 2－2 所示。舷侧抛锚的目的是使水流或风向和船中线成垂直状态或有一定交角,以便通风消毒或使船能在下风一舷装卸货物或进行其他作业。

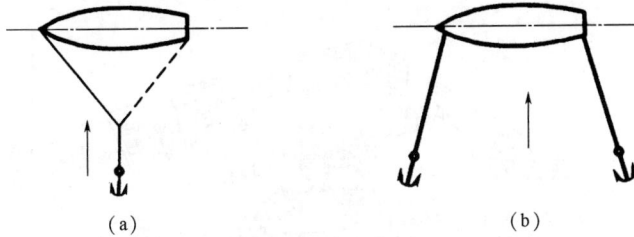

图 2－2　舷侧抛锚

3. 船尾抛锚

船尾抛锚多用于内河船舶,当船舶顺水航行时,可避免船只因抛锚而掉头,如图 2－3 所示。对于经常需抛艉锚的船舶,应具有较完善的艉锚设备。

4. 船首尾抛锚

船首尾抛锚如图 2－4 所示,在船舶受潮水涨、落周期作用而活动水域又受限制,以及某些特殊情况下使用。

图 2－3　船尾抛锚

图 2－4　船首尾抛锚

5. 多点抛锚

多点抛锚如图 2－5 所示。某些海洋浮动结构物,如钻井船、钻井平台、采油平台和航标船、打捞救生船等,按作业要求对位移量有一定限制时,采用多点锚泊定位。一般用三锚定位。定位要求高的钻井船、半潜式平台用 6～10 个锚,根据作业区的水深及抗风暴的要求,有的甚至高达 21 个锚。

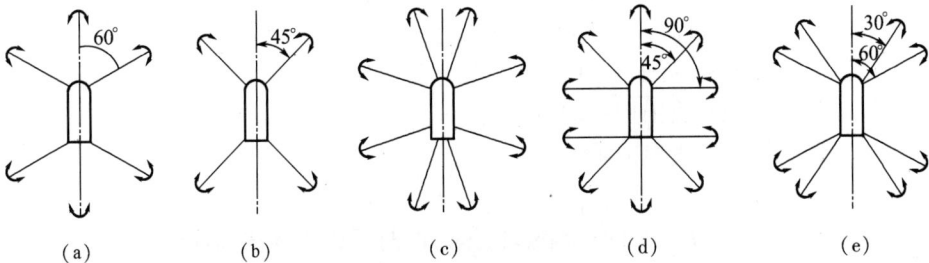

图 2－5　多点抛锚

二、锚设备的组成

锚设备主要由下列部分组成:锚、锚索、锚链筒、掣锚器、掣链器、导链滚轮、导索器、起锚机械、锚链管、锚链舱和弃锚器等,部分设备如图 2-6 所示。

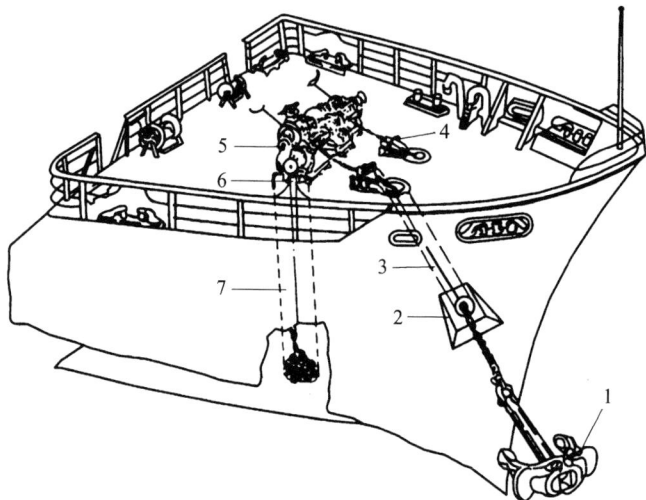

1—锚;2—锚穴;3—锚链筒;4—掣链器;
5—锚机;6—锚链管;7—锚链舱。

图 2-6　锚设备的组成

(1)锚:啮入水底泥土产生抓力,平衡船舶所受的外力,是锚设备中产生抓力的主要部分之一。

(2)锚索:连接锚和船体的绳索,用于系锚并传递锚的抓力。锚泊时,在出链长度适当时,卧躺海底部分的锚链也能由于与接触地质的摩擦而产生部分抓力。

(3)锚链筒:从舷外引导锚至甲板,收锚后储存锚干及部分锚链。锚链筒由甲板链孔、舷边链孔和筒体三部分组成。

(4)掣锚器:当起锚后,制锚链条或链钩可借松紧螺旋扣使锚紧贴船体,以防止船舶航行时锚晃动。

(5)掣链器:用于固定锚链,防止锚链滑出。在锚泊时,掣链器将锚和锚链产生的拉力传递给船体,以减轻锚机负荷,保护锚机。在航行时,其承受锚所受的重力和惯性力。

(6)导链滚轮、导索器:导引锚链,减少锚链与锚链筒之间的摩擦,防止锚链翻滚。

(7)起锚机械:抛锚与收锚用的动力机械。

(8)锚链管:引导锚链进出链舱。

(9)锚链舱:储存锚链。

(10)弃锚器:平时固结锚链的末端链环,紧急时打开以抛弃锚和锚链。

锚泊设备首先应能保证停泊的安全可靠,即可靠地抵御风、水流、波浪等对船体的作用。同时,要求抛起锚方便,能迅速地起锚出航和抛锚停泊,在紧急情况下能立即弃锚,离开锚地。另外,还要求航行时锚能良好收藏。最后,对锚设备配置力求整个锚泊设备质量轻、体积小。

第二节 船 用 锚

一、船用锚的形式

锚的种类繁多，按照不同的分类标准有不同的分类情况。按照有杆无杆分为有杆锚、无杆锚。按照带抓的数目分为独抓锚、二抓锚和四抓锚。按照用途分为停泊锚、固定锚、深水锚、定位锚和冰锚。本节主要根据普通有杆锚、普通无杆锚、大抓力锚和特种锚这四种类型来讲解。

1.普通有杆锚

海军锚：带有两个固定的锚爪，是有杆锚，其横杆设在靠近锚卸扣处，并同锚爪成交叉状，如图2－7所示。一旦受力，依靠横杆的支撑可使锚爪啮入底土。海军锚的锚体和横杆均为铸钢件。海军锚特别适用于砂、硬泥底质，也可用于礁石底质。其缺点是始终有一个锚爪露出在底质外，容易造成锚索的纠缠，甚至危及在其上通过的船舶，且收放很不方便。现在只在内河小船、游艇及帆船上采用，或作为备用锚。

单爪锚如图2－8所示。其形状如同缺少了一只锚爪的海军锚，性能同海军锚相似，其锚体和横杆均为铸钢件。单爪锚抛锚时，必须吊住锚头，锚头向下，缓慢放到水底。

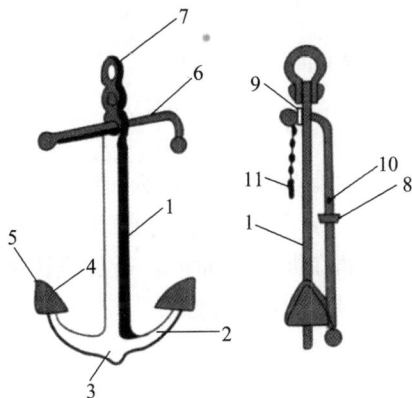
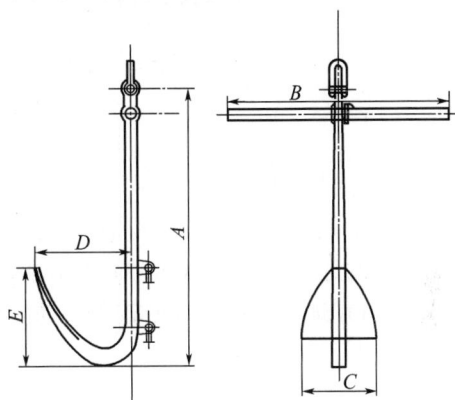

1—锚干；2—锚臂；3—锚冠；4—锚爪；5—锚抓尖；6—横杆；

7—锚卸扣；8—横杆挡环；9—垫圈；10—销孔；11—横杆销。

图2－7　海军锚　　　　　　　　　　图2－8　单爪锚

海军锚抓底过程如图2－9所示。锚冠先着地，在锚链的拉力作用下使其翻倒。如果是锚杆顶着地，则为不稳定状态，经水平拖曳必翻转成一爪朝下的状态。在锚链的拉力及锚所受重力作用下，该爪逐渐啮入泥土，直啮到锚杆不能伸入为止。

图2－9　海军锚的抓底过程

2. 普通无杆锚

霍尔锚如图 2-10 所示。锚干与锚头是活动的,用销轴连接在一起,锚爪可以绕销轴左右旋转 45°,锚冠两侧设有助抓突角。锚柄截面为矩形或圆形,折角(锚爪与锚柄之间的最大夹角)为 42°。此外,另一种短杆霍尔锚柄长较短,折角为 38°。这种锚不仅容易制造、装配,其最大优点是没有锚杆,收存方便,在起锚时可将锚杆收入锚链筒内,而且锚经常处于抛出状态。它的抓重比较小,约为 2.5~4。但由于抛、起锚方便,省时省力,它的两爪均能啮入水底,不会对过往船只造成危害。因此,霍尔锚被广泛应用于各种船舶,作为主锚。

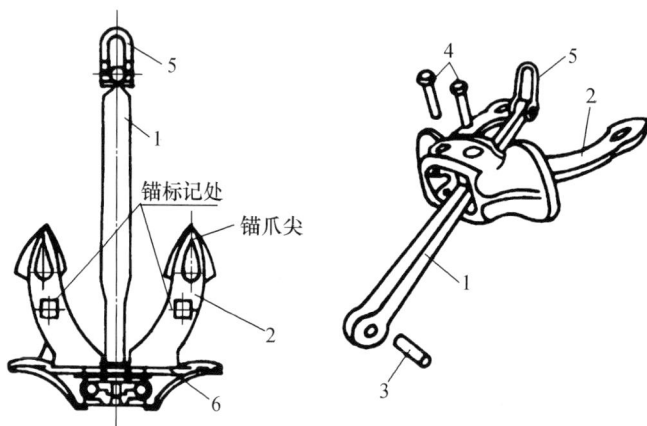

1—锚干;2—锚爪;3—销轴;4—横销;5—型锚卸扣;6—助抓突角。

图 2-10　霍尔锚

斯贝克锚如图 2-11 所示。它的折角为 40°,基本性能与霍尔锚相似。但斯贝克锚的最大特点是锚头中心略低于转轴,是霍尔锚的改良版,克服了霍尔锚由于锚头重心高于转轴而导致的起锚不便。因此,锚起吊时,锚爪竖直与锚柄在同一平面上。斯贝克锚通常用作艏锚,特别适用于艏部线型较肥大的船舶,尤其适用于带球鼻艏的船舶。

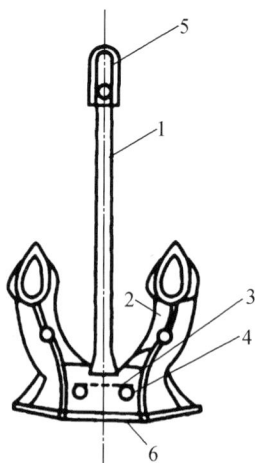

1—锚干;2—锚爪;3—锚轴;4—横销;

5—型锚卸扣;6—助抓突角。

图 2-11　斯贝克锚

普通无杆锚的抓底过程如图2-12所示。抛锚着底后两爪先平衡躺在水底,由于锚冠四周设有突缘,迫使锚爪的爪尖转向水底,锚爪与水底成一定的角度;在锚链拖曳下,爪尖直啮在水底,而使锚冠逐渐升起;然后两锚爪在锚重及锚链拉力作用下逐渐啮入泥土,直到锚抓力与锚链拉力达到平衡为止。

图2-12 普通无杆锚抓底过程

3. 大抓力锚

丹福氏锚(燕舻锚)如图2-13所示。它是一种设计比较成功的大抓力锚,它的两爪比较靠拢,在锚冠处设置了锚横杆,对多种底质都有适应性。其抓重是海军锚的3倍,在一般情况下,抓重比不小于10,其折角为30°。缺点是由于要增加抓力,致使锚爪较宽,因此锚爪强度较弱,一般选用高强度钢制造,被广泛用作退滩锚、深水锚和定位锚。

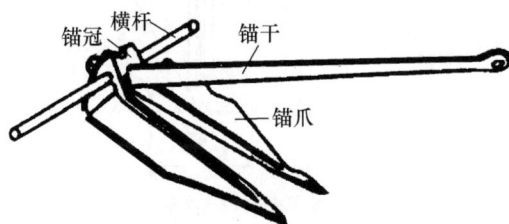

图2-13 丹福氏锚

LWT锚即美国海军用的轻量型锚,如图2-14所示。其锚爪长,且宽而平,因而具有很大的抓力。它具有长的锚横杆及长的锚杆,因而稳定性好。此外,其最明显的特征就是具有掘泥板和锚冠开口,使它入土容易,性能受海底质的影响较小。掘泥板的两侧板夹角为60°,侧板与锚爪成30°。掘泥板的边缘呈尖状,使板容易插入泥土。抛锚后掘泥板先于锚爪插入泥土,因而产生一个使锚爪转动的力矩,使爪迅速入土。掘泥板入泥土而掘起的泥土通过锚冠开口脱离,不会在锚冠内积聚,阻碍锚爪的转动。因此,这种锚在国内外各种大型运输船舶和舰船上得到广泛使用。

史蒂文锚是荷兰研制的新型锚,如图2-15所示,为有杆大抓力锚,目前大量用作石油钻探平台的定位锚。史蒂文锚的锚爪短而面积大,入土后有较大的抓力,约为锚重的17~34倍,由于锚爪质量约占锚总质量的70%,且有25%~42%的质量集中在锚的爪端部,加上爪尖锐利,故入土性能好;锚杆上装有可移动的折角,能适应多种底质;锚头翼板具有挡泥的作用,在拖曳锚时,它会产生一个很大的使锚爪向下转动的力矩,从而使爪深深地啮入土中。

（a）折角不变的轻量型锚

（b）折角可变的轻量型锚

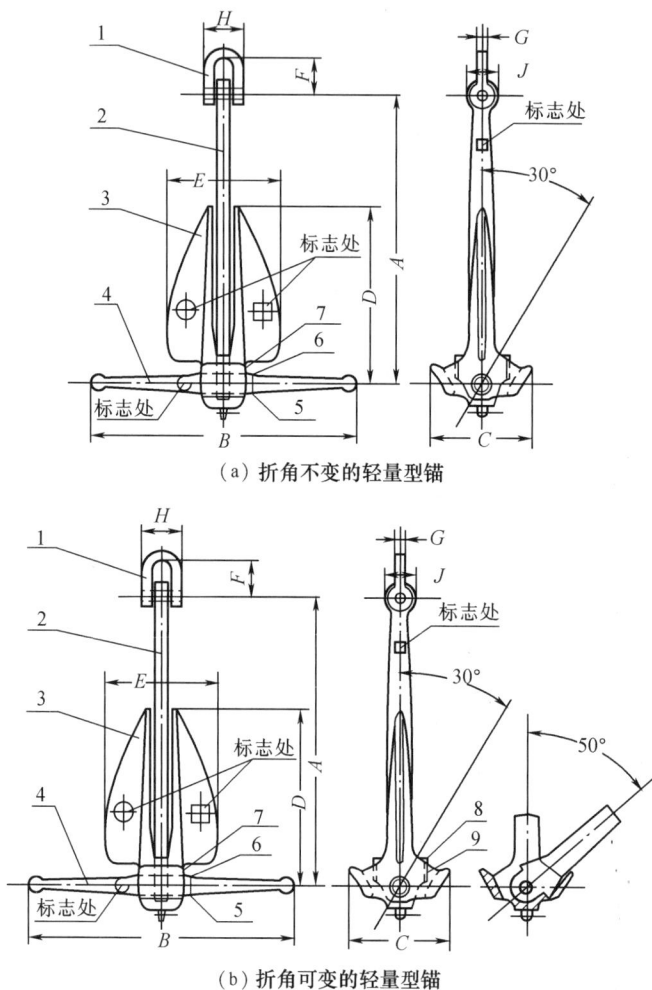

1—锚卸扣；2—锚柄；3—锚爪；4—锚横杆；5—垫圈；6—插销；7—小链；8—楔块；9—螺栓。

图 2-14　轻量型锚

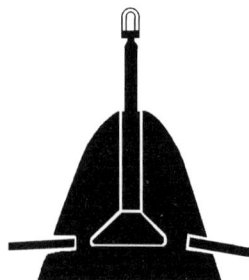

图 2-15　史蒂文锚

波尔锚是荷兰研制的一种无杆锚，如图 2-16 所示。它的锚爪平滑而锋利，适用于各种底质。它与其他无杆锚相比，稳定性可提高 30%～50%。锚冠部的特殊设计使得锚爪啮入一定深度后便不再继续下插,致使抛、起锚均较方便。其抓力大,与其他无杆锚相比,在相同抓力下锚重可减轻25%~40%,通常情况下,锚重比可达6左右。波尔锚可用作大型船舶的艏锚和工程船的定位锚,特别是在挖泥船上得到广泛的应用。

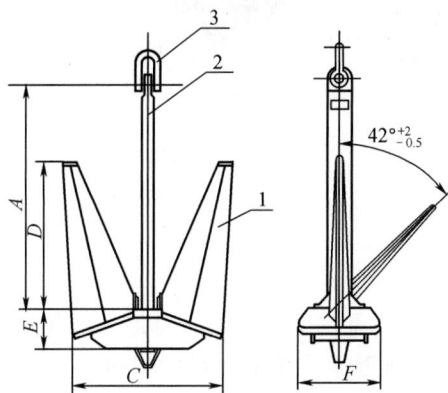

1—锚爪;2—锚柄;3—锚卸扣。

图2-16 波尔锚

AC-14型锚是20世纪50年代后期由英国海军部引进的一种无杆锚(图2-17),其明显的特征是具有极其肥大的稳定杆,因此具有良好的稳定性。它能迅速入土,对各种底质的适应性较强,在不同底质下,抓重比为2.4~12。此种锚在抓重比为14时,仍然具有适当的强度,是目前公认性能较好的一种锚型。由于其形状特殊,当入土时产生阻尼力,使得锚链也埋入土中,产生阻力。因此,使锚产生最大抓力时,不要求锚索与水底相切,因而可以缩短所需锚索长度。其通常用作艏锚,也常用作工程作业船舶的工作锚。

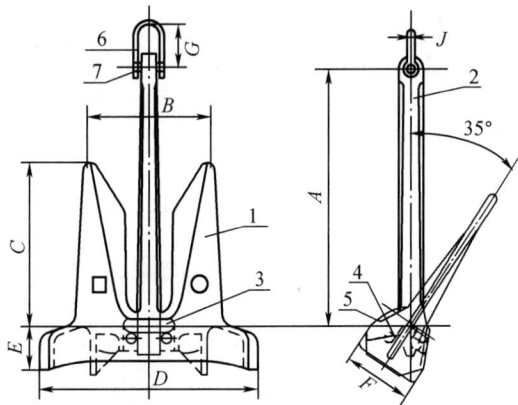

1—锚头;2—锚柄;3—销轴;4—横销;5—封头;
6—锚卸扣本体;7—锚卸扣横销。

图2-17 AC-14型锚

4.特种锚

特种锚通常是浮筒、灯船、航标船、航标等永久系泊所用之锚,有伞型锚、螺旋锚、单爪锚,如图2-18所示。

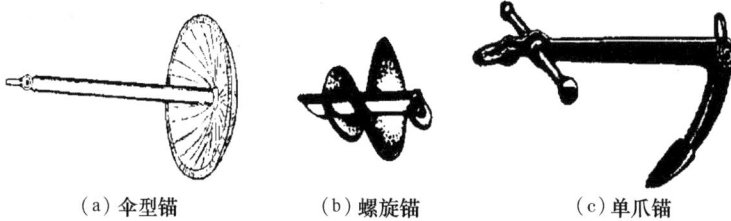

(a) 伞型锚   (b) 螺旋锚   (c) 单爪锚

图 2-18　特种锚

二、船用锚的要求

对于船用锚来说，以最小的锚重获得最大的抓力是寻求优良锚型需要考虑的问题。锚的抓力与锚所受重力之比称为抓重比。抓重比高的锚可以在相同锚重的条件下提高锚泊能力。除此之外，船锚还应具有良好的使用性能，优良的锚在停泊时要能迅速入土，而在起锚时容易从水底脱离出来，即破土所需的力较小，对于各种性质的泥土都具有良好的适应性。优良的锚还应在航行中便于收藏与存放。另外，锚还应具有足够的强度，制造简单且成本低廉。下面看一下这几个因素对锚性能的影响。

1. 锚的重心位置

锚的重心位置与锚的入土性能有关，如重心过分接近锚卸扣的一端，则迫使锚爪入土的垂直分力减小；反之，若重心太接近锚冠，尤其是遇到水底有斜坡时，锚不稳定。所以，选择重心位置时，要同时考虑这两个方面的要求。如图 2-19 所示，通常取 $BG \approx 0.42AB$，其中 BG 为 B 点到重心 G 的距离。

2. 锚爪袭角

锚爪袭角是指过锚爪尖端处的切线同底平面的夹角，如图 2-19 和图 2-20 中 α 的，它影响锚爪啮入泥土的角度。锚爪入土力 R 由锚链拉力 T 及锚重分力 W_2 合成，若袭角 α 能与啮入泥土的合力大小及方向吻合，则锚最容易入土。但在实际抛锚过程中，锚链的拉力是变化的，各种土质的阻力也不同，因而袭角 α 多靠经验来确定，一般在 $60° \sim 80°$ 之间。

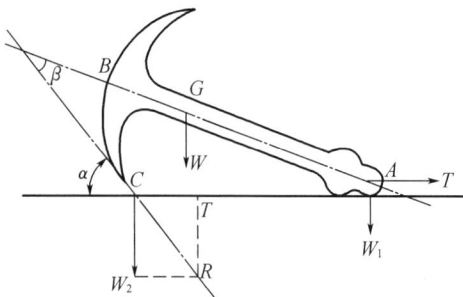

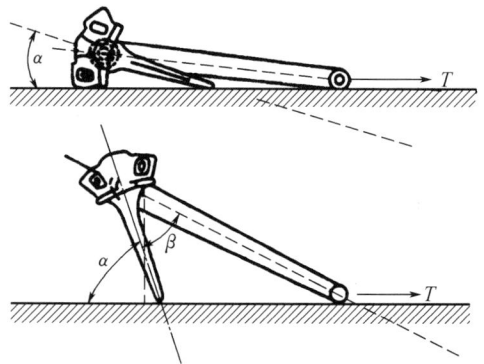

图 2-19　有杆锚入土受力示意图   图 2-20　无杆锚受力示意图

3. 锚爪折角

锚爪折角是指过锚爪尖端处的切线同锚干轴线的夹角，如图 2-19 和图 2-20 中的 β。

它与袭角 α 一样,也是影响锚爪啮入泥土的角度。试验结果表明,不同的底质对应合适的折角不同,软泥底质约为50°,沙底为30°~35°,泥沙底质约为43°,通常为35°~45°。有一些大抓力锚折角可以调整,以适应不同底质。

4. 锚干的长度

锚干的长度影响锚杆的位置,锚干越长则锚杆离开锚冠越远,从而迫使锚爪入土及防止翻转的作用越大,因此锚干较长在使用上更有利,但是锚干长不利于锚的收藏。

5. 锚爪的面积以及分布情况

根据试验结果可知,几何形状相似的锚,其抓力不仅与锚爪面积成正比,而且与面积中心距泥土表面的深度有关,越深则抓力越大。因此,锚爪面积越大,在靠近爪尖处锚爪面积分布得越多,则抓力就会越大。

6. 爪尖的式样

一般来说,宽的爪尖适用于松软的土质,而窄的爪尖适用于坚硬的石底。显然,一般爪尖的宽度都是折中,以适应在多种底质上抛锚。

第三节 锚 链

一、锚链的种类

1. 按链环结构分

有有挡链和无挡链两种。有挡链的强度比无挡链大约20%,海船广泛采用。

2. 按制造方法分

有焊接、铸钢和锻造锚链三种。焊接锚链由圆钢材料加工焊接而成,工艺先进、简单,制造成本低,质量超过其他种类锚链,海船广泛使用。铸钢锚链由合格的钢水浇铸而成,强度较高、刚性好、撑挡不会松动且使用寿命较长,但制造成本较高、锚链耐冲击负荷差。锻造锚链工艺复杂、成本高,商船基本不用。

3. 按公称的抗拉强度分类

分 AM1、AM2、AM3 三级。强度 AM1 < AM2 < AM3,AM1 不适用大抓力锚,AM3 仅适用于链径20.5 mm 以上的锚链。

二、锚链标记

为了抛、起锚时能迅速识别锚链松出长度,在起锚时能掌握锚链在水中的长度,需在各连接链环及其附近的有挡环上做标记,如图 2-21 所示。其方法是:在第一与第二节之间的连接链环(或卸扣)前后第一个有挡链环的撑挡上绕金属丝(或白钢环),并在两链环之间的有挡链环上涂白漆,连接链环涂红漆,以此表示第一节。在第二节与第三节之间的连接链环前后第二个有挡链环撑挡上绕金属丝(或白钢环),并在该两链环之间的所有有挡链环上涂白漆,连接链环涂红漆,以此表示第二节。以此类推至第五节与第六节之间,从第六节与第七节之间的连接链

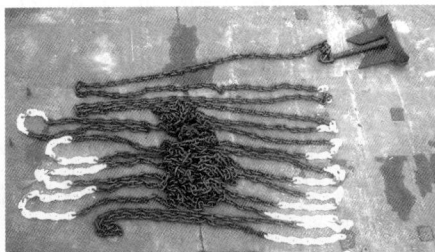

图 2-21 锚链标记

环开始,重复第一节至第六节同样的方法进行标记。最后一至两节可涂红或黄漆等醒目颜色标记,作为预示锚链将至末端的危险警告,以警惕丢锚。

三、电焊锚链的组成

电焊锚链是由链环组成的,链环是锚链的细胞,组成锚链的链环主要有:有挡普通链环(C)、加大链环(EL)、末端链环(E)、连接卸扣(JS)、肯特卸扣(KS)、末端卸扣(AS)、转环(SW)、无挡普通链环(L)。

各种链环型式和尺寸如图2-22所示。

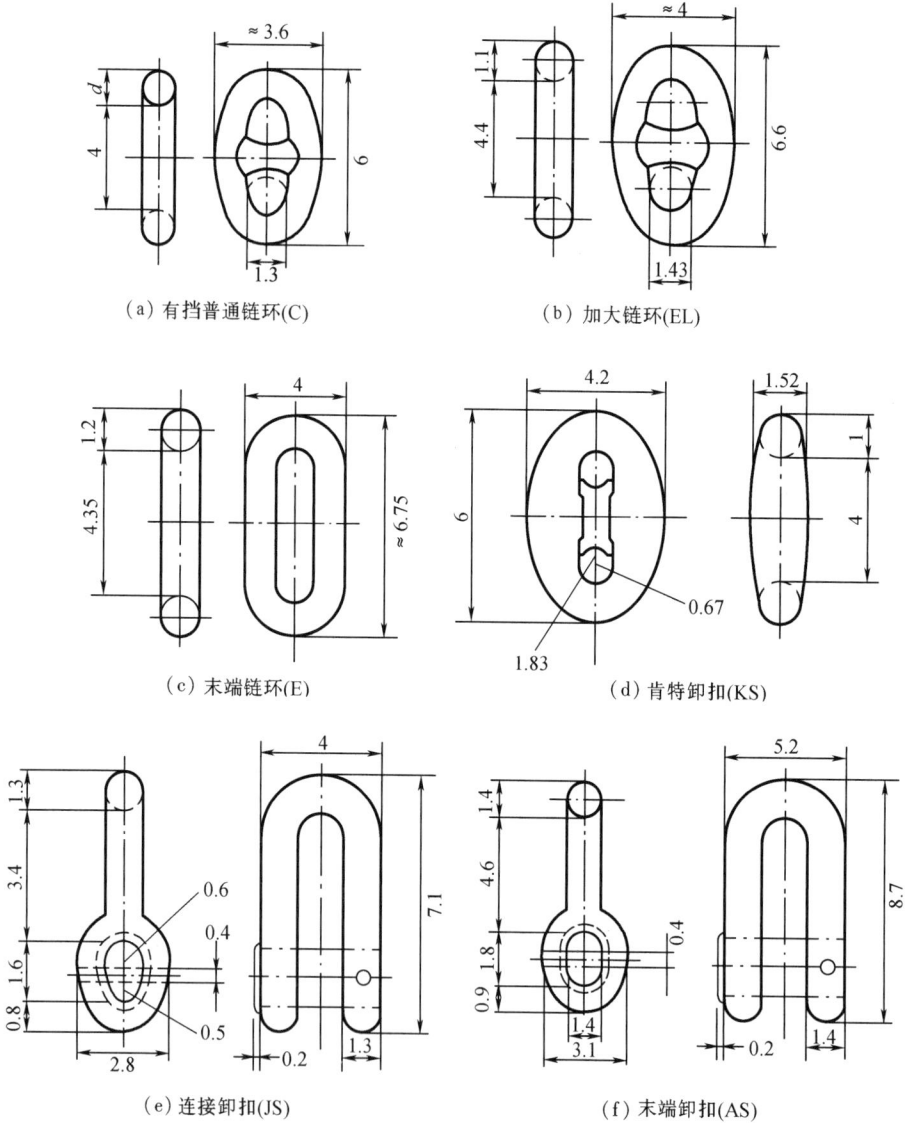

（a）有挡普通链环(C)　　　　　（b）加大链环(EL)

（c）末端链环(E)　　　　　（d）肯特卸扣(KS)

（e）连接卸扣(JS)　　　　　（f）末端卸扣(AS)

图2-22　链环及附件型式和尺寸

注:图中所有数值均表示普通链环公称直径 d 的倍数。

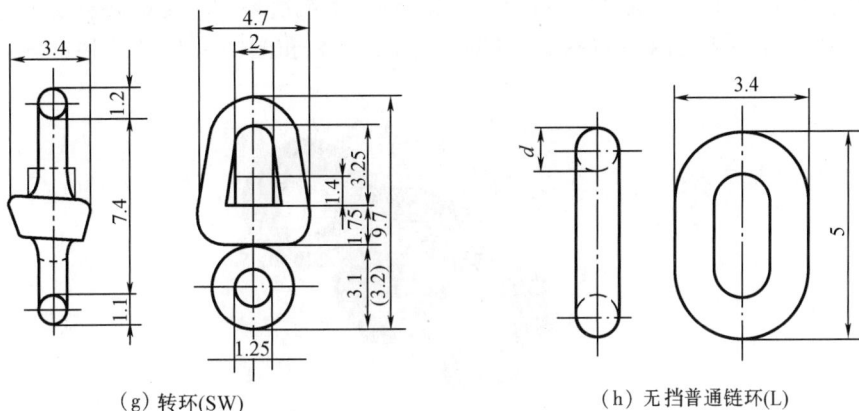

（g）转环(SW)　　　　　　　　　　　　（h）无挡普通链环(L)

续图 2 – 22

有挡普通链环在中间链节、锚端链节和末端链节中都有设置，如图 2 – 23 所示。

加大链环为过渡链环，有挡，尺寸比普通链环要大。

末端链环为过渡链环，无挡，尺寸也比普通链环要大，如图 2 – 24 所示。

图 2 – 23　有挡普通链环

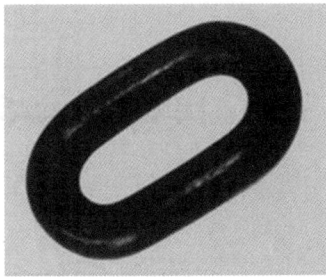

图 2 – 24　末端链环

连接卸扣和肯特卸扣用于链节之间的连接，如图 2 – 25、图 2 – 26 所示。

图 2 – 25　连接卸扣

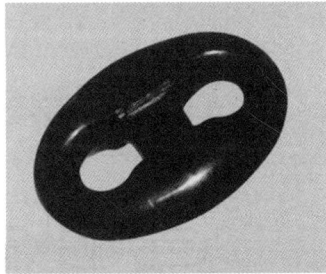

图 2 – 26　肯特卸扣

转环设置在靠近锚一端的锚链上，可避免停泊时锚链扭缠，如图 2 – 27 所示。

一根完整的锚链由若干节链环组成，链环是锚链的基本单元。锚链的链环又分为锚端链环、末端链环、中间链环三种，其中锚端链环与锚相连，而末端链环与掣链器相连。一根锚链是由一个锚端链环和一个末端链环加上若干个中间链环组成的。

由于现代船舶按船级社规范，配置的锚链长度均为 27.5 m 的整数倍，因此在锚链配套时,除中间链环长度通常为27.5 m外,锚端链环和末端链环的长度最好也是27.5 m。锚端链环在27.5 m的长度内不包括末端卸扣。图2-28和图2-29是几种链环的典型配置方式。

图2-27 转环

（a）锚端链环

（b）中间链环

（c）末端链环

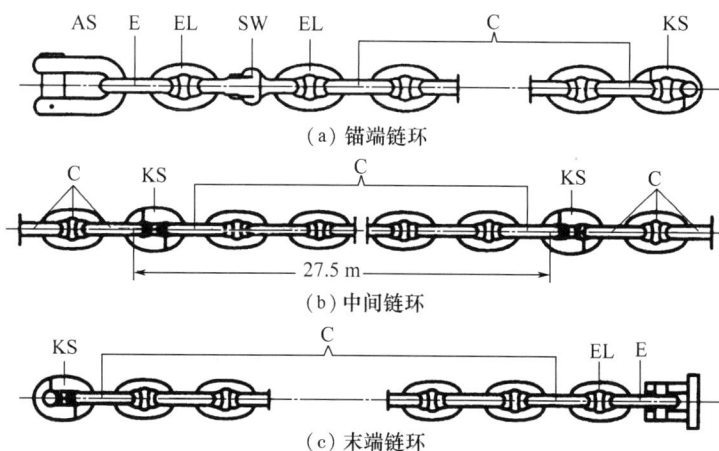

图2-28 肯特卸扣连接链环配置方式

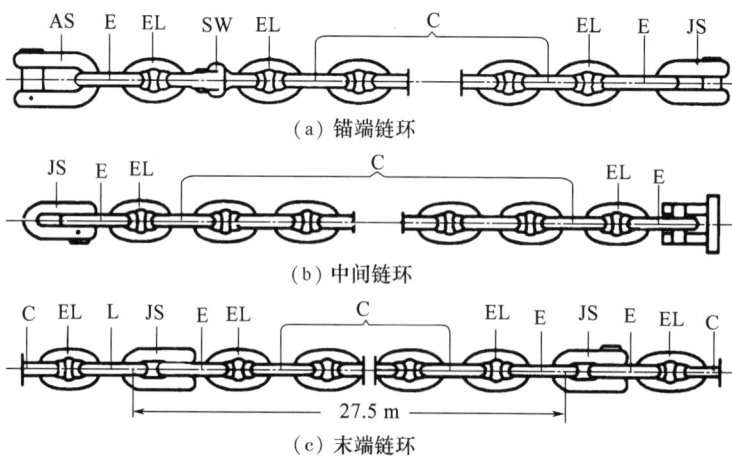

（a）锚端链环

（b）中间链环

（c）末端链环

图2-29 连接卸扣连接链环配置方式

第四节　锚的止、导、储、控设备

一、掣链器

掣链器设置在锚机和锚链筒之间,其作用有:①固定锚链,防止锚链滑出;②将锚和锚链产生的抓力直接传递至船体,以减轻锚机负荷,保护锚机;③航行时承受锚所受的重力和惯性力。

常用的掣链器有螺旋掣链器和闸刀掣链器。其中,螺旋掣链器如图 2-30 所示,它设有一对夹紧锚链的夹块,并配有操纵螺杆,可使夹块同时收紧或放开,结构较复杂。螺旋掣链器动作较慢,但操作方便,工作可靠,所以在大中型船舶上广泛采用。闸刀掣链器如图 2-31 所示,是利用闸刀卡住通过导槽的垂直链环止住锚链,它结构简单,使用方便。我国造船行业目前使用的闸刀掣链器适用于直径为 12.5~68 mm 的锚链。

图 2-30　螺旋掣链器

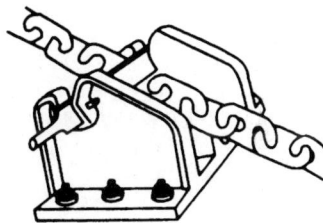

图 2-31　闸刀掣链器

二、掣锚器

掣锚器为船舶航行时紧固锚的装置。我国造船行业目前常用的掣锚器有三种形式,即掣锚索、掣锚链条和掣链钩。

掣锚索如图 2-32 所示。使用时钢丝绳穿过链环拴在系绳柱上,然后收紧螺旋扣将锚拴住。其使用锚质量为 500~12 300 kg。

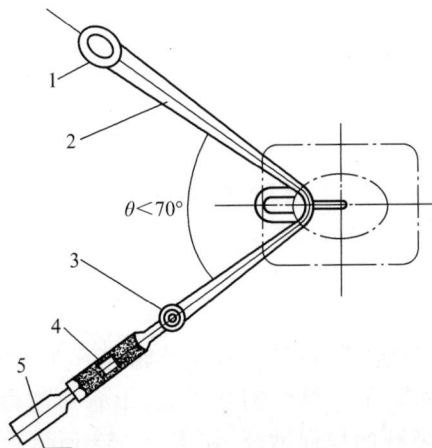

1—系绳柱;2—钢丝绳;3—小滚轮;4—开式索具螺旋扣;5—眼板。

图 2-32　掣锚索

掣锚链条如图 2 – 33 所示。使用时链条从锚卸扣或末端链环处穿过,同脱钩连接然后收紧索具螺旋扣将锚拴住。其使用锚质量为 100 ~ 2 850 kg。

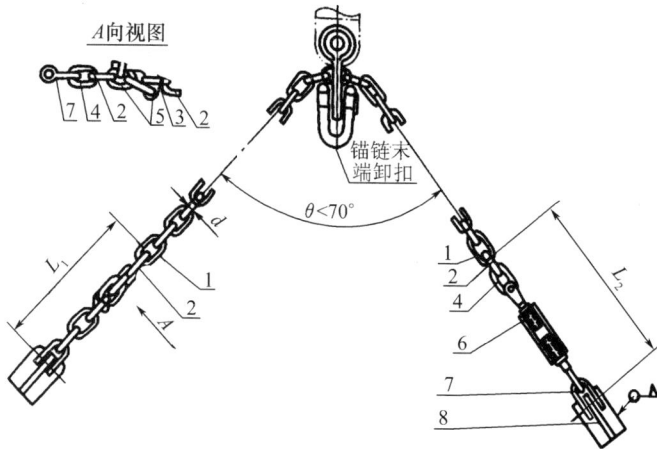

1—小链环;2—中链环;4—大链环;5—脱钩;6—开式索具螺旋扣;7—卸扣;8—眼板。

图 2 – 33　掣锚链条

掣链钩如图 2 – 34 所示。使用时叉钩扣住锚链,然后收紧索具,螺旋扣将锚拴住。其使用的锚链直径为 13 ~ 67 mm。

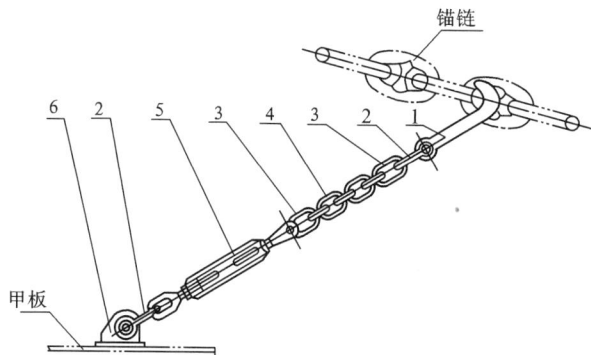

1—叉钩;2—卸扣;3—末端链环;4—普通链环;5—开式索具螺旋扣;6—眼板。

图 2 – 34　掣链钩

三、锚链管

锚链管是锚链出入链舱的通道,设置在锚机链轮的下方,以引导锚链出入锚链舱。目前,锚链管多用钢板焊接而成,上下管口需要扩大,上管口常设有盖,以防大量海水进入锚链舱,下管口常焊一个半圆的加强钢环,如图 2 – 35 所示。锚链管直径为链径的 7 ~ 8 倍。

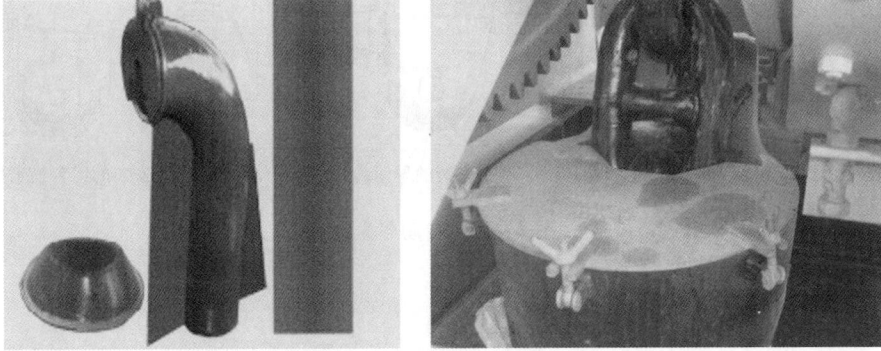

图2-35 锚链管和锚链管盖

四、导链滚轮

导链滚轮设置于锚链筒甲板出口处,如图2-36所示,用于限制锚链的运动方向,使得锚链在同链轮轴线垂直的情况下通过链轮。导链滚轮的安装使用,应使锚链通过锚链筒时不会同伸出在甲板的锚链筒口发生摩擦。

导链滚轮

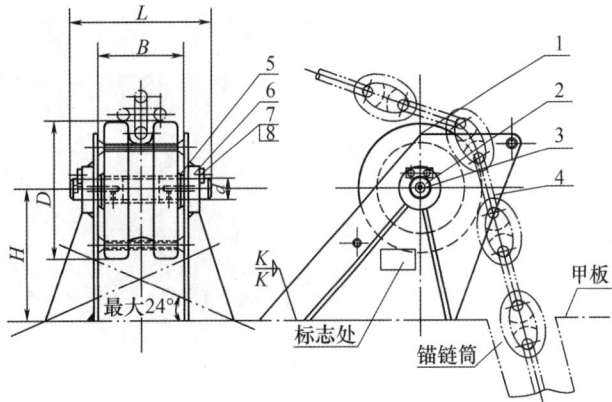

(a)实物图   (b)示意图

1—滚轮;2—销轴;3—直通式油杯;4—支架;5—衬套;6—制动板;7—螺钉;8—弹簧垫圈。

图2-36 导链滚轮

五、转动导索器

设置多点锚泊定位系统的海洋工程作业船舶(如起重船、打捞船、挖泥船等),其锚索的导向装置已经越来越多地采用转动导索器,如图2-37所示。导向滑轮直径大,通常用于钢丝绳锚索的导向滑轮直径为钢丝绳直径的16~20倍。导向滑轮可随锚索方向的变化而摆动,从而提高了锚索的使用寿命。

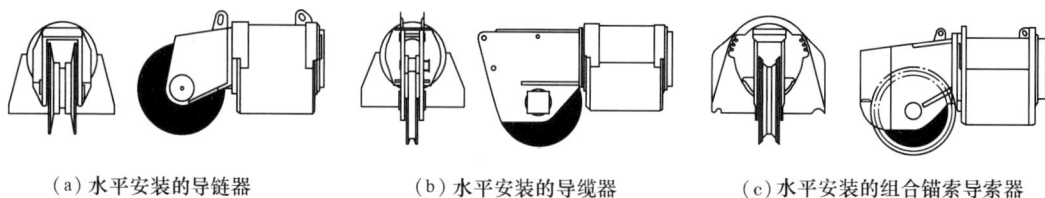

（a）水平安装的导链器　　　（b）水平安装的导缆器　　　（c）水平安装的组合锚索导索器

图 2-37　转动导索器

六、锚链筒

锚链筒在船舶抛、起锚时作为锚链的通道，而在船舶航行时用于收存锚。通常只有无杆转爪锚（霍尔锚、斯贝克锚）才能收存于锚链筒中。艏锚的锚链筒设于船舶首部的两舷，其上端出口位于主甲板或艏楼甲板上，下端出口位于船外板上，呈倾斜状态，因而称之为倾斜式锚链筒。船舶设有艉锚时，其锚链筒通常设在艉部船体中心线处，形式同艏部锚链筒相似。

锚链筒上方一般设置有锚链筒盖，如图 2-38 所示。其作用有：防止航行中遭遇大风浪时的上浪；锚泊和靠泊时，防止窃贼沿着锚链爬上来；防止船员意外掉落到锚链筒内（有些船在锚链筒周围无栏杆保护）。

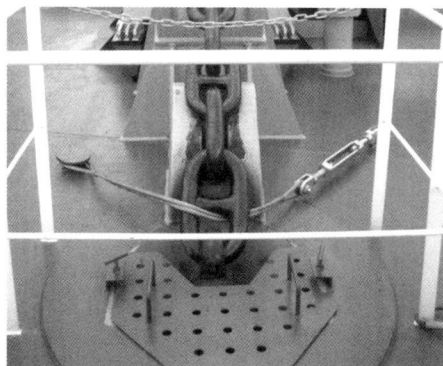

图 2-38　甲板上锚链筒盖布置

客船、油船、港口船、拖船、供应船以及渔船等，由于工作性质经常用艏部靠近其他船舶或码头。为了防止突出在船外的锚链筒造成其他船舶或码头的损坏，这类船舶设置锚穴，使锚不突出在船外。锚穴的形式有明式和暗式，明式锚穴可看到整个锚爪，如图 2-39 所示；暗式锚穴只能看到锚头的断面，如图 2-40 所示。对于球鼻艏船舶，常设置突出式锚链筒以防止在抛、起锚过程中锚和球鼻艏发生碰撞，如图 2-41 所示。

图 2-39　明式锚穴锚链筒

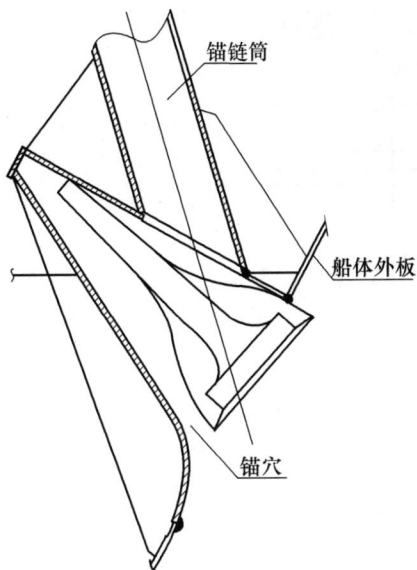

图 2-40 暗式锚穴

图 2-41 突出式锚链筒

七、锚链舱

锚链舱位于锚机下方,用以存放锚链。锚链舱用纵向隔壁分成左右两个,分别收存两根锚链。在隔壁上开有踏脚孔,并在隔壁顶上留有 1.2~1.8 m 的开口,供船员出入锚链舱进行清洁保养工作。

锚链舱底部设有污水井,使锚链带入的泥沙、污水聚积其内,由泵抽出舱外;舱底需铺衬厚的木板,或覆盖水泥垫层,并将锚链搁置在水泥层上的钢条格栅上,以免舱底直接受到锚链的打击。

八、弃锚器

弃锚器设置在锚链舱内。锚链固结的作用为防止抛锚时由于机械失灵,导致锚和锚链全部失落;同时,又要求这种固结能迅速脱开,以便在紧急时能弃锚移船。因此,在锚链固结处设置弃锚器。

螺旋弃锚器通过手轮操纵螺杆,使制动卡绕销轴旋转,锁住或打开滑钩。其性能可靠,操纵方便,使用的锚链直径范围大(25~122 mm),如图2-42所示。

横闩式弃锚器锚链根部的末端链环套入弃锚器的横闩中,使用时打开横闩,锚链拖出。这种弃锚器结构简单,适用于直径较小的锚链,如图2-43所示。

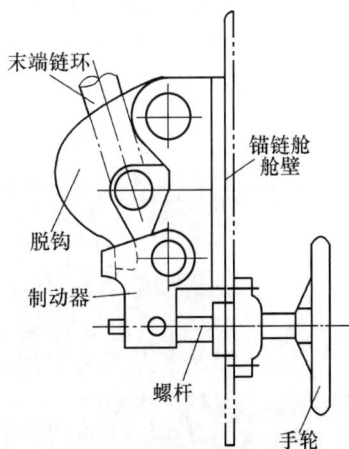

图 2-42 螺旋弃锚器

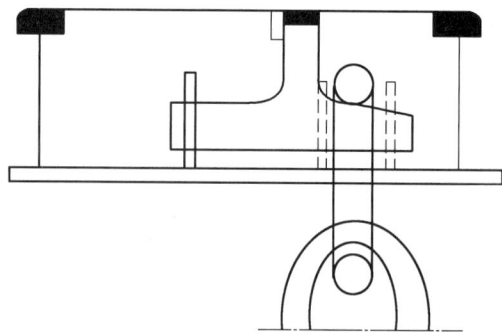

图 2-43 横闩式弃锚器

第五节 锚 机

锚机是放出或收进锚索及锚的甲板机械,同时也是抛锚时系住船舶的装置。

一、锚机的基本类型

锚机按其主轴的方向可分为两大类,即卧式锚机和立式锚机,后者又称为起锚绞盘。按照驱动方式可分为人力、蒸汽、电动及液压锚机。

起锚机的原动机、传动机等全部设备均装在甲板上,操纵管理方便。起锚绞盘除了链轮外其他设备均可设置在甲板以下的舱室内,如图 2-44 所示,占用甲板面积小,又免遭风浪的侵蚀,尤其在战斗中,更有利于保护设备。

人力锚机结构简单、占地小,常在小船上采用或作为其他船的备用锚机,如图 2-45 所示。蒸汽锚机目前在新造船舶上很少使用,但船舶的主机舱采用内燃机,不设主锅炉,而且蒸汽锚机需要铺设很长的蒸汽管路,制造安装工艺复杂。但在油船上采用蒸汽锚机有利于防火防爆。电动锚机管理方便、结构紧凑,目前使用较为普遍,如图 2-46 所示。液压锚机是以电动机带动油泵,用高压油驱动液压马达,再经减速器带动传动齿轮,使锚机运转。液压锚机与电动锚机相比,在同样的功率下,具有体积小、质量轻的优点,而且运行平稳,能实现无级调速,能自动防止过载及便于遥控,如图 2-47 所示。

图 2-44 立式锚机

图 2-45 人力锚机

图 2-46　电动锚机

图 2-47　液压锚机

二、抛、起锚作业

1. 抛锚作业

（1）备锚

①通知机舱接通锚机电源，冬季要提前温车、试验锚机（空车试运转）。

②合上离合器，移开锚链筒盖，打开掣链器，松开刹车带，开动锚机将锚松出锚链筒垂挂在水面上；再拉紧刹车带，脱开离合器。此时锚已处于可以自由抛落的状态。

③准备好锚球或锚灯，此时锚已备妥。

（2）抛锚

①抛锚时机：当船舶略有退势时，抛锚时船舶应适当后退，若船不后退，松出的锚链会堆积在锚上，绞缠锚爪。若船后退太快，松出的锚链就会停不住而发生断链、丢锚的事故。

②得到抛锚口令后，大副应立即观察舷外锚的下方有无船舶靠近，然后迅速指示木匠松开刹车带，让锚凭借重力下落。待锚着底后（链轮上的锚链会出现瞬间松弛），用刹车刹住抛链，并立即升起锚球或开启锚灯。

当松出 1.5~2 倍水深的链长时，应刹住锚链，利用船的拉力使锚爪抓入泥中，为防止将锚拉走而破坏抓土，必须在锚链尚未完全被拉直时再松出一段锚链，然后再拉一下刹车。如此松松刹刹，反复进行，以减小船速，确保锚能良好地抓土，直到松出所需的链长为止。

③按计划松出足够的锚链长度后，如果锚链向前拉紧，并有规律地在水面上下摆动，则说明锚已抓牢；反之，锚链虽然拉紧，但不在水面摆动，而且时而发生抖动，则说明锚正在水底拖动，应立即报告船长。

④抛锚过程中大副必须将锚链方向通过甚高频（VHF）或手势（夜间用手电光）报告船长。木匠敲钟，报告出链长度。

⑤水深超过 25 m 时，为防止锚对海底的冲击力过大以及锚链松出太快，抛锚时须用锚机将锚送至距海底 10 m 左右，再自由抛下。若水深超过 50 m，则须用锚机将锚一直松到底，然后再用刹车慢慢松出锚链。深水抛锚时船速一定要十分缓慢，每次松链只能几米。宁可多松几次，防止一次松多了停不住而造成断链事故。

2. 起锚作业

（1）准备工作

通知机舱接通电源并给甲板供水（冬天要提前供电以便暖车）。试验锚机，合上离合器,松开掣链器及刹车。

（2）绞锚

得到起锚命令后,大副根据锚链受力情况指示木匠用适当的速度绞锚,并随时将锚链方向报告船长,以钟声表示锚链在水中的节数。如果锚链绷得较紧,这时不可硬绞,待船向前移动后再绞。若锚链横过船首,收绞时会使锚链受力过大,锚机也会超负荷。此时应报告驾驶台以便使用车舵配合,将船逐渐领直后再绞。

（3）锚离底的判断

在锚爪离地的瞬间,锚会突然向船边荡过来,可以此来判断锚是否离底。锚爪将要出土时,锚机的负荷相对最大,速度减慢,声音沉重。当锚离底时锚机负荷突然降低,锚机转速由慢到快,这也是判断锚离底的可靠方法。大副在锚离底时向驾驶台报告,木匠立即敲一阵乱钟,并降下锚球或关闭锚灯。锚出水后,要注意观察锚爪是否钩住钢丝绳等。锚干进锚链筒时,注意锚爪翻转情况,应使锚爪贴紧船舷。上好掣链器,拉上刹车,脱开离合器,关闭离合器,关闭甲板水,盖上锚链筒防浪盖,罩好操纵装置,封好锚链管口,通知机舱关闭锚机电源。

第六节　海船锚设备的选配

一、海船舾装数计算公式

目前,各国船级社的规范统一采用国际船级社协会（IACS）提出的舾装数量计算方法及艏锚和艏锚链的配置要求。这些要求使用于无限航区船舶。对于有限航区船舶,各国船级社的规定不尽相同。

舾装数是表征船舶必须配备的锚、锚链、系船索和拖索的质量、数量、长度和尺寸的衡准数。IACS 提出的并为各国船级社所采用的海船舾装数 N 按下式计算,即

$$N = \Delta^{2/3} + 2Bh + A/10 \qquad (2-1)$$

式中　Δ——夏季载重水线下的型排水量,t;

B——型宽,在船舶的最宽处,由一舷的肋骨外缘量至另一舷的肋骨外缘之间的水平距离,m;

A——船长 L 范围内夏季载重水线以上船体部分和上层建筑以及各层宽度大于 $B/4$ 的甲板室侧投影面积的总和,m^2;

h——从夏季载重水线到最上层舱室顶部的有效高度,m,$h = a + \sum_{i=1}^{n} h_i$（其中,$a$ 为船中干舷,从结构吃水至上层甲板,m;h_i 为宽度大于 $B/4$ 的 i 层上层建筑或甲板室中线处高度,宽度大于 $B/4$ 的甲板室如在宽度为 $B/4$ 或以下的甲板室之上,应计入上面的甲板室而忽略下面的甲板室）。

应特别注意的是,最低层甲板室的 h 应在该甲板室中心线处上甲板量起,如上甲板有局部不连续时,则自假想的甲板线量起。舾装数计算公式物理含义:$\Delta^{2/3}$ 表示水下表面积的水阻力成分;$2Bh$ 表示船舶水上正面风压阻力成分;$A/10$ 表示船舶水上侧面风压阻力成分。

在计算 h 和 A 时,不必计算舷弧和纵倾、舱口围板及诸如集装箱等甲板货物高度。

凡超过 1.5 m 高度的挡风板和舷墙,均应视为上层建筑和甲板室的一部分,所示的面积应计入 A 中。如图 2-48 所示,阴影部分面积 A_1 应计入 A 内。

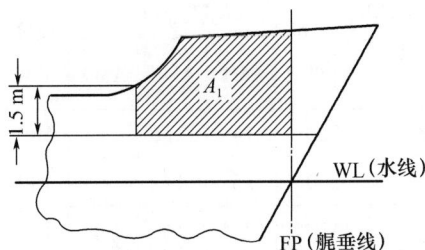

图 2-48 高度超过 1.5 m 舷墙计入 A 内

二、艏锚和艏锚链选配

(1)CCS《钢质海船入级与建造规范》规定,海船应根据以上舾装公式计算所得的数值,并根据船舶种类及航行水域按表 2-1 及表 2-2 配置艏锚及艏锚链。

表 2-1 各类船舶按舾装数选配锚泊、系泊设备与拖曳设备说明

船型	要求配置的设备
货船、散装货船、油船、耙吸式挖泥船、渡船	按 N 选取
拖船	按 N 选取,拖索应足以承受最大系柱拉力,其安全系数 ≥2.0
近海供应船	按 N 选取,但锚链按 N 增大两挡选取,艏锚可仅配 2 只
有人驳船	按 N 选取,但艏锚可仅配 2 只,拖索可免配
无人驳船	按 N 选取,但艏锚可仅配 1 只,锚链可仅配一半长度,系船索可仅 2 根
起重船	按 N 选取,但起重机地测投影面积应计入 N,艏锚可仅配 2 只。若起重船作业用锚中有 2 只满足本表的要求,可代替艏锚。若用钢索代替锚链时,其破断负荷和长度应不小于 1.5 倍相应锚链值,锚与钢索间应有适当锚链段,在索链的衔接处应加转环

(2)普通无杆锚的锚头质量,包括销子和转轴在内,应不小于该锚总质量的 60%。

(3)可以采用有杆锚的锚首,但其质量(不包括横杆)应不小于表 2-2 中所规定的无杆锚质量的 80%。

(4)当采用大抓力锚作为艏锚时,每只锚的质量可以为表 2-2 中规定的普通无杆锚质量的 75%。

在具体选用时,每个艏锚的质量可以与表(2-2)中所列的锚重有 ±7% 的误差,但艏锚的总质量不得小于表列锚重的总和,表(2-2)中给出的锚重是无杆锚的质量。如果规定锚链的总长使其节数成单时,则右锚链多一节。

表 2－2　按舾装数选配锚泊、系泊设备与拖曳设备

序号	舾装数		艏锚		有挡锚链					拖索		系船索		
	超过	不超过	数量	每个质量/kg	总长度/m	直径/mm			长度/m	破断负荷/kN	数量	每根长度/m	破断负荷/kN
						AM1	AM2	AM3						
1	50	70	2	180	220	14	12.5		180	98.1	3	80	34.3
2	70	90	2	240	220	16	14		180	98.1	3	100	36.8
3	90	110	2	300	247.5	17.5	16		180	98.1	3	110	39.2
4	110	130	2	360	247.5	19	17.5		180	98.1	3	110	44.1
5	130	150	2	420	275	20.5	17.5		180	98.1	3	120	49.0
6	150	175	2	480	275	22	19		180	98.1	3	120	54.0
7	175	205	2	570	302.5	24	20.5		180	111.8	3	120	58.8
8	205	240	3	660	302.5	26	22	20.5	180	129.4	4	120	63.7
9	240	280	3	780	330	28	24	22	180	150	4	120	68.6
10	280	320	3	900	357.5	30	26	24	180	173.6	4	140	73.6
11	320	360	3	1 020	357.5	32	28	24	180	206.9	4	140	78.5
12	360	400	3	1 140	385	34	30	26	180	223.6	4	140	88.3
13	400	450	3	1 290	385	36	32	28	180	250.1	4	140	98.1
14	450	500	3	1 440	412.5	38	34	30	180	276.5	4	160	107.9
15	500	550	3	1 590	412.5	40	34	30	190	306.0	4	160	122.6
16	550	600	3	1 740	440	42	36	32	190	338.3	4	160	132.4
17	600	660	3	1 920	440	44	38	34	190	370.0	4	160	147.1
18	660	720	3	2 100	440	46	40	36	190	406.0	4	160	156.9
19	720	780	3	2 280	467.5	48	42	36	190	441,3	4	170	171.6
20	780	840	3	2 460	467.5	50	44	38	190	480.0	4	170	186.3
21	840	910	3	2 640	467.5	52	46	40	190	517.8	4	170	201.0
22	910	980	3	2 850	495	54	48	42	190	559.0	4	170	215.7
23	980	1 060	3	3 060	495	56	50	44	200	603.1	4	180	230.5
24	1 060	1 140	3	3 300	495	58	50	46	200	647.2	4	180	250.1
25	1 140	1 220	3	3 540	522.5	60	52	46	200	691.4	4	180	269.1
26	1 220	1 300	3	3 780	522.5	62	53	46	200	738.4	4	180	284.4
27	1 300	1 390	3	4 050	522.5	64	56	50	200	785.5	4	190	308.9
28	1 390	1 480	3	4 320	550	66	58	50	200	835.5	4	190	323.6
29	1 480	1 570	3	4 590	550	68	60	52	220	888.5	5	190	323.6
30	1 570	1 670	3	4 890	550	70	62	54	220	941.4	5	190	333.4

表 2 - 2（续 1）

序号	舾装数		艏锚		有挡锚链				拖索		系船索		
	超过	不超过	数量	每个质量/kg	总长度/m	直径/mm			长度/m	破断负荷/kN	数量	每根长度/m	破断负荷/kN
						AM1	AM2	AM3					
31	1 670	1 790	3	5 250	577.5	73	64	56	220	1 002	5	190	353.0
32	1 790	1 930	3	5 610	577.5	76	66	58	220	1 109	5	190	377.6
33	1 930	2 080	3	6 000	577.5	78	68	60	220	1 168	5	190	402.1
34	2 080	2 230	3	6 450	605	81	70	62	240	1 259	5	200	421.7
35	2 230	2 380	3	6 900	605	84	73	64	240	1 356	5	200	451.1
36	2 380	2 530	3	7 350	605	87	76	66	240	1 453	5	200	480.5
37	2 530	2 700	3	7 800	632.5	90	78	68	260	1 471	6	200	480.5
38	2 700	2 870	3	8 300	632.5	92	81	70	260	1 471	6	200	490.3
39	2 870	3 040	3	8 700	632.5	95	84	73	260	1 471	6	200	500.1
40	3 040	3 210	3	9 300	660	97	84	76	280	1 471	6	200	519.8
41	3 210	3 400	3	9 900	660	100	87	78	280	1 471	6	200	554.1
42	3 400	3 600	3	10 500	660	102	90	78	280	1 471	6	200	588.4
43	3 600	3 800	3	11 100	687.5	105	92	81	300	1 471	6	200	617.8
44	3 800	4 000	3	11 700	687.5	107	95	84	300	1 471	6	200	647.2
45	4 000	4 200	3	12 300	687.5	111	97	87	300	1 471	7	200	647.2
46	4 200	4 400	3	12 900	715	114	110	87	300	1 471	7	200	657.1
47	4 400	4 600	3	13 500	715	117	112	90	300	1 471	7	200	666.9
48	4 600	4 800	3	14 100	715	120	105	92	300	1 471	7	200	676.7
49	4 800	5 000	3	14 700	742.5	122	107	95	300	1 471	7	200	686.5
50	5 000	5 200	3	15 400	742.5	124	111	97	300	1 471	8	200	686.5
51	5 200	5 500	3	16 100	742.5	127	111	97	300	1 471	8	200	696.3
52	5 500	5 800	3	16 900	742.5	130	114	100	300	1 471	8	200	706.1
53	5 800	6 100	3	17 800	742.5	132	117	102	300	1 471	9	200	706.1
54	6 100	6 500	3	18 800	742.5		120	107			9	200	715.9
55	6 500	6 900	3	20 000	770		124	111			9	200	725.7
56	6 900	7 400	3	21 500	770		127	114			10	200	725.7
57	7 400	7 900	3	23 000	770		132	117			11	200	725.7
58	7 900	8 400	3	24 500	770		137	122			11	200	735.5
59	8400	8 900	3	26 000	770		144	127			12	200	735.5
60	8 900	9 400	3	27 500	770		147	132			13	200	735.5
61	9 400	1 000	3	29 000	770		152	132			14	200	735.5

表 2-2(续2)

序号	舾装数		艏锚		有挡锚链				拖索		系船索		
	超过	不超过	数量	每个质量/kg	总长度/m	直径/mm			长度/m	破断负荷/kN	数量	每根长度/m	破断负荷/kN
						AM1	AM2	AM3					
62	1 000	10 700	3	31 000	770			137			15	200	735.5
63	10 700	11 500	3	33 000	770			142			16	200	735.5
64	11 500	12 400	3	35 500	770			147			17	200	735.5
65	12 400	13 400	3	38 500	770			152			18	200	735.5
66	13 400	14 600	3	42 000	770			157			19	200	735.5
67	14 600	16 000	3	46 000	770			162			21	200	735.5

三、计算实例

船型:某 4 000 吨级多用途货船,为改装船,上甲板为全通甲板,艏部有艏楼,艉部有四层甲板室。现根据 CCS《钢质海船入级与建造规范》进行舾装数计算和停泊设备选用。

参数:

垂线间长　$L = 99$ m

型　　宽　$B = 15.0$ m

型　　深　$D = 6.8$ m

设计吃水　$d = 4.9$ m

满载排水　$T = 5 616$ t

说明:水线以上的舷侧高为 1.9 m,甲板以上的上层建筑分别为高 2.5 m、2.4 m、2.4 m、3.6 m,长 42 m、38 m、36 m、22 m,且每层甲板室宽均超过船宽的 1/4。

1. 舾装数计算

$N = \Delta^{2/3} + 2Bh + A/10$

$h = a + \sum_{i=1}^{n} h_i = 1.9 + 2.5 + 2.4 + 2.4 + 3.6 = 12.8$

$A = 99 \times 1.9 + 42 \times 2.5 + 38 \times 2.4 + 36 \times 2.4 + 22 \times 3.6 = 550$

$N = 755$

2. 锚设备选配

现根据 CCS《钢质海船入级与建造规范》进行查表,本船选 3 只斯贝克锚,其中 2 只作为主锚,1 只为备用锚。

(1)每一锚的质量不小于 2 280 kg。

(2)锚链的总长 17 节,右舷 9 节,左舷 8 节。

(3)锚链直径(A 型锚链):

一级锚链　48 mm

二级锚链　42 mm

三级锚链　36 mm

(4)拖索和系泊索：

拖索长度 190 m

破断负荷 441.3 kN

系泊索数量 4 根

每根长度 170 m

破断负荷 171.6 kN

第七节 内河船锚泊设备选配

一、内河船舾装数计算公式

按《钢质内河船建造规范》(2016)规定,各种航行工况下船舶的舾装数 N 应按下式计算确定

$$N = K_1(2d_s + B)L_s + K_2(bH + 0.1S) \tag{2-2}$$

式中 L_s——计算工况下的水线长度,m;

B——船宽,m;

d_s——计算工况下船中处的吃水,m;

b——上层建筑、甲板室围壁、装载集装箱等货物(如有时)在船舶横剖面上的最大投影宽度,m;

H——在船体中纵剖面处计算工况吃水线以上主体及上层建筑(甲板室)各层宽度大于 $B/4$ 舱室、装载集装箱等货物(如有时)在船舶横剖面上的投影高度之和(不重复计入),m;

S——计算工况吃水线以上主体及上层建筑的侧投影面积,m², $S = FL_s + \sum_{i=1}^{n} l_i h_i$(其中,$F$ 为计算工况下船中处的吃水线到干舷甲板的高度,m;l_i 为各层上层建筑及宽度大于 $B/4$ 的甲板室围壁侧投影长度,m(甲板货船和集装箱船干舷甲板上货物装载区的长度应计入,舷墙、烟囱、栏杆、桅杆等的长度不计入);h_i 为各层上层建筑及宽度大于 $B/4$ 的甲板室围壁的高度,m(甲板货船和集装箱船干舷甲板以上载货高度,取货物装载区的围壁(含货舱顶篷)高度,如围壁高度低于载货高度,取载货的平均高度;舷墙、烟囱、栏杆、桅杆的高度不计入));

K_1、K_2——系数,按表 2-3 选取。

表 2-3 系数 K_1 和 K_2

系数		A 级航区		B 级航区		C 级航区	
		$L \leq 45$ m	$L > 45$ m	$L \leq 45$ m	$L > 45$ m	$L \leq 45$ m	$L > 45$ m
K_1	河流	0.122	0.341	0.131	0.368	0.162	0.452
	湖泊、水库	0.032	0.089	0.018	0.051	0.010	0.029
K_2		3.50	9.77	2.91	8.12	1.83	5.12

注:急流航段的船舶,K_1、K_2 按所在航区的级别取值;L 为船长。

跨航区船舶,舾装数取不同航区计算值之大者。

二、内河船锚泊设备选配

按《钢质内河船建造规范》(2016)规定,除另有规定外,锚及锚链的配备应根据计算所得的最大舾装数按表2-4选取。如船东要求,经船级社同意,锚链总长度可减少,但每个锚的锚链长度 l 不得小于按下式计算所得之值

$$l = \sqrt{k\frac{h}{q}\frac{N}{n} + h^2} + 10 \qquad (2-3)$$

式中 h——锚泊水域水深,m,当 $h<5$ 时取5;

N——舾装数,按表2-4确定;

k——系数,当船长 $L \leqslant 45$ m 时取12.3,当 $L>45$ m 时取4.4;

n——艏锚个数;

q——单位长度的锚链或钢索的质量,kg/m。

锚链长度 l 的计算值,按四舍五入取至整数位;当 l 的计算值小于20 m 时取20 m。

表2-4 锚、锚链和锚索

序号	舾装数		艏锚		有挡焊接艏锚链			艉锚		系船索					
						链径/mm				其中(一)		其中(二)		其中(三)	
	大于	不大于	数量/只	总质量/kg	总长度/m	CCSAM1	CCSAM2	质量/kg	锚索直径/mm	根数	最小破断力/kN	根数	最小破断力/kN	根数	最小破断力/kN
1		30	1	15	55	(7)				2	32				
2	30	50	1	30	55	(7)				2	32				
3	50	75	1	50	55	(9)				2	34				
4	75	100	1	75	55	(11)				2	34				
5	100	125	2	100	82.5	(11)/(14)				2	45	2	32		
6	125	150	2	125	82.5	(12.5)/(14)				2	45	2	32		
7	150	175	2	150	110	(12.5)/12.5				2	48	2	32		
8	175	200	2	175	110	(14)/12.5				2	48	2	45		
9	200	250	2	225	137.5	(14)/16				2	48	2	45		
10	250	300	2	300	137.5 (192.5)	12.5/17.5			2	65	2	48			

表 2-4（续1）

序号	舾装数 大于	舾装数 不大于	艏锚 数量/只	艏锚 总质量/kg	有挡焊接艏锚链 总长度/m	链径/mm CCSAM1	链径/mm CCSAM2	艉锚 质量/kg	艉锚 锚索直径/mm	系船索 其中(一) 根数	系船索 其中(一) 最小破断力/kN	系船索 其中(二) 根数	系船索 其中(二) 最小破断力/kN	系船索 其中(三) 根数	系船索 其中(三) 最小破断力/kN
11	300	350	2	350	165 (220)	12.5/19			2	65	2	48			
12	350	400	2	400	165 (220)	14/20.5	12.5/17.5			2	65	2	48		
13	400	500	2	500	192.5 (247.5)	16/22	14/19			2	82	2	62		
14	500	600	2	600	220 (275)	17.5/24	16/20.5	100	12.5	2	88	2	64		
15	600	700	2	700	220 (275)	19/26	17.5/22	100	12.5	2	106	2	64		
16	700	800	2	800	220 (275)	20.5/26	17.5/22	125	12.5	2	131	2	82	2	48
17	800	900	2	950	247.5 (302.5)	22/30	19/26	150	12.5	2	131	2	88	2	48
18	900	1 000	2	1 100	247.5 (302.5)	24/32	20.5/28	150	12.5	2	156	3	106	2	65
19	1 000	1 100	2	1 200	275 (330)	24/36	20.5/32	200	14	2	156	3	106	2	65
20	1 100	1 200	2	1 300	275 (330)	26/38	22/34	200	14	2	166	3	106	2	65
21	1 200	1 400	2	1 500	275 (330)	26/40	22/34	225	16	2	166	3	106	2	65
22	1 400	1 600	2	1 760	302.5 (375)	28/42	24/36	250	17.5	2	186	3	106	2	65
23	1 600	1 800	2	2 000	302.5 (375)	30/46	26/40	350	19	2	192	3	106	3	65
24	1 800	2 000	2	2 200	330 (375)	32/48	28/42	350	19	2	218	4	106	3	65

表2-4(续2)

序号	舾装数		艏锚		有挡焊接艏锚链			艉锚		系船索					
	大于	不大于	数量/只	总质量/kg	总长度/m	链径/mm		质量/kg	锚索直径/mm	其中(一)		其中(二)		其中(三)	
						CCSAM1	CCSAM2			根数	最小破断力/kN	根数	最小破断力/kN	根数	最小破断力/kN
25	2 000	2 200	2	2 450	330(375)	36/50	32/44	400	20.5	2	218	4	106	3	65
26	2 200	2 400	2	2 700	330(375)	38/52	34/46	400	20.5	2	229	4	106	3	88
27	2 400	2 600	2	2 900	330(375)	38/52	34/46	400	20.5	2	229	4	106	3	88
28	2 600	2 800	2	3 100	385	40/52	34/46	400	20.5	2	229	4	106	3	88
29	2 800	3 000	2	3 400	385	42/56	36/50	450	22	2	259	4	106	3	88
30	3 000	3 200	2	3 600	385	42/58	36/50	450	22	2	259	4	131	3	88
31	3 200	3 400	2	3 800	385	44/58	38/50	450	22	2	259	4	131	3	88
32	3 400	3 600	2	4 050	385	46/60	40/52	450	24	2	259	4	131	3	88
33	3 600	3 800	2	4 300	385	48	42	500	24	2	263	4	131	3	88
34	3 800	4 100	2	4 600	385	50	44	500	24	2	263	4	131	3	88
35	4 100	4 400	2	5 000	385	50	44	500	24	2	263	4	131	3	88
36	4 400	4 700	2	5 300	385	52	46	550	26	2	263	4	131	3	88
37	4 700	5 000	2	5 650	385	52	46	550	26	2	277	4	131	3	88
38	5 000	5 400	2	6 100	385	52	46	550	26	2	277	4	131	3	88
39	5 400	6 000	2	6 800	385	56	50	600	26	2	295	4	131	3	88
40	6 000	6 400	2	7 300	385	58	50	600	26	2	295	4	131	3	88
41	6 400	7 000	2	7 950	385	60	52	600	26	2	305	4	131	3	88

注:①艏锚链总长度栏中( )内数字为长江三峡库区船舶应配的锚链总长度;

②锚链直径栏中( )内数字为无挡链直径,"/"后为如设置单艏锚时的锚链直径。

三、锚泊设备配置

按《钢质内河船建造规范》(2016)对艉锚及其他船舶锚泊规定如下:

(1)当船舶需要顺流锚泊或对船舶锚泊方位有特别要求时应配备艉锚设备。

①顺流锚泊艉锚质量及其锚链的配备应根据舾装数按表2-4艉锚选取;

②定位用艉锚其质量和锚索的配备根据舾装数按表2-4艉锚选取。

（2）分节驳的锚设备在确保其营运和停泊安全的条件下，如船东要求，经船级社同意可以减小（少）锚设备或免设。

（3）仅航行于水库、湖泊及支流小河的船舶，如船东要求，经船级社同意可免设锚设备，也可用其他有效锚泊方式的设备替代或减小（少）锚设备。

（4）各类渡船、执行公务的船舶或在B、C级航区港口、码头区域从事经常性运输且航离港口或码头不超过5 km的船舶，可只配单只质量不小于表2-4所列总质量的65%的艉锚。如船东根据其停泊特点要求免设锚时，应经船级社同意。

（5）趸船应采用有效方式系固于岸边或特定水域。如采用锚或缆索系固时，另行规定。

（6）工程船航行锚和锚链的配备应满足本节的有关要求。若工作锚能满足本节对航行锚的要求，可不必另设航行锚。

工程船上的作业用绞车可以代替锚机，但应保证有效地收放锚链。

工程船工作锚质量可按船级社《内河工程船工作锚质量计算指南》确定，工作锚的锚索（链）可按实际需要配备。

（7）设置锚和锚链的船舶，至少应配备1个锚卸扣和1个连接卸扣或连接环作为备用。

（8）如果用铸钢锚链代替焊接锚链，则其直径可减少12%。

（9）当船舶的舾装数小于等于800时，可用钢丝绳或纤维绳替代锚链，但应满足下列条件：

①钢丝绳的总长度应不小于表2-4中相应锚链长度的1.5倍或每个锚所配钢丝绳的长度不小于按式（2-3）计算所得之值。纤维绳的总长度应不小于表2-4中相应锚链长度的1.5倍。钢丝绳或纤维绳的最小破断力应不低于相应锚链的破断力。

②锚索与锚之间应通过一段与锚索等强度的锚链相连接。该段锚链的长度应不小于当锚收起时自锚至掣链器间的距离，以保证掣链器能够固定所收起的锚。

③钢丝绳或纤维绳应满足本规范第7篇的有关要求。

（10）如采用比表2-4所列更高强度等级的锚链时，锚链链径可按其破断负荷不低于表2-4中所列锚链破断负荷的原则进行选配。

锚和锚链系固装置的配置情况如下：

①锚链在连接锚的一端应装设一个转环；

②锚链的内端应以一个合适装置系固在锚链舱内的船体结构上，并能在舱外易于到达的地方迅速解脱；

③锚链舱内应有分隔措施，确保锚链抛出或收回时不会互相拧绞。

四、内河船计算实例

按船级社规范，系泊设备是按舾装数计算进行配置的，尤其是自航船舶，它的可靠性决定了船舶在停靠码头、避风等状态下的安全性。下面以某内河化学危险品船为例进行系泊设备的选取。

某化学危险品船航区为内河A级航区，船舶要素如下：

总　　　长　90.5 m

垂线间长　87.0 m

水线长　88.5 m

型　　宽　16.3 m

型　　深　5.6 m

吃　　水　4.2 m

围井高　0.3 m

1. 舷装数的计算

船舶锚泊设备的舷装数 N 应按下式计算确定

$$N = K_1(2d_s + B)L_s + K_2(bH + 0.1S)$$

其中,$L_s = 88.5$ m;$B = 16.3$ m;$d_s = 4.2$ m;$b = 13.5$ m(上层建筑及甲板室围壁的最大宽度(图2-49));$H = 17.9$ m(在船体中纵剖面处满载水线以上主体及上层建筑(甲板室)各层宽度大于 $B/4$ 舱室的高度之和(图2-49));$S = 248$ m²(满载设计水线以上侧投影面积(图2-50)中粗实线所围面积);K_1、K_2 按表 2-3 选取(A 级航区,河流区域,$K_1 = 0.341$,$K_2 = 9.77$)。

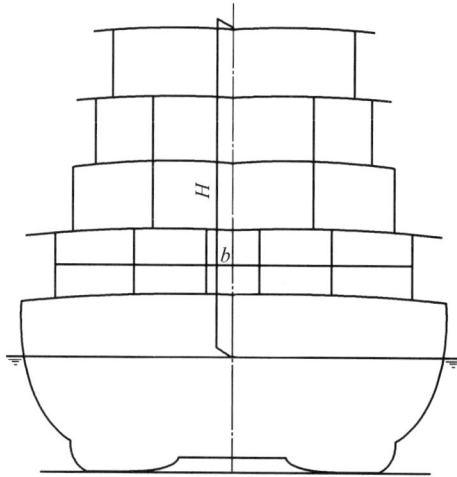

图 2-49　设计船舶横向投影图

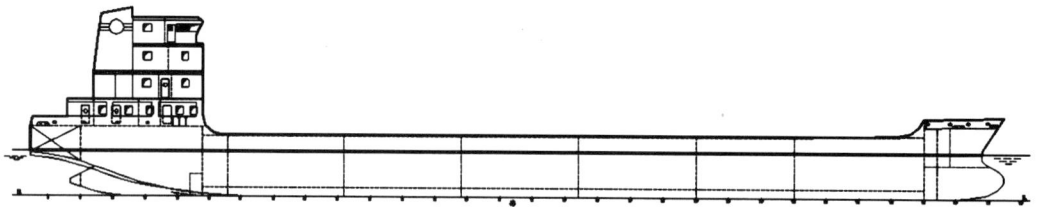

图 2-50　设计船舶正视投影图

由上取值

$N = 0.341 \times (2 \times 4.2 + 16.3) \times 88.5 + 9.77 \times (13.5 \times 17.5 + 0.1 \times 248) = 2\,605.34$

根据表2-4并考虑本船实际作业情况,选取锚泊、系泊设备如下:

(1)配舷锚2只,锚为斯贝克锚,每只锚重1 440 kg;配舷锚链为AM2-φ34有挡焊接锚链2根,总长375 m。

（2）配艉锚 1 只，锚为斯贝克锚，锚重为 400 kg；配锚链为 6×24－φ20.5－155 钢丝绳 1 根，长度为 150 m。

本船锚泊设备选取见表 2－5。

表 2－5 内河船锚泊设备选取示例

序号	名称	型号	数量/规格	依据标准
1	斯贝克锚	1440	2	CB/T 711—1995
2	斯贝克锚	400	1	CB/T 711—1995
3	有挡焊接锚链	AM2－φ34 mm	375 m	GB/T 549—1996
4①	有挡焊接锚链	AM2－φ17.5 mm	3 m×1 根	—
5	锚卸扣	a14	2	GB/T 547—1994
6	导链滚轮	36	2	CB/T 290—1995
7	闸刀掣链器	34～36	2	CB *286—1996
8	简易弃锚器	34～37	2	CB 531—1966
9	锚链舱眼环	A34～37	2	CB 807—1975
10②	锚索	6×24－φ20.5－155	1	—

注：①位于艉部，用于连接船舶与锚索，配 a15 锚卸扣；
②为船用镀锌钢丝绳。

锚泊设备布置图一般可根据船东或厂家的使用习惯来布置，但基本原则是对称。

本船简易锚泊设备布置图如图 2－51 所示。

锚泊设备

说明：
1. 本船锚链筒及锚台需做木模，并按实型做拉链试验，图中尺寸可作适当调整，以保证锚能顺利进入锚链筒并贴靠两不碰船壳船充为方准。
2. 复板的搴焊视现况具体确定。
3. 本图材料夹内所列数量为全船用量。
4. 本图与"锚部结构图"配合施工。
5. 本图锚机、攀链器、导链滚轮按GB/T 549—1996配套规则备齐。
6. 本船每根锚链连接件按GB/T 549—1996配套规则备齐。
7. 锚链穿下流水管见无电气专业"全船锚泊系布置图"。

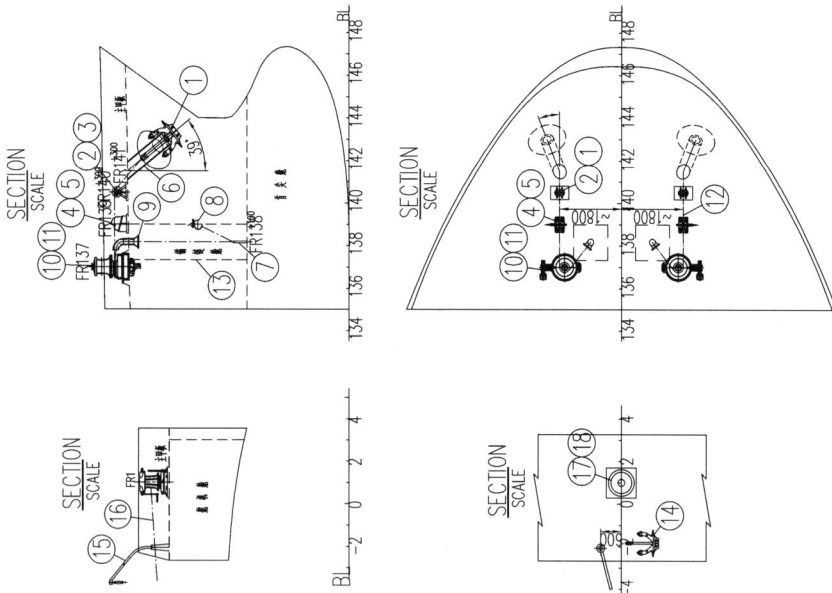

序号	代号	名称	数量	材料	单件 质量	总重 量	备注
18		液压绞缆底座	1	组合件	2 000	2 000	
17		30 kN液压系缆盘	1		154.6	154.8	
16	GB/T 431—2000	锚索 6×24-φ20.5-155 m A 500	15		154.6	154.6	
15	CB/T 711—1995	吊锚杆 400	1	组合件	400	400	
14		斯贝克锚 400	1	组合件			
13		锚链箱	2	CCSA			
12	GB/T 549—1996	有档焊接锚链 AM2-φ34 mm 375 m	1		9 495	9 495	
11		锚机底座	2	CCSA	900	1 800	
10		锚机(φ34 mm起锚系缆盘)	2	组合件	3 000	6 000	
9	CB *5133—1983	锚链管 A 31-34	2	组合件	200.04	560.11	
8	CB 531—1966	筒易弃锚器 34-37	2	组合件	36.86	73.72	
7	CB 807—1975	锚链舱眼环 34-37	2	组合件	31.5	63	
6		锚链筒及锚台	2	CCSA	3 000	6 000	
5	CB *286—1966	闸刀掣锚器底座 34-36	2	组合件	110.8	221.6	
4	CB/T 290—1995	闸刀掣锚器	2	组合件	69	138	
3		导链滚轮底座 36	2	组合件	144.4	288.8	
2		导链滚轮 1440	2	组合件	1 440	2 880	
1	CB/T 711—1995	斯贝克锚					

标记 数量 修改单号 签字 日期
设计
校对 会签
审核
审定 日期
批准

船厂：SHIPYARD 船号：SHIPNO
图样标记
页数 PAGE 总页数 TOT.PAGE
单件 质量 总重 量
质 量 比 例

图2-51 锚泊设备布置图

第三章　系泊设备认识与选用

第一节　系泊设备概述

除了抛锚停泊以外,系缆停泊是船舶的另一种主要停泊方式。系缆停泊就是利用系缆设备将船舶安全牢固地系结于码头、浮筒、船坞或其他船上。凡保证船舶安全可靠地进行系缆作业的装置和机械统称为系泊设备。

一、系缆的名称和作用

1. 船舶靠码头

船舶靠码头时,其缆绳的名称以及布置方式如图 3 - 1 所示。

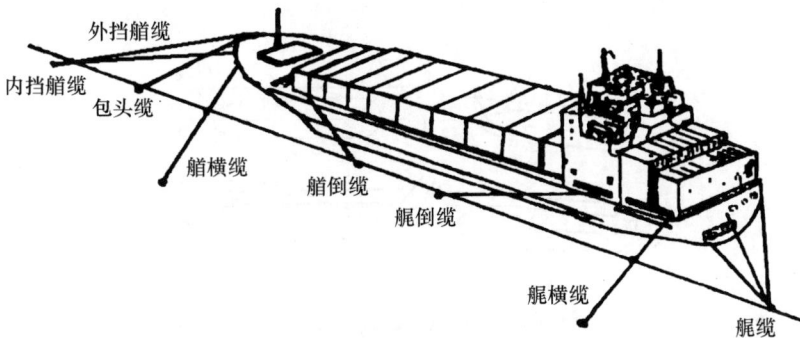

图 3 - 1　船舶靠码头时系缆的名称及布置

其中,艏缆用于防止船舶向船尾方向移动,而艉缆用于防止船舶向船首方向移动。艏艉横缆用于防止船舶离开码头,大风天气需要加带此缆。艏倒缆防止船舶向船首移动,而艉倒缆防止船舶向船尾方向移动。一般情况下,船舶至少要用 6 根缆绳:2 根艏缆、2 根艉缆及前后倒缆各 1 根。系缆的具体数量和布置方式还要根据码头地理位置和条件、船舶的长度、当时当地的水文气象条件来决定。

2. 船舶系浮筒

船舶系浮筒时所有缆绳有两种,分别为单头缆与回头缆,如图 3 - 2 所示。其中,单头缆是从艏艉方向送至浮筒,至少各 2 根。钢丝缆用卸扣系在浮筒环上,纤维缆用司令扣系在浮筒环上,强风急流时需增加缆绳数量。而回头缆主要是在船舶离浮筒时使用,实现自行离浮,该缆绳平时不受力,带好浮筒后应比单头缆松弛些。艏艉各带 1 根回头缆,方法是用 1 根较长的钢丝缆从艏艉的左舷或右舷送出,穿过浮筒环后再从另一舷拉回船上,挂在脱钩上。

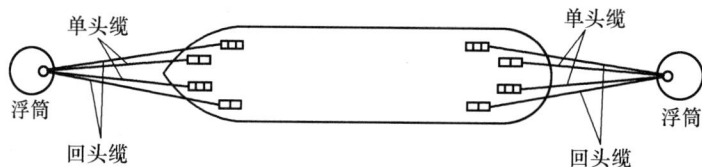

图 3 - 2　船舶系浮筒时缆绳名称及布置

二、船舶的系泊方式

船舶系缆停泊的方式随船只大小、码头情况而定,通常有三种方式。

1. 舷侧系泊

舷侧系泊是将船舶舷侧靠于码头或它船进行系结,是最为常见的系泊方式,如图 3 - 3 所示。无风浪时只需带艏艉斜缆,若有水流的作用,需加设倒缆。若风和水流的影响较大,为了防止船舶沿岸线移动或离开岸线,在船舶首尾及中部均需设置附加缆。有强烈的潮流和顶风时,还需抛锚辅助。

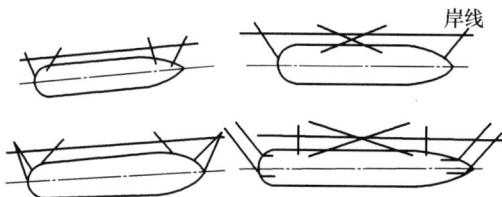

图 3 - 3　舷侧系泊

2. 船尾系泊

一般在码头沿岸线长度受限制的情况下可以采用船尾系泊的方式,如图 3 - 4 所示。并且,当多船并列系泊时,同时在各船间作横向系结。风和水流较大时在船首抛锚辅助。对于舰艇编队,船尾系泊有利于紧急起航。某些河内船、渡船常采用船尾系泊方式。

3. 艏艉系泊

艏艉系泊是利用艏艉缆将船系结于港内或江中的浮筒上,如图 3 - 5 所示。

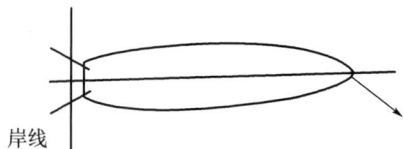

图 3 - 4　船尾系泊　　　　　　　　　图 3 - 5　艏艉系泊

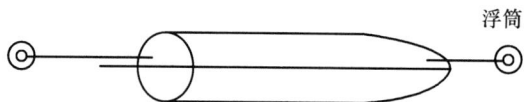

4.单点系泊

单点系泊是指船舶系在一个浮筒上。这种系泊方式主要在油轮停泊装卸石油时使用。单点系泊系统的浮筒是通过呈放射状布置的锚与锚链固定在海上的,油轮通过系缆系结在浮筒顶部的转台上,随着外力的变化,油轮可以绕着浮筒旋转,直至平衡在一个受力最小的位置上。浮筒中央的旋转接头和油轮之间由浮动软管连接,油轮通过软管进行装卸作业,如图3-6所示。

三、系泊设备的组成

船舶的系泊设备主要由以下部分组成(图3-7):

系泊索——传递船舶系泊时所受的外力;

系缆器——固定在甲板或外板上,用以系结系泊索的桩柱,是系泊时的船体受力点;

导缆器——供引导系泊索通过、变换方向、限制导出位置和避免磨损的器具;

系泊机械——系泊动力机械,用以收绞系泊索;

系泊索卷车——用于收藏系泊索。

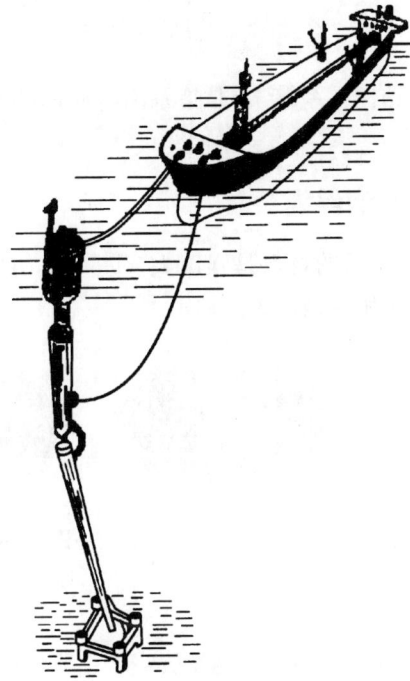

图3-6 单点系泊系统

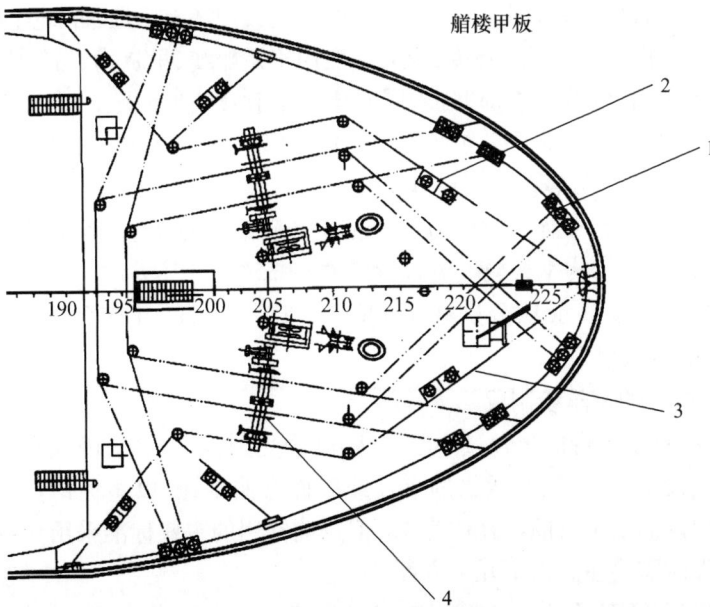

1—导缆器;2—系缆器;3—系泊索;4—系泊机械。

图3-7 系泊设备布置图

第二节 系 泊 索

系泊索(系缆索)是指系泊时使用的柔韧绳索,其材料可以是钢索、植物纤维或合成纤维索。

一、钢丝绳

钢丝绳的特点是强度大、质量轻、使用寿命长,其结构形式如图3－8所示。其种类有硬、半硬和软钢丝缆三种。

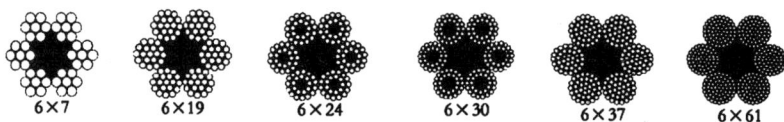

| 6×7 | 6×19 | 6×24 | 6×30 | 6×37 | 6×61 |

图3－8　钢丝绳的结构

1. 硬钢丝绳

硬钢丝绳由6股钢丝股绕着一股钢丝股芯搓成。它无油麻芯,是最硬的钢丝绳,操作不便,但强度最大。除用于大桅和烟囱等支索(静索)外,还可用作拖索和系船索。

2. 半硬钢丝绳

半硬钢丝绳由6股钢丝股绕着一股油麻芯搓成。其中间有一股油麻芯,强度较大,比硬钢丝软,操作较方便。一般用作拖缆、保险缆和系船缆,也可用作重型吊杆的吊货索。

3. 软钢丝绳

软钢丝绳与半硬钢丝绳基本相同,但在每一股钢丝股内还有一股油麻芯,共有7股油麻芯。这种钢丝绳最柔软,便于操作,强度最小,一般用于系缆绳、吊货索、吊艇索及系固等。

油麻芯起衬垫作用,可减少内部摩擦;同时增加柔软度,便于操作;也可以防止内部锈蚀,起润滑作用。钢丝绳的软硬不仅与油麻芯有关,与钢丝的韧性及结构形式也有关,同结构类型、同直径的钢丝绳丝数越多就会越软。

CCS《材料与焊接规范》规定,用作系船索、拖索和艉锚索的钢丝绳应符合以下要求:

(1)应采用优质碳素结构钢,其硫、磷含量应≤0.035%。

(2)钢丝的抗拉强度一般应分别在 1 420～1 570 N/mm²、1 570～1 770 N/mm² 或 1 770～1 960 N/mm² 的范围内。

(3)应采用全镀锌的钢丝绞制成。

通过研究发现,钢索的弯曲半径过小时,其强度会受到很大损失,因此在设计和选用绞车卷筒和导缆器等设备时,必须有适当的直径或表面弯曲半径,以避免钢丝绳弯曲时发生强度损失。钢索建议的最小弯曲半径比为12,但目前常用的一些标准采用6～6.5。

在使用钢丝绳时需要注意以下几个方面:

(1)在钢丝绳10倍直径长度内发现断丝超过5%或有显著变形、磨损和锈蚀时,应换新。

(2)钢丝绳不应有扭结、急折,系缆时弯曲处应至少有6倍钢丝绳直径以上的弯曲半径。

（3）发现钢丝绳锈蚀，其使用强度应降低 30%。

（4）一根钢丝绳不能同时出两个头使用。

（5）使用完毕，钢丝绳应卷好放在缆车上，罩好帆布罩。平时应对转动部分定期检查和涂油防锈。使用系缆卷车时，应特别注意卷车的转速。松缆时应使用缆车的脚踏刹来控制速度，不能用手来制止缆车的转动，以免发生危险。

二、纤维缆

纤维缆（图 3 - 9）有植物纤维缆和合成纤维缆两种。由于其较钢丝绳而言有质量小、柔软性好、抗腐蚀性强等优点，因此在船舶上使用比较多。纤维缆应由 CCS 认可的工厂制造，并应符合 CCS 接受的有关标准。

图 3 - 9　纤维缆

1. 植物纤维缆

植物纤维缆包括白棕绳、棉麻绳及油麻绳三种。

2. 合成纤维缆

最常用的合成纤维缆有以下几种：

（1）尼龙绳（锦纶绳）　是化纤绳中强度最大的一种。其特点是耐磨，对酸碱和油类等有一定的抵抗能力，但伸长率较大，弹性大，有一定吸水性，耐气候能力较差，曝晒过久强度会下降。

（2）涤纶绳　强度仅次于尼龙绳，耐高温和耐气候性强，适用于高负荷连续摩擦环境，抗酸碱和油类能力强，吸水率仅为 0.4%，价格最高。

（3）丙纶绳和乙纶绳　二者特性相似，即密度较小，能浮于水面，吸水性不大，低温时仍具有足够强度，柔软便于操作。乙纶绳抗化学物品腐蚀性最强；丙纶绳耐磨，其破断力为尼龙绳破断力的 51% ~ 66%，是目前船上配备较多的一种缆绳。两种缆绳都不耐热。

（4）维尼龙绳　强度在化纤绳中最小，外表很像棉纱绳，弹性差，吸水性最大，耐油类和盐类腐蚀，耐气候性强，价格便宜。

纤维缆的结构形式比较多样，有 3 股、6 股、8 股及双层编制，如图 3 - 10 所示。6 股索是类似于普通钢索的绞制索，它不像 3 股索那样易产生扭结，因此有时被用作系泊索。8 股索又称四扭编组索，由成对扭合的股绳构成，基本上与同样规格的 3 股索强度相同。它不会产生扭结，并且要比绞制索耐用，这种索常用作系泊索和船上其他用途的缆索。双层多股编织索即双编索，内部由许多小股编制的股绳组成，外层同样由许多小股编织成的包覆结构构成。由于结构紧密，这种索的强度一般要高于同样直径的其他缆索，多被用于制作钢索上的缆尾索。

合成纤维缆由于弯曲所造成的强度损失显然不像钢索那样严重。一般对于固定表面，弯曲半径比取 8；对于滚动表面，弯曲半径比取 4。

同样，使用纤维缆时需要注意以下事项：

（1）纤维缆弹性较大，上滚筒受力时易突然跳动，操作时人应离滚筒远一些（站在卷筒后方 1 m 以外距离处手持缆绳活端),以防缆绳弹出伤人。

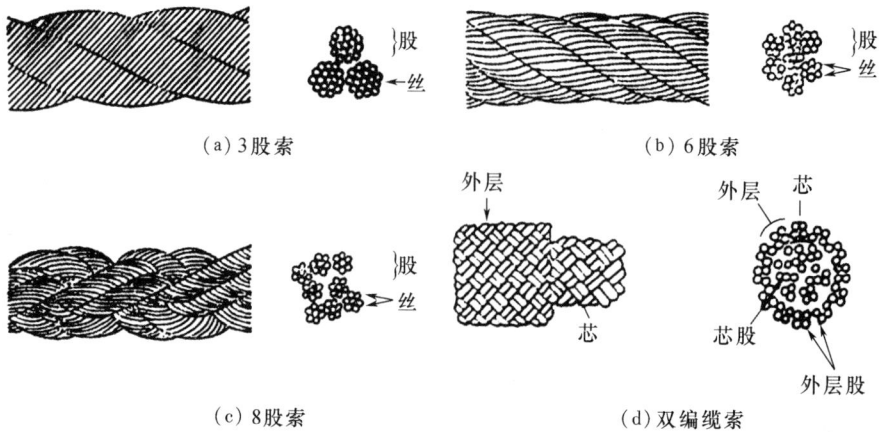

(a) 3股索　　　　　　　　　　　　(b) 6股索

(c) 8股索　　　　　　　　　　　(d) 双编缆索

图 3－10　纤维缆的结构形式

(2)收绞缆绳时,尽量避免绞车空转或打滑(钢丝缆 5 圈,纤维缆通常 4 圈),以免摩擦产生高温使纤维绳变质或黏合。存放时应避开高温处,纤维绳头部等易摩擦处用帆布包好。

(3)不可与钢丝绳使用同一导缆孔或缆桩。

(4)应避免接触酸、碱等化学品,以免变质,要经常用淡水冲洗,存放时保持干燥。

三、掣索绳和掣索链

掣索绳和掣索链(图 3－11)是船舶系泊时用于临时在系缆上打结以承受缆绳拉力的专用索具。掣索绳用于纤维缆,掣索链则用于钢丝缆,其一端连在缆桩基座靠近出缆方向一侧,或为一琵琶头,使用时套在缆桩上;另一端用于在系缆上打制索结,以便将系缆在卷筒上取下挽在缆桩上,或将系缆从缆桩上取下挽在卷筒上继续绞收。

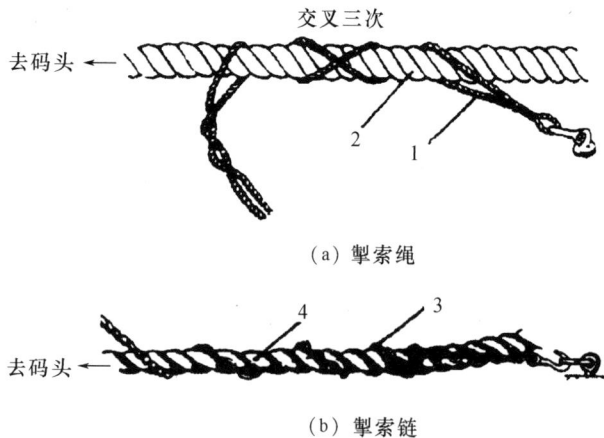

交叉三次

去码头 ←

(a) 掣索绳

去码头 ←

(b) 掣索链

1—掣索绳;2—纤维缆;3—掣索链;4—钢丝绳。

图 3－11　掣索绳与掣索链

四、撇缆绳

撇缆绳为1根长约40 m、直径约6 mm的细绳,绳的前端是有一定质量的撇缆头,如图3-12和图3-13所示。船靠码头时,从船上抛给码头带缆人员,作为往码头送缆的牵引绳。

图 3-12　撇缆绳

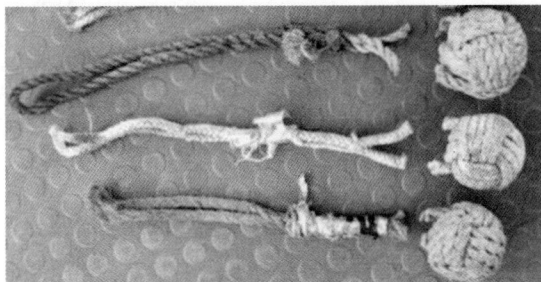

图 3-13　撇缆头

第三节　系泊属具

一、带缆桩

带缆桩是固定在甲板上,用于系泊缆绳的桩柱。当系缆的一端与岸上系结后,便可将系缆拉紧,以8字形围桩柱3~5圈,便能将系缆固定住。游艇上的带缆桩一般是用不锈钢材料制造的,不生锈,有光泽。

带缆桩的结构类型非常多,有单十字型、羊角型、单柱型、双柱型、双斜柱型及双十字型等,如图3-14所示。

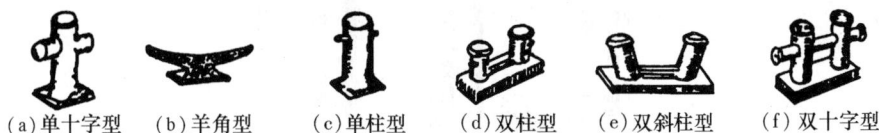

(a)单十字型　　(b)羊角型　　(c)单柱型　　(d)双柱型　　(e)双斜柱型　　(f)双十字型

图 3-14　各种类型的带缆桩

通常带缆桩按照系缆的直径从有关标准中选取,遇到特殊情况或需要采用非标准带缆桩时,必须进行强度的校核。小型船舶可选单柱型带缆桩,大型船舶应选用双柱型带缆桩。

二、导缆装置

导缆装置有如下作用:可以引导缆绳按一定方向从舷内通向舷外,改变缆绳走向并限制其位置;还可以减少缆绳与舷边的磨损,避免因急剧弯折而增大所受应力。船首、尾及两舷都设有导缆装置。游艇的导缆装置一般也采用不锈钢来制造。

导缆装置形式多样,包括导缆孔、导向滚柱、导缆钳、导向滚轮、滚轮导缆器、转动导缆器等。

1. 导缆孔

导缆孔指装在舷墙上的闭孔桩导缆器，可供引导系缆用。导缆孔按其安装位置分为舷墙式和甲板式，如图 3－15 所示。按照孔的形状有圆形与扁形之分。通常导缆孔根据缆绳直径从有关标准中选取，一般设置在舷墙或舷边甲板上。

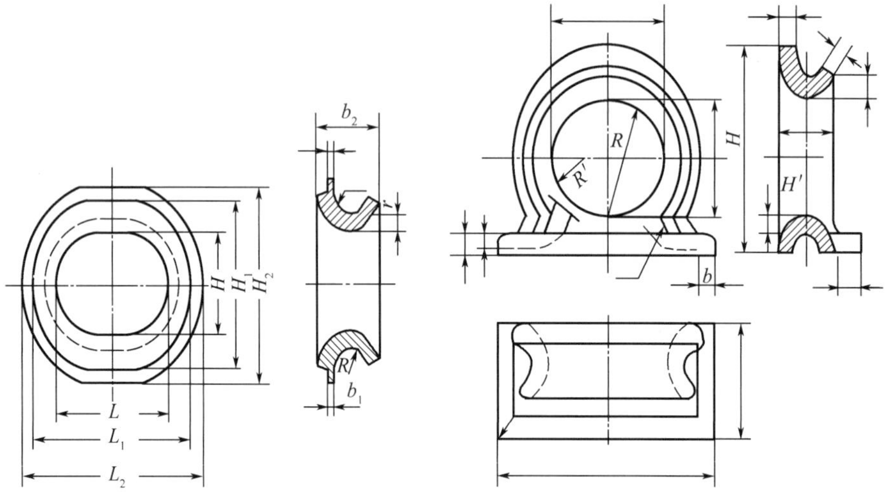

（a）舷墙式　　（b）甲板式

图 3－15　导缆孔

2. 导向滚柱

导向滚柱用于甲板端部及上下两层甲板间，由若干个圆柱形滚柱组成，或者由几个带曲度表面的滚柱组成，如图 3－16 所示。

（a）　　（b）

图 3－16　导向滚柱

3. 导缆钳

导缆钳有闭式、开式、无滚柱和带滚柱等形式，如图 3－17 所示。导缆钳都是铸造的，有整体式和组合式两种。大中型船舶都采用带滚柱的导缆钳（可减轻对系缆的磨损），一般设置在艏艉的舷墙或甲板上。

4. 导向滚轮

导向滚轮有直立式和水平式两种形式，一般设置在大中型船首尾部导缆钳或导缆孔与系缆机械之间的甲板上，用以改变缆绳方向或避免缆绳与舷边直接摩擦，如图 3－18 所示。导向滚轮通常作为配合锚机或绞缆机绞缆的导缆装置。

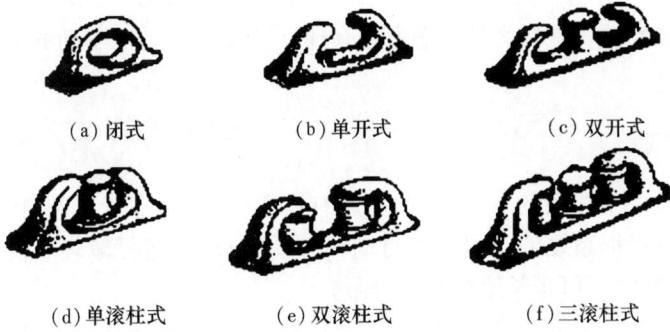

(a) 闭式　　　　　(b) 单开式　　　　　(c) 双开式

(d) 单滚柱式　　　(e) 双滚柱式　　　(f) 三滚柱式

图 3 – 17　导缆钳

5. 滚轮导缆器

滚轮导缆器一般设置在船舷,由数个滚轮并立组成,如图 3 – 19 所示。由于滚轮导缆器制造工艺简单、节省材料,目前多用于大型船舶上。

图 3 – 18　导向滚轮

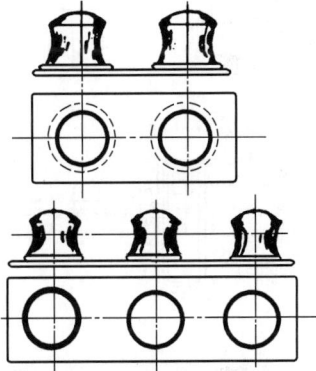

图 3 – 19　滚轮导缆器

6. 转动导缆器

转动导缆器又称万向导缆器(孔),其特点是在孔的左右及上下均装设滚轮,如图 3 – 20 所示,使工作条件大为改善。

三、系泊索卷车

系泊索卷车用于收藏系泊索,如图 3 – 21 所示。其可分为麻索卷车、钢索卷车与电动钢卷车。

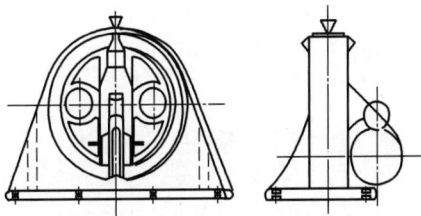

图 3 – 20　转动导缆器

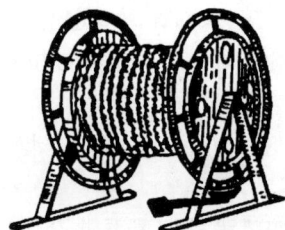

图 3 – 21　系泊索卷车

电动钢卷车通常有两种形式：一种是在锚机的系缆卷筒轴上套装卷筒；一种是在专用的系缆绞车上套装卷筒。在较大型船舶上也有独立设置的电动机驱动的电动卷车，小型游艇可采用手动卷车。

四、系泊机械

系泊机械是收放系缆用的专用机械，一般有系缆绞盘、系缆绞车和自动系缆绞车。其中自动系缆绞车可根据系缆的受力情况自动调整缆的长度，还可减轻船员的劳动强度，同时使用时不易磨损缆绳，可延长缆绳使用寿命。

系泊机械按动力形式可分为电动式、液压式及蒸汽式；按转轴方向可分为卧式绞缆机和立式绞缆机。其中，卧式绞缆机卷筒轴线是水平方向的，占用甲板面积较大，如图 3 – 22 所示。而立式绞缆机又称系缆绞盘，动力装置一般设在甲板下面，占用甲板面积少，并有利于保护机器，如图 3 – 23 所示。

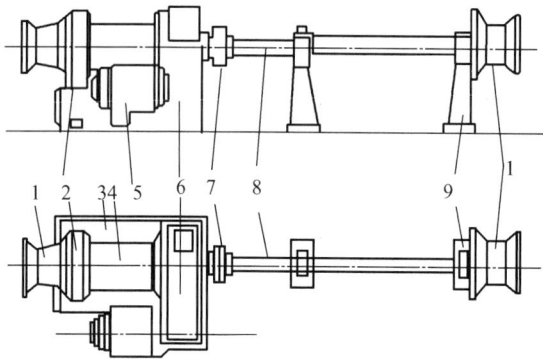

1—系缆卷筒;2—圆盘刹车;3—底座;4—主卷筒;
5—电动机;6—减速箱;7—联轴节;8—主轴;9—支架。

图 3 – 22　卧式绞缆机

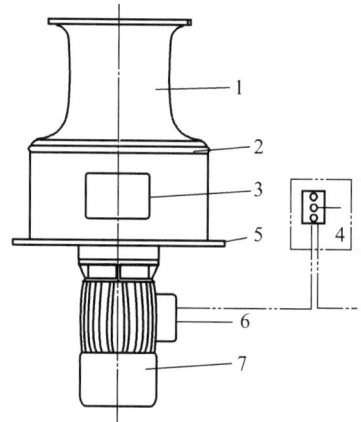

1—滚筒;2—基座;3—检查盖;4—操纵控制开关;
5—甲板;6—接线盒;7—电动机。

图 3 – 23　立式绞缆机

系泊机械一般在系缆时才使用，在整个船舶营运过程中利用率不高，所以中小型船舶通常都不单独设置系缆机，常以锚机、起锚绞盘，甚至起货绞车兼做系缆机械用。较大型的船舶，艏部系缆机械的动力部分也常与锚机合并，只是在艉部才单独设置系缆机械。

自动张力绞缆机又称自动张力调整绞车，在大型船舶上广泛使用。自动张力绞缆机有电动和液压两种，其基本原理是在绞缆卷筒上施加一个可调的动力矩，以便与系泊索上的张力所引起的拉力保持平衡。当船舶因吃水变化或受潮汐、风力影响，导致系船缆绳张力有所增减，从而偏离规定值时，自动系缆机能够相应地自动收放缆绳，使其张力稳定到规定值。这样可以防止缆绳被拉断，提高缆绳使用寿命，减轻工作人员劳动强度。

第四节　按船级社规范配置船舶的系泊设备

按船级社规范系泊设备是按舾装数进行配置的，尤其是自航船舶，它的可靠性决定了船舶在停靠码头、避风等状态下的安全性，下面以某内河化学危险品船为例，进行系泊设备的选取。

某化学危险品船航区为内河 A 级航区,船舶要素如下:

总　　长　90.5 m

垂线间长　87.0 m

水 线 长　88.5 m

型　　宽　16.3 m

型　　深　5.6 m

吃　　水　4.2 m

围 井 高　0.3 m

按《内河高速船入级与建造规范》的规定,该船舶舾装数计算结果如下:

$$N = 0.341 \times (2 \times 4.2 + 16.3) \times 88.5 + 9.77 \times (13.5 \times 17.5 + 0.1 \times 248)$$
$$= 2\,605.34$$

按表 2-4 进行系船索选取。本船应配系船索 9 根,其中破断力不小于 229 kN 的 2 根;破断力不小于 106 kN 的 4 根;破断力不小于 88 N 的 3 根。系船索可以是钢丝绳、植物纤维绳或合成纤维绳。系船索的数量尚应根据船舶种类和营运条件确定,如船东要求可适当地增加或减少。系船索的长度应根据船舶种类和营运条件确定。根据船东及本船使用性质,本船系船索选定如下:

ϕ48 锦纶绳,80 m×2 根,破断力 325 kN;

ϕ36 8 股丙纶长丝,100 m×4 根,破断力 192 kN;

ϕ24 8 股丙纶长丝,100 m×3 根,破断力 128 kN。

为配合系船索工作,舷墙上应开设导缆孔,无舷墙处应设置导缆钳。根据使用情况船上应配备一定数量的带缆桩。

带缆桩、导缆钳等系泊设备应根据所选配的系船索尺寸或破断力,选用相应标准尺寸。

本船系泊设备选取见表 3-1。

表 3-1　系泊设备明细表

序号	名称	型号	数量	标准号
1	导缆孔	A320X200	12 个	CB 34—1976
2	双滚轮导缆钳	B200	8 个	CB/T 38—1999
3	羊角单滚轮导缆器	A250	2 个	CB/T 436—2000
4	带缆桩	A355	20 个	GB/T 554—1996
5	系船索卷车	AW26	4 台	CB/T 3468—1992

系泊设备布置图一般可根据船东或厂长的使用习惯来布置,但基本原则是对称。

本船简易系泊设备布置图如图 3-24 所示。

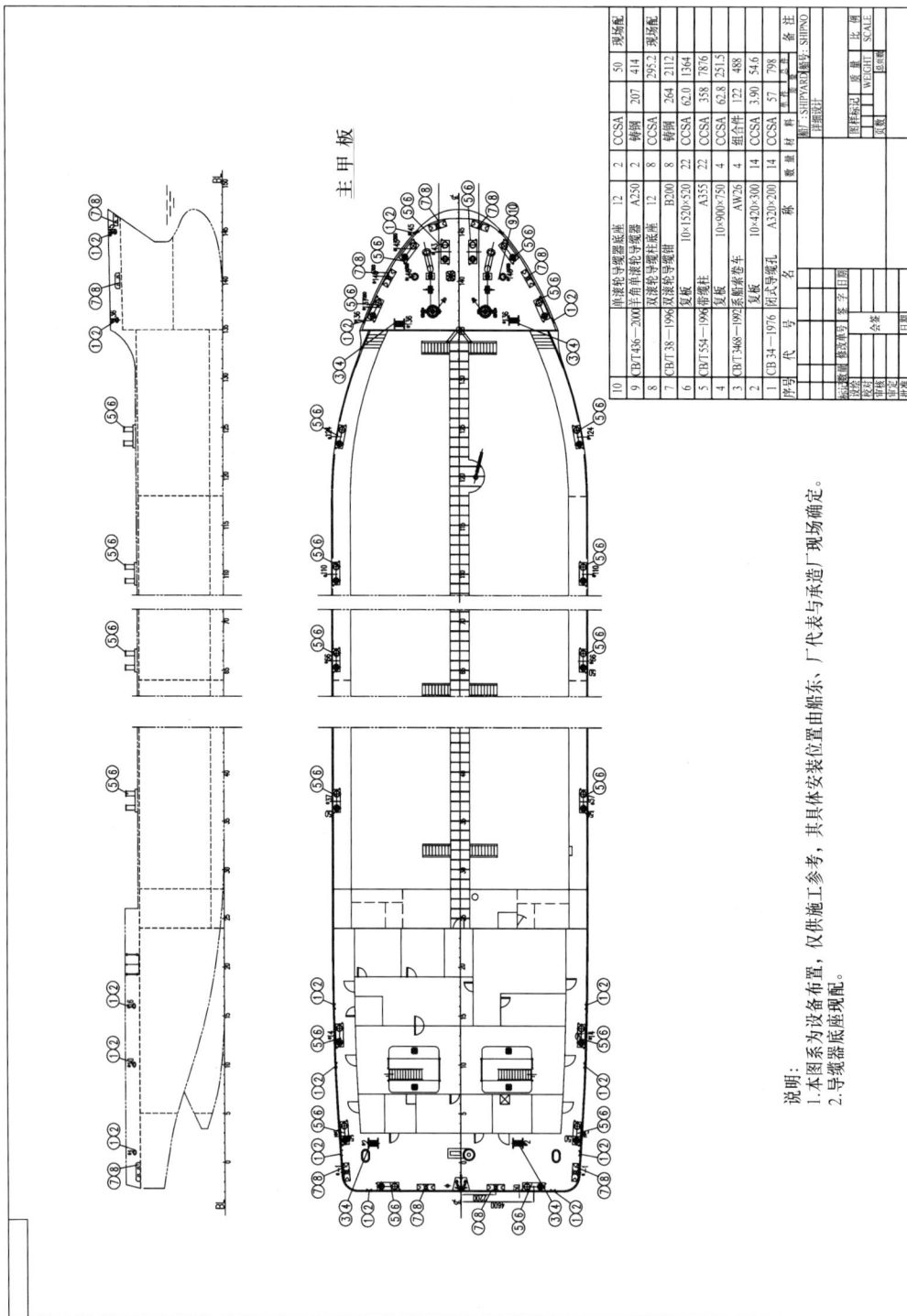

图3-23 立式绞缆机

主甲板

说明：
1. 本图系为设备布置，仅供施工参考，其具体安装位置由船东、厂代表与承造厂现场确定。
2. 导缆器底座现配。

序号	代号	名称	规格	数量	材料	重量		备注
10		单滚轮导缆器底座		12	CCSA	50		现场配
9	CB/T436—2000	单角单滚轮导缆器	A250	2	铸钢	207	414	
		双滚轮导缆桩底座		2	CCSA	295.2	现场配	
8	CB/T38—1996	双滚轮导缆桩	B200	8	铸钢	264	2112	
6		复板	10×1520×520	22	CCSA	62.0	1364	
5	CB/T554—1996	带缆桩	A355	22	CCSA	358	7876	
		复板	10×900×750	4	CCSA	62.8	251.5	
4								
3	CB/T368—1992	系缆卷车	AW26	4	组合件	122	488	
		复板	10×420×300	14	CCSA	3.90	54.6	
2								
1	CB34—1976	闭式导缆孔	A320×200	14	CCSA	57	798	

厂所:SHIPYARD船号:SHIPNO
详图设计

图样标记		重量 WEIGHT	比例 SCALE
			总布置图

练 习 题

一、填空题

1.系缆停泊就是利用系缆设备将船舶安全牢固地系结于_____、_____、船坞或其他船上。

2.船舶的_____,当时当地的水文气象条件,决定使用缆绳数量和布置方式。

3.船舶系码头时一般情况下,至少要用6根缆绳:其中2根艏缆,2根_____,及前后倒缆各1根。

4.船舶系浮筒时采用单头缆和回头缆,其中_____平时不受力,系得比较松。

5._____是将船舶舷侧靠于码头或他船进行系结,是最为常见的系泊方式。一般在码头沿岸线长度受限制的情况下可采用_____系泊。油轮在输油塔输油时采用_____系泊。

二、判断题

1.系泊机械一般在系缆时才使用,在整个船舶营运过程中利用率不高,所以中小型船舶通常都不单独设置系缆机,常以锚机、起锚绞盘,甚至起货绞车兼做系缆机械用。 ( )

2.在船上用作系缆的有钢缆、植物纤维缆和合成纤维缆,长久系泊时也有用链条做系泊缆的。 ( )

3.带缆桩用于在靠泊和拖带作业时固定缆绳的一端。大中型船舶多采用单柱型带缆桩。 ( )

4.导缆孔一般设置在船舷处,它可以引导缆绳按一定方向从舷内通向舷外,改变缆绳走向并限制其位置,还可以减少缆绳与舷边的磨损,避免因急剧弯折而增大所受应力。 ( )

5.导向滚轮通常作为配合锚机或绞缆机绞缆的导缆装置。 ( )

6.绞缆机有电动和电动液压两种,高安全性的电动绞缆机已在油船、液化气体船及化学品船上广泛使用。 ( )

7.卧式绞缆机又称系缆绞盘,动力装置设在甲板下面,占用甲板面积小,有利于保护机器,在船尾甲板面积小及小型船舶上仍有使用。 ( )

8.带缆桩周围1 m以内不得有任何障碍,带缆桩的外边缘与舷边的距离应不小于带缆桩直径的1.5倍,焊接带缆桩全部由钢板焊接而成,安装方便,使用较广。 ( )

9.建议在大型船舶上采用合成纤维索,而在中小型船舶上优先采用钢索。一般认为钢索的最大直径是48 mm,而合成纤维索适合实际使用的最大直径为80 mm。 ( )

10.半硬钢丝绳由6股钢丝股绕着1股油麻芯搓成,中间有1股油麻芯,其强度比软钢丝绳好。 ( )

11.钢丝绳的软硬不仅与油麻芯有关,与钢丝的韧性及结构类型也有关,同结构类型同直径的钢丝绳丝数越少越软。 ( )

三、写出下图系泊设备的名称和作用。

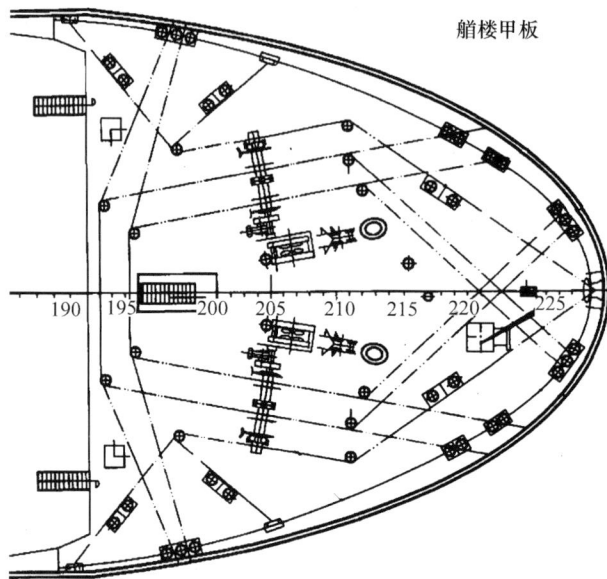

艏楼甲板

190 195 200 205 210 215 220 225

四、舾装数为 625 的油船，A/N 等于 1.03，请问其系泊索的配置情况如何？

五、写出下面图中系泊和锚泊设备的名称。

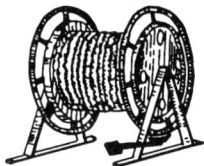

（　　　　）

（　　　　）

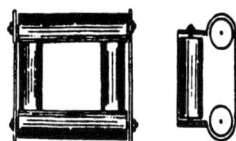

（　　　　）

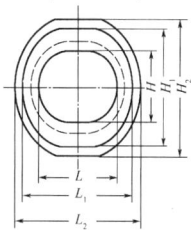

（　　　　）

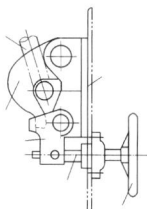

（　　　　）

（　　　　）

系泊设备

第四章　推拖设备认识与选用

大型船舶在港内掉头或靠离码头、大型船舶提高舵效过急弯、船队运输、遇难船舶的救助和钻井平台转移泊位等，都需要打捞船、港湾工作船以及推拖等专业船舶来完成。

推拖设备是为了保证船舶推拖作业而设置的专用结构、部件和机械的总称。推拖设备依照作业方式的不同，可分为拖曳设备和顶推设备。拖曳设备是指设于拖船、被拖船或水上漂浮物上供拖带作业用的专门设备，但不包括一般船舶上兼做拖带用具的带缆桩、系缆绞盘。顶推设备是用于推船和驳船上供推作业用的专门设备。

第一节　推拖形式

船舶推拖形式可分为吊拖、绑拖和顶推三种。

一、吊拖

吊拖是拖船用拖缆将被拖船舶或水上漂浮物系拖在船后一起行驶的一种拖带作业方式，如图 4-1 所示。吊拖拖运量大、成本低，适宜于大宗货物运输，因而在内河货运中应用极为广泛。但吊拖时整个船队较长，不易操纵，故而不宜在狭窄、弯多和湍急航道中采用。在海上，吊拖主要用于失事遇难船舶的救助拖带、辅助拖带等。吊拖能充分利用伴流，单位功率的载量较大，抗风能力优于顶推船队，但航速低，效率低于顶推船队。

图 4-1　吊拖

二、绑拖

绑拖也称为并拖、旁拖，即拖船与被拖船或水上漂浮物舷靠舷地绑结在一起行驶的一种拖带作业方式。其特点是可以使整个船队长度大大缩短，操纵灵活，但阻力大，拖运量较小，风浪中两船容易发生碰撞。适合于港内和江内狭窄航道中的拖带和港内协助船舶离靠码头、转移泊位。

船舶失控时，较多采用吊拖或尾绑拖，也可两者兼用。尾绑拖也称捐拖，相当于在船舷尾部的一侧增加一台主机，使船能够前后移动，也易使船朝另一舷转向。绑拖需 3 根缆，传递推力的捐缆由大船出，艏缆（领水缆）与艉缆（艄缆）由拖船出，如图 4-2 所示。

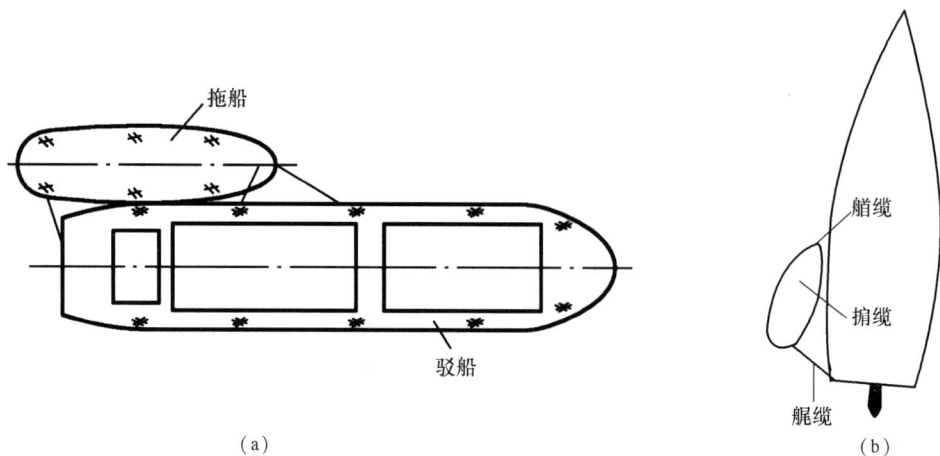

（a）   （b）

图 4 - 2　绑拖

三、顶推

顶推是推船或拖船以船首顶着被推船舶、驳船队或水上漂浮物一起航行的一种推带作业方式。推船可利用顶推架、索具（有硬式顶推和软式顶推两种形式）等推着船队前进。常见的顶推船队队形如图 4 - 3 所示。

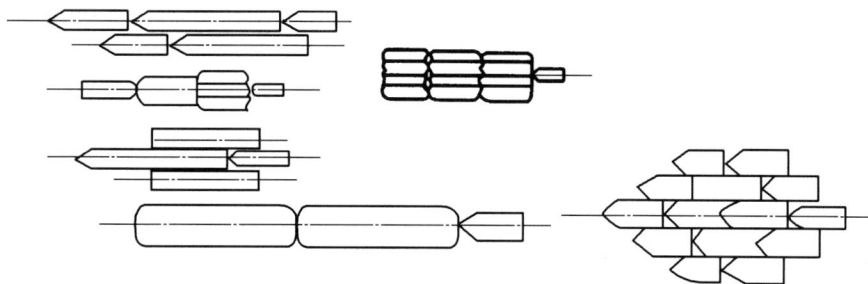

图 4 - 3　顶推船队队形

就推船与驳船的连接形式来看，有整体式连接和非整体式连接两大类。顶推适用在波高 1 ~ 1.5 m 的航区，内河船队一般采用这种方式。

顶推运输可使船队阻力降低，推进性能和操纵性能较吊拖和绑拖大为改善。这样，在同样的航速下，单位功率的载运量得到提高。在同等的驳船队的情况下，顶推船队的航速比拖带船队的航速提高 15% ~ 25%，因此顶推是海河运输中能提高主机的利用率、降低运输成本的运输方式。

第二节 拖 曳 设 备

一、拖曳设备的组成

1.拖缆

拖缆是拖船挂拖被拖船或水上漂浮物的专用缆绳。由于拖船是依靠拖缆传递力带动庞大的船队航行的,在航行中拖缆经常会受到动力的冲击,有时又会垂悬于水中,因此拖缆必须能承受较大的拉力和动载荷,并有不怕水湿、耐腐蚀性强等特点。

拖缆是主要的受力部件,通常采用柔韧的镀锌钢丝绳、植物纤维索或合成纤维索。

钢丝绳常采用丝数较少、材料强度略低但耐腐蚀和冲击性能好的绳索,所以一般选用带有机芯的,抗拉强度不超过1 275 N/mm的镀锌钢丝绳,如型号为6×19+1的镀锌钢丝绳。

白棕绳和化学纤维绳的质量轻、弹性好,但尺寸大、不易操作,故内河船舶常以钢缆和纤维缆结合使用。以纤维为主拖缆,一般根据拖船的功率,选用直径为60~130 mm的白棕绳或化学纤维绳,直接和拖钩连接,长度一般不超过拖轮船尾。从驳船首到主拖缆间用钢丝绳作副拖缆,然后用拖缆销将主、副拖缆连接,使之成为一个整体,有时主拖缆也可以用钢丝绳制成,海船上有时还采用钢缆或钢链作主缆。

整条拖缆的长度是根据拖船的主机功率、所在航区以及拖船和被拖物间所需的距离而定的。拖缆过短,将增加被拖船舶的阻力;拖缆增长,可以提高缓冲能力,并且可避免拖缆螺旋桨尾流对被拖船的冲击,从而可以降低船队阻力,但船队操纵性会变差。

拖缆实际上由三部分组成,即主缆、短缆及龙须缆。其中,主缆是用于拖带的主要缆索。短缆是连接主缆和龙须缆的一段缆索。龙须缆是为保持被拖物的航向稳定性,从布置于船首两侧的脱力点连接至三角板的拖索具,如图4-4所示。

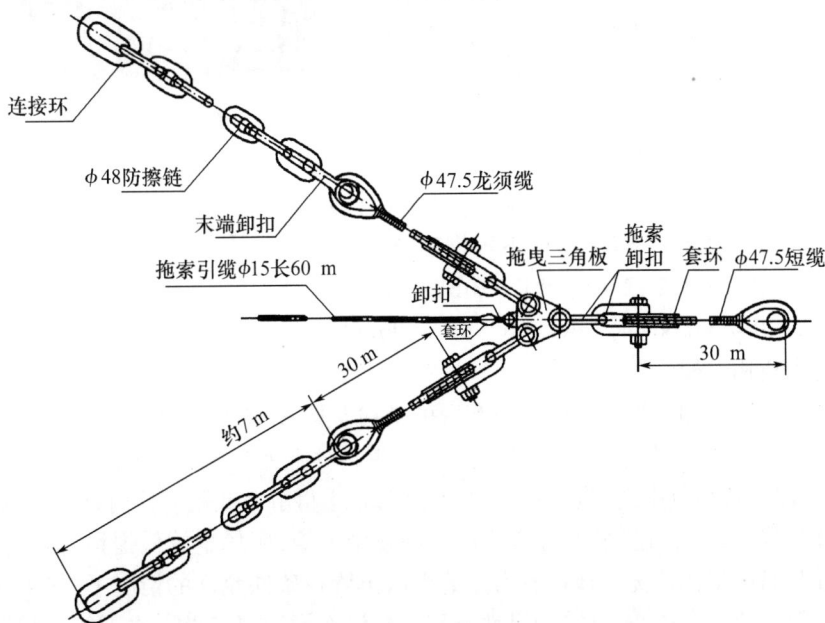

图4-4 龙须缆连接

回收缆用于被拖船舶解拖时回收龙须缆或全部拖索具。回收缆一端应用卸扣连接至三角板的专用环上,另一端固定在回收机械上。回收缆通常采用钢丝绳,其破断负荷应不小于龙须缆自重的 3 倍,但在任何情况下均不小于 196 kN,如图 4 - 5 所示。

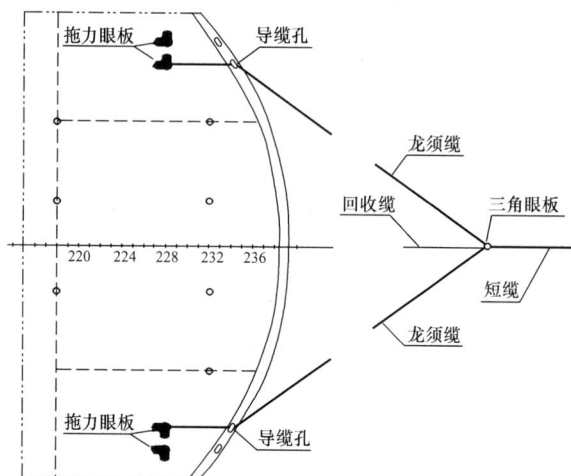

图 4 - 5 回收缆的连接

常用的拖缆连接件主要有三角板和连接卸扣,但在使用单根龙须缆时,可采用连接环或卸扣同主拖缆连接。三角板的形状是角端为圆弧形的等腰三角形,其大小应足以安装 3 个连接卸扣。三角板用碳钢或合金钢制作。连接卸扣系指拖索具中用于主缆、短缆、三角板、龙须缆及防擦链之间连接的卸扣,这些连接卸扣均应为螺栓式并带有螺母及开口销。卸扣采用碳钢或合金钢制造,如图 4 - 6 所示。

图 4 - 6 连接卸扣

所有的卸扣、连接环、三角板等连接设备的极限负荷能力应不小于其使用的最大拖缆破断负荷的 1.5 倍。拖钩、卸扣、连接环、三角板等连接件应以两倍的计算工作负荷(SWL)进行验证试验,且不应有永久变形。SWL 按以下规定确定:

系柱拖力(BP) < 392 kN 时,SWL = 10BP(kN);

系柱拖力 BP≥392 kN 时,SWL = 0.5BP + 196(kN)。

2. 拖钩和拖钩弓架

拖钩是拖船用于扣挂拖缆并能迅速解脱的带钩器具,如图 4 - 7 所示。拖钩装置的构造应使拖钩从一舷到另一舷的转动角尽可能大一些。对于港口拖轮来说,这一角度不小于 180°,而且在这一转动范围内,拖钩不应承受弯曲,且不得触及或紧靠任何其他结构。

为了减少横拖或横向急牵力对拖船重心的急牵力矩,应尽量放低拖钩,但也应顾及船尾舱面布置及船员工作情况。拖钩着力点的纵向位置在条件允许的情况下,尽量靠近船舶回转时侧向阻力的合力中心,这对操纵性有利。建议拖钩着力点设于水下侧面积形心之后 0.5 ~ 1.0 m 之间,或置于距艉端 35% ~ 45% 船长之间。

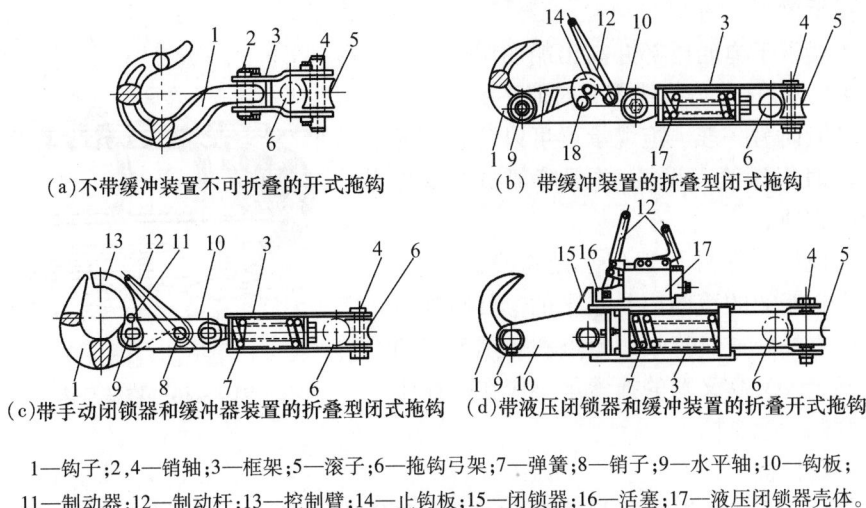

（a）不带缓冲装置不可折叠的开式拖钩　　（b）带缓冲装置的折叠型闭式拖钩

（c）带手动闭锁器和缓冲器装置的折叠型闭式拖钩　（d）带液压闭锁器和缓冲装置的折叠开式拖钩

1—钩子；2,4—销轴；3—框架；5—滚子；6—拖钩弓架；7—弹簧；8—销子；9—水平轴；10—钩板；
11—制动器；12—制动杆；13—控制臂；14—止钩板；15—闭锁器；16—活塞；17—液压闭锁器壳体。

图 4 – 7　拖钩形式

拖钩弓架为一个弓形构件，它与拖钩或拖曳滚轮或拖曳滑车相连接，将拖力传递给船体。拖钩弓架是钢质锻造的圆形或椭圆形截面的曲线梁，其轴线可以是半个圆弧，也可以是由一个大半径的圆弧同两个小半径的圆弧连接起来组成。

拖钩弓架一般由横剖面为圆形或椭圆形的锻钢制成，拖力较小者，拖钩弓架直接焊接于船体。拖力较大者，需要附加拖掌，并用铆钉或螺栓固定于船体结构，如图 4 – 8 所示。

3. 拖钩托架

通常拖钩配有支撑滚轮，搁在水平托架上。拖钩工作时，滚轮沿托架移动。托架用钢板或型钢焊成，其形状如同滚轮的轨迹，托架下面设有支撑，如图 4 – 9 所示。

托架承受的负荷一般为拖钩重力的一部分和拖缆重力的一部分，但是采用短拖索拖带时，被拖船舶上的拖索固定点低于拖钩时，托架就会受到拖索垂向分力的作用，此时拖钩轴线同拖索方向之间的夹角一般不超过 10°。因此，托架承受的垂向分力约为拖索张力的 10%。托架的强度按照拖索断裂时托架构件的应力不超过 $0.9\sigma_s$（σ_s 为材料屈服应力）进行校核。

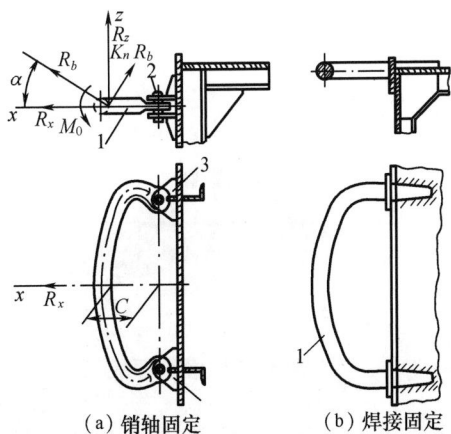

（a）销轴固定　　　（b）焊接固定

1—弓架；2—轴销；3—销轴眼板。

图 4 – 8　拖钩弓架的形式

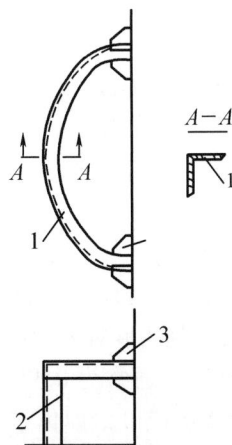

1—托架；2—支柱；3—肘板。

图 4 – 9　拖钩托架

4.拖缆承梁

拖缆承梁设于拖船尾部并高出船舶尾部的所有设备(图4-10),使得拖缆紧张时能平稳不受阻碍地从一舷滑向另一舷。拖缆承梁可以防止缆绳松弛或摆动时损坏舱面设备,并保障船员在操作时的安全与方便。

普通的拖缆承梁外形近似于抛物线,但其中间部分约1/3船宽的范围内是水平的。其高度可以由船体中心线处通过拖索固定点和船尾舷墙顶部的直线确定。又高又宽的拖索承梁应在船体中心线或其两侧设置支撑。

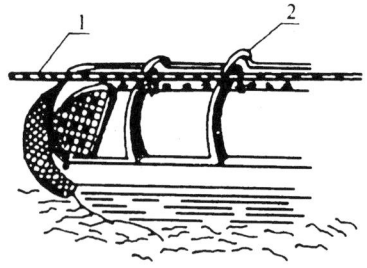

1—拖缆;2—拖缆承梁。

图4-10 拖缆承梁

5.拖桩和挡桩

拖桩是设于拖船和被拖船上,供套扣或系挂拖缆用的立柱。拖桩在被拖船舶上必须有两个坚固的支撑点,以承受工作的弯矩,一般是穿过甲板后再与底部构架相连接。拖桩的外形与带缆桩相似,分单柱式和双柱式,其上端设有横档以防止缆索滑出。挡桩是焊在甲板上,用以限制拖缆位置的柱状构件,一般设在被拖船舶首部或尾部的船体纵中线上,其结构是用上下两个水平横挡连接起来的两根桩柱,如图4-11所示,其作用是将拖缆控制在挡桩内,便于拖带和保护甲板上的设备不被拖缆损坏。

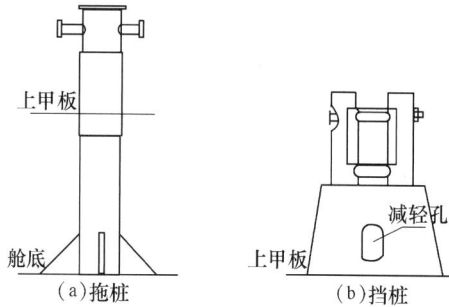

图4-11 拖桩和挡桩

6.拖力眼板

在被拖船舶上广泛采用的快速解脱型拖力眼板,横轴的界面通常采用圆形或椭圆形,如图4-12所示。其大小应保证龙须缆的末端链环或连接卸扣可以套入。

拖力眼板应至少能承受主拖缆破断负荷的1.3倍,此时拖力眼板各零部件的应力应不大于材料的屈服应力(通常为$0.95\sigma_s$)。拖力眼板座架材料应采用A级或B级船体结构钢,横轴为锻钢件。

图4-12 拖力眼板

7.拖缆机械

拖缆绞车是专供收放拖缆用的机动绞车。拖缆设置拖缆绞车的好处是能在拖带过程

中,根据航区的海况方便地调整拖缆的长度。拖缆的绞车按其功能可分为普通拖缆绞车和

自动拖缆机;按驱动方式可分为电动、液压或柴油机直接驱动;按绞车的卷筒类型可分为单滚筒、双滚筒和三滚筒绞车。

普通拖缆绞车一般用在内河拖轮上,如图4-13所示。当拖船航行在弯曲航道上或通过急流和浅滩时,绞车可以用来很快地改变拖缆的长度。在拖带时,拖缆从被拖船舶上引导到带式刹车制动的绞车卷筒上,而不挂在拖钩上。当需要改变拖缆的长度时,启动绞车收进或松出拖缆。为减弱由于突然拉紧拖缆而引起的动力负荷,绞车在刹车上配置了缓冲器。

自动拖缆机如图4-14所示,常用于海洋拖船,由于波浪的影响,在拖带时拖缆经常受到冲击负荷作用。自动拖缆机的特点是:当拖缆张力超过允许值时,滚筒自动放出拖缆;当拖缆松弛时,滚筒收紧缆绳。自动拖缆机的这一功能是通过恒张力系统予以实现的。

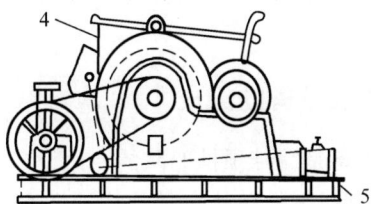

（a）侧视图

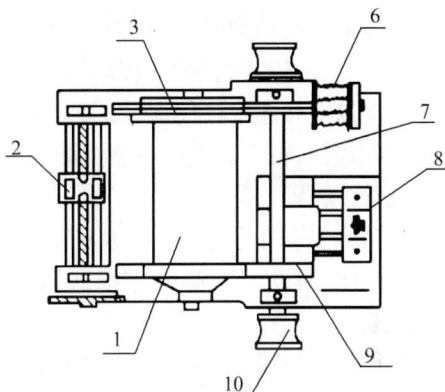

（b）俯视图

1—卷筒;2—挑缆装置;3—闸轮;4—带式刹车;
5—底座;6—弹簧缓冲器;7—中间轴;
8—电动机;9—齿轮传动装置;10—系缆滚筒。

图4-13 普通拖缆绞车

拖缆机的制动装置应具有其相应配用的最大拖缆的破断负荷的1.1倍的静态握持力。拖缆机在正常动力源发生故障时,也能应急释放拖缆。拖缆机应配有排绳装置。建议在无限航区拖船上为拖缆机设置测量拖缆负荷的装置,该装置应能记录最大拉力和平均拉力,同时设有超负荷报警器和拖缆放出长度指示器,并在驾驶室内显示上述数据。普通拖缆绞车的刹车上配有缓冲装置,当拖缆突然拉紧时,绞车卷筒可以有稍许转动,以达到缓冲的目的。

图4-14 自动拖缆机

第三节 顶 推 设 备

一、顶推设备的组成

顶推设备是编结顶推船队的专用设备,是船上供顶推其他船舶或承受顶推的所有专用结构、部件和机械的总称。随顶推船队系结方式的不同,设备装置也不同。顶推设备包括顶推柱、承推梁、系缆装置和无缆系结装置等。

我国目前采用的顶推船队的系结方式有三种:第一种是长缆系结方式,即以船、驳上的带缆桩为系结点,用较长的钢丝绳绑制而成;第二种是采用无缆系结装置的无缆系结方式,主要是通过连接索和连接柱使船、驳首尾相连;第三种是分节顶推船队采用短缆系结装置的短缆系结方式,以较少短缆配合适当的甲板机械和带缆桩系结而成。

1. 长缆系结装置

长缆系结装置基本是船、驳的原有系缆设备,只是增加了系、导缆装置的数量,并为系结和解缆的方便,增设了掣缆链、掣缆器和拖钩等装置。

(1)系缆

顶推船队的船与驳、驳与驳之间的系结采用的是钢丝绳系绑的方式,并以船、驳上的带缆桩作为系结点。常用的系缆名称及系结部位如图4-15所示,缆绳系结部位和作用见表4-1。

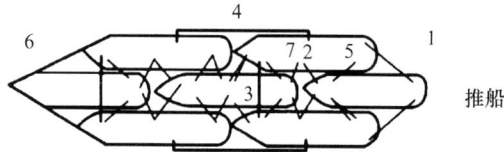

1—操纵缆;2—八字缆;3—过江缆;4—连接缆;5—舷边拖缆;6—包头缆;7—艉缆。

图4-15 顶推船队的系缆

表4-1 顶推船队的系结部位和系缆作用

系缆名称	系结部位	系缆作用
操纵缆(主缆)	系结在推船尾部与被推驳船尾部之间	1. 传递回转力矩 2. 承受倒车牵引力 3. 保证船队刚性
八字缆	从船首向左、右前方,伸向驳船成"八"字形的系缆	1. 传递回转力矩和倒车拉力 2. 保证船队刚性
长横缆(过江缆)	在并排相邻或相间驳船间的长横缆	加强船队的横向强度
连接缆	顶推船队推船与被推驳船前后驳船间两侧最外边的系缆	1. 传递回转力矩和倒车拉力 2. 保证船队刚性

表 4-1(续)

系缆名称	系结部位	系缆作用
舷边拖缆(背缆)	从推船或驳船前部舷侧向后送出,系结在相邻船舶尾部舷侧	1. 推相邻的驳船前进 2. 保证船队刚性
包头缆	从后排驳船前外舷伸向前部相邻驳船船首同一舷系缆	1. 传递回转力矩 2. 加强横向强度 3. 保证船队刚性
艉缆	从驳船尾部略向后,伸向相邻驳船横向系缆	1. 传递回转力矩 2. 保证船队刚性

（2）掣缆链

掣缆链是当推船编结顶推船队时,制止已绞紧的回头缆滑出去的用具,一般使用环形无挡小链,如图 4-16(a)所示。在小链的一端插入铁棒作为制动,将链在回头缆上缠绕数道,再在另一端插入绞棒绞紧,并用脚踏住,以便把回头缆压住,将其进行绞收的一端从系缆绞盘上移至带缆桩上。

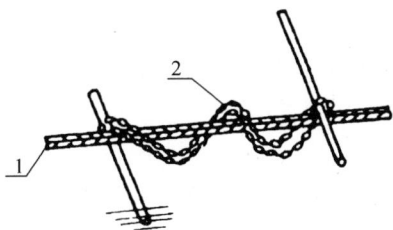
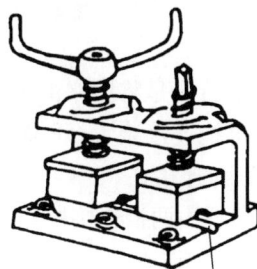

（a）掣缆链　　　　　　　　　　（b）掣缆器

1—回头缆;2—无挡小链。

图 4-16　掣缆链和掣缆器

（3）掣缆器

掣缆器是制止已绞的回头缆,防止其松脱滑出的装置。它设在推船尾部甲板上,系缆绞盘绞紧回头缆后,用掣缆器把它压住,以便从系缆绞盘上取下回头缆,挽到带缆桩上。

（4）拖钩

拖钩是顶推船队的一种自动解缆装置。它常设置在推船尾部两舷甲板上,自驳船引回的操纵缆的回头处挂在上面,以便在解队时能迅速解掉。它由钩座、手柄、凸轮、钩身、缆柱和保险销等部分组成,如图 4-17 所示。

在由吊拖船队改为顶推船队初期,长缆系结方式适应了顶推船队迅速发展的需要。因为拖船

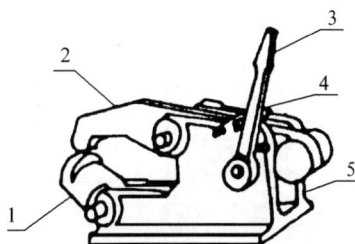

1—缆柱;2—钩身;3—手柄;
4—保险销;5—钩座。

图 4-17　拖钩

和驳船不需要改装即可实行顶推。但为了保持船队的硬性,使各系缆均匀承受各项负荷,系结缆绳数量多,而且为了所有的缆绳都必须绞紧,所以编队时间长,劳动强度大。但习惯成自然,长缆系结至今仍是多数顶推船队的系结方式。

2. 无缆系结装置

无缆系结装置包括顶推连接装置和绑拖连接装置,分别承担船舶之间的纵向和横向连接,如图 4-18 所示。

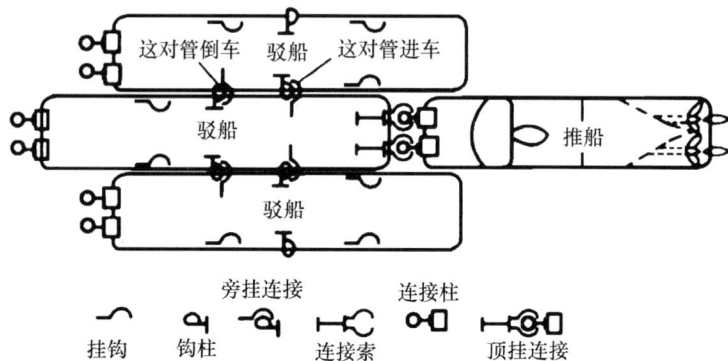

图 4-18　顶推船队无缆系结船队示意图

这种装置的特点是将原来的缆绳系结改为机械连接。为适应船队需要,每条驳船均设置顶推连接和绑拖连接装置,而推船只设顶推连接装置。

(1)连接锁与连接柱

顶推连接装置由两根连接柱和两把连接锁组成,两者各对称于船舶纵中线安装并且中心距相等。连接柱为圆柱形,装于驳船或推船的船首;连接锁则只装于驳船船尾,由锁头、纵向缓冲器、横向支架和尾座四个部分组成,如图 4-19 所示。锁头是连接锁与连接柱连在一起的关键部件,它由钳握、钳臂、中间销、锁块、导合块和锁壳等主要零件组成。编队时,钳握和钳臂是张开的,锁块提起在钳臂的尾部,当连接柱进入钳握内时,推动装置在钳握上的导合块,使钳握和钳臂绕中间销转动,直到钳握完全抱合连接柱,锁块即落于钳臂尾部的开口内,直至完成了连接,如图 4-20 所示。解队时,只需将锁块提起,船舶倒车后退,连接柱即脱离连接锁。

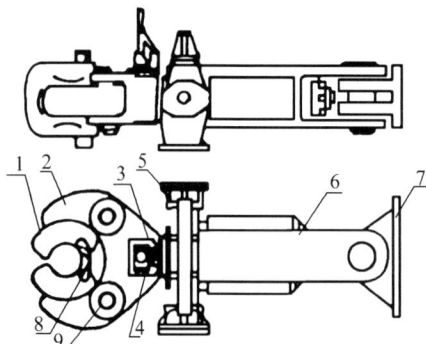

1—钳握;2—钳臂;3—锁壳;4—锁块;5—横向支架;
6—纵向缓冲器;7—尾座;8—导合块;9—中间销。

图 4-19　连接锁

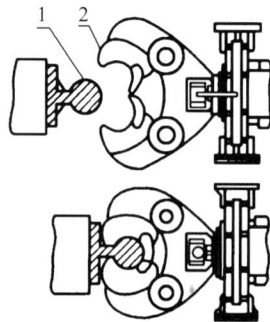

1—连接柱;2—连接锁。

图 4-20　连接锁与连接柱锁合的情况

（2）挂钩与钩柱

旁挂连接装置由挂钩和钩柱组成。钩柱为半圆形,对称地装在驳船近船中部左右舷处。挂钩由钩身与壳体组成,钩身在壳体内,可在壳体内转动,也对称地装于左右舷首尾部,如图4-21所示。钩柱与首尾挂钩间的中心距相等,且取一适当的数值。

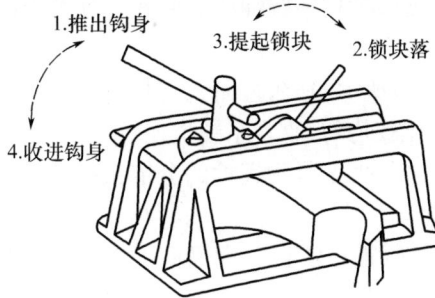

图4-21　旁挂连接装置的挂钩

编队时,在两驳靠拢、钩柱与挂钩对准后,转动钩身,待钩身与钩柱钩好后,钩身上面的锁块即落下,制止钩身倒转。待两驳间的两对挂钩全部连接好后,编队即告结束。两对旁挂连接装置,一对管进车,一对管倒车,如图4-18所示。解队时,只要提起锁块,将钩身转回到壳内即可。

无缆系结装置大大减轻了船员在编队中的劳动强度,也大大缩短了编队的时间。由于连接的一方是连接柱或钩柱等柱体,所以不受船舶吃水变动的影响。但该装置庞大,用料多,纵向连接在三只船上时不易对准,且影响船舶操纵性。

3. 短缆系结装置

短缆系结方式是目前内河分节顶推船队的一种新型系结方式。其优点是船队中使用的系缆根数很少,每根系缆短。它以舷操纵缆、连接缆和交叉缆等少数短缆代替长缆系结方式中为数较多的长缆,如图4-22所示。

短缆系结装置是为了实现短缆系结方式而产生的甲板机械,包括紧缆器和滑轮带缆桩等。

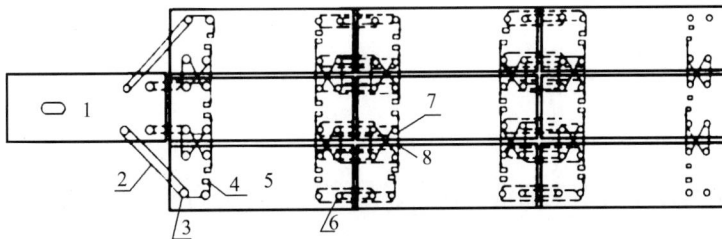

1—推船;2—舷操纵缆;3—滑轮带缆桩;4—紧缆器;5—分节驳船;6—连接缆;7—横缆;8—交叉缆。

图4-22　短缆系结方式

（1）紧缆器

紧缆器是拉紧系缆并承受拉力的机械设备,一般采用紧缆绞车或紧缆螺旋扣。

紧缆绞车如图4-23(a)所示,分为快慢两挡。快挡由两个手柄操纵,通过行星齿轮来转动绞收系缆的滚筒;慢挡由手轮操纵,通过涡轮杆来转动滚筒。同时快慢挡之间能自动切换,靠它强大的刹车来承受航行中船队可能产生的巨大拉力。在系缆受力的情况下需要放缆时,必须先转动蜗杆使系缆受力逐渐减小后,再采用快挡放缆以确保安全。当系缆绞紧收缆完毕时,先将两个可拆的手柄取下,再将安全销插入紧缆绞车架上的圆孔内即可。

紧缆螺旋扣是一种靠棘轮装置可将缆绳收紧到相当预警力的螺旋扣式紧缆器。

(2)滑轮带缆桩

滑轮带缆桩如图4-23(b)所示,是在垂向上连接有数个滑轮的单桩式带缆桩,其作用是使一根系缆各道之间受力比较均匀,收紧系缆也比较方便。

短缆系结方式不适用于进行大宗货物运输的分节顶推船队,因为它要求各驳之间的吃水基本相同,不然就无法系结。

目前,长江的分节顶推船队正在实行一种纵向上采用无缆系结装置、横向上采用短缆系结装置的系结方式。

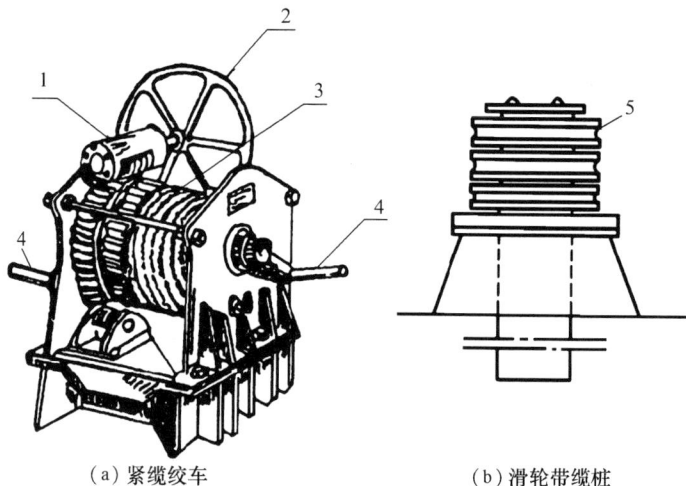

(a)紧缆绞车　　　　　　　　(b)滑轮带缆桩

1—蜗杆;2—手轮;3—系缆;4—手柄;5—滑轮。

图4-23　短缆系结装置

练　习　题

一、填空题

1.拖带作业可用于协助大船港内掉头、靠离码头,可提高舵效,也用于拖_____以及对遇难船舶进行_____。

2._____是指设于拖船、被拖船或水上漂浮物上供拖带作业用的专门设备,但不包括一般船舶上兼做拖带用具的带缆桩、系缆绞盘。

3._____是用于推船和驳船上供推作业用的专门设备。

二、判断题

1.海上拖航应使用拖缆机,一般不应使用脱钩装置,但在沿海和遮蔽航区内短距离航行时,允许使用拖钩装置。 (　　)

2.在一套拖索具中,拖缆实际上由三部分组成,即主缆、短缆及龙须缆。在沿海航区和遮蔽航区拖航时,要求配短缆。( )

3.对于航程超过3周的拖航,建议额外配备1根备用拖缆,存放在绞车的第二个滚筒上或第一根备用拖缆的滚筒上,而不应该损伤拖缆。( )

4.回收缆一端应用卸扣连接至三角板的专用环上,另一端固定在拖桩上。( )

5.拖钩装置的构造应使拖钩从一舷到另一舷的转动角尽可能大一些,对于港口拖轮来说,这一角度不小于180°,而且在这一转动范围内,拖钩不应承受弯曲力,且不得触及或紧靠任何其他结构。( )

6.为防止拖缆的磨损,桩柱附近的舷墙折角应用管子包边。艏部拖桩还经常采用双柱式并设有水平横挡,位于船体中心线处,根据使用要求按船舶的纵向或横向设置。( )

7.拖缆承梁设于拖船尾部并高出船舶尾部的所有设备,使得拖缆张紧时能平稳不受阻碍地从一舷滑向另一舷。( )

8.拖缆设置拖缆绞车的好处是能在拖带过程中,根据航区的海况方便地调整拖缆的长度。( )

三、请写出下图的拖带形式,并说明其优缺点。

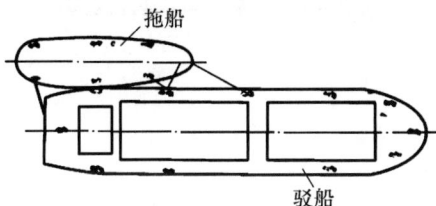

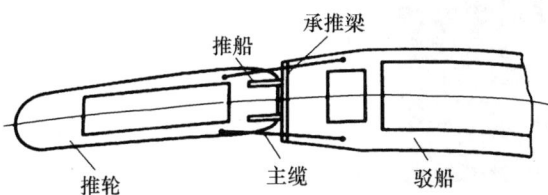

四、请写出下列推拖设备的名称及作用。

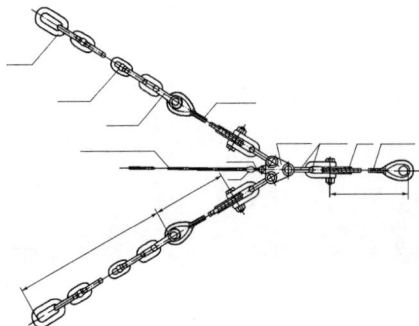

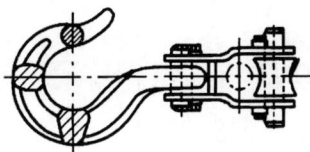

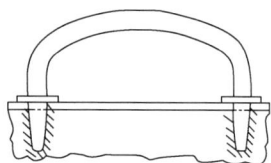

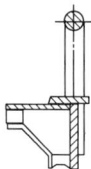

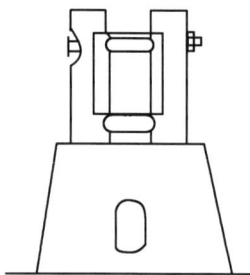

推拖设备

第五章　救生设备认识与选用

第一节　救生设备及要求

1912 年的泰坦尼克号沉船事故告诉我们,即使我们在船舶总体设计时多方面考虑了船舶的安全性,海难事故的发生仍然不可避免。因此,船舶救生设备得到了国际海上安全委员会的重视。

人们经过长期的实践和调查研究,认为海难救生工作应包括准备、登乘、生存、信号与通信、搜索、营救等六个方面,每一项工作都要有能够满足海难救生要求的设备,而每一组设备又应有一定的技术要求,从而组成完整的救生系统。

在联合国组织内成立了国际海事组织,专门研究海运技术的发展和海上安全问题,其下属的海上安全委员会救生分委员会,定期召开会议研究海难救助问题,并制定了《国际海上人命安全公约》(SOLAS),对船舶的救生设备进行了规定。随着船舶技术和设备的不断发展,SOLAS 对船上救生设备的配备、各种救生设备技术性能及其检验等方面的要求不断提高。

为了保证船舶遇险时有足够的救生设备,海船必须按照《海船救生设备规范》的规定,配备救生艇、救生筏、救生衣、抛绳器和可发出救援信号的设备等。内河船舶按照《钢制内河船舶入级与建造规范》配备救生设备。

一、救生设备的组成

救生设备是指在船舶遇险时,使船上人员能够安全迅速撤离船舶并在水上维持生命的专用设备总称。包括救助艇、救生艇筏、个人救生设备、救生抛绳器、视觉信号设备,存放、登乘、降落与回收设备,抛绳设备,无线电救生设备及通用应急报警系统与有线广播系统。

二、救生设备的要求

救生设备应配备的种类和数量由船舶的大小、种类和航区等因素决定。国际海事组织在 SOLAS 中对此有明确的要求。

1. 制造工艺和材料的要求

救生设备应以适当的工艺和材料制成,能防腐烂、耐腐蚀,不受海水、原油或霉菌侵袭的过度影响。曝露在日光下,救生设备应能抗老化变质,并符合主管机关所规定的使用年限的要求。

2. 结构要求

必须在风浪中使用的设备,在风浪中应能够令人满意地工作。

3. 环境温度要求

救生设备在 -30~65 ℃的空气温度范围内存放应不致损坏。使用时,若需要浸没在海水中,应能在 -1~30 ℃的海水温度内使用。

4.易于被发现的要求

救生设备应在一切能被探测到的部位具有明显突出的颜色。一般采用橙黄色,并且还应装贴逆向反光材料。逆向反光材料是由高折射率玻璃微珠制成的反光膜,贴在救生设备上,可使其被搜索范围扩大 4~10 倍。

5.纵倾 10°横倾 20°的降落要求

救生艇筏必须在船舶处于不利纵倾 10°和船舶向任何一舷横倾不小于 20°时,能直接从存放地点降落下水,包括降落设备、救生索和登乘软梯的长度,都必须符合这个要求。

6.全部救生艇筏降落下水的时间要求

处在持续备用状态的救生艇筏,应能使两名船员在少于 5 min 内完成登乘和降落准备工作。按船上人员总数所配备的所有救生艇筏,要求在发出弃船信号并在载足全部乘员及属具后,客船应能在 30 min 内全部降落水中,货船要求在 10 min 内全部降落水中。

第二节 救 生 载 具

救生载具指救生艇、救生筏、救助艇及救生浮具等。

一、救生艇

救生艇是从弃船起能维持遇险人员生命的艇,能搭载一定人数,安全性比较高,是船舶的主要救生载具。

救生艇的内部座位下装有自然浮力材料,当艇全部灌水时具有不会沉没的功能,全封闭救生艇还具有倾覆后自动扶正至正浮状态的功能。艇内备有一定数量的粮食、饮用水、桨、篙等属具。救生艇具有良好的浮性、稳性和航海性能,较其他的救生工具有更大的安全性。其不足之处为艇质量大,艇设备复杂,所占甲板面积与空间较大。

按艇体材质不同可将救生艇分为木质救生艇(图 5－1)、金属(钢或铝)救生艇、玻璃钢救生艇(图 5－2)。木质救生艇使用历史最长,修理方便,浮力较大,不易沉没;但保持水密性差,易着火和破损,耗用木材,制造工艺复杂,目前已不使用。钢质救生艇耐火性能好,但易腐蚀。油船上曾使用过钢质开敞式救生艇,现今的规范规定油船必须采用全封闭耐火救生艇,目前钢质艇已很少采用。玻璃钢救生艇的质量小、强度高、耐腐蚀,且表面光滑,制造与维修工艺较简单,保养方便,经久耐用,目前已被国内外广泛采用。

图 5－1　木制救生艇

图 5－2　玻璃钢救生艇

按推进方式不同可将救生艇分为机动救生艇和非机动救生艇。机动救生艇以柴油机为动力，既可满载乘员较快地撤离险船，又可以拖带非机动艇和救生筏。非机动救生艇主要依靠划桨，或设有手摇、脚踏等人力推进装置，或利用风帆推进。SOLAS 对新造船舶已不提非机动救生艇，即全部救生艇均要求为机动救生艇。因此，目前非机动救生艇只能用于国内海船和内河船舶。

按结构形式不同可将救生艇分为开敞式救生艇(图5-3)、部分封闭救生艇和全封闭救生艇(图5-4)。

图5-3 开敞式救生艇

图5-4 全封闭救生艇

开敞式救生艇结构简单，登乘方便，使用历史悠久，但低温保护性能差，在 SOLAS 中已经不提，在我国的规范中还允许国内航行船上使用。开敞式救生艇的结构如图5-5所示。它的骨架有龙骨、艏柱、艉柱、肋板横坐板、纵坐板等，这些骨架用来保证救生艇的强度。它的外壳由艇壳、护舷材、舷顶缘材等组成，其中艇壳用来保证救生艇的水密和强度。为了保证救生艇在灌水和破损时仍然具有浮力，在边坐板下面设有空气箱或硬质闭孔泡沫塑料浮体，其外面设护板加以保护。艏艉踏板上装有吊艇钩，艇底有垫板、艇底排水孔及艇底塞。在横坐板下面、艇底垫板的上面还设有踏脚板，艇员乘坐在横坐板上，两脚可以踏在踏脚板上面。为了划桨方便，在踏脚板上还可以设置套在脚上的脚套。救生艇的外面设有两舷悬链状的可浮救生索，供落水人员抓扶，也可作为攀登上艇的踏脚。在艇底两侧设有舭龙骨扶栏及经龙骨底系于两舷艇缘的把手索当艇倾覆后，艇员可以抓住把手索爬上艇底，并扶住舭龙骨，在倾覆的艇上待援。

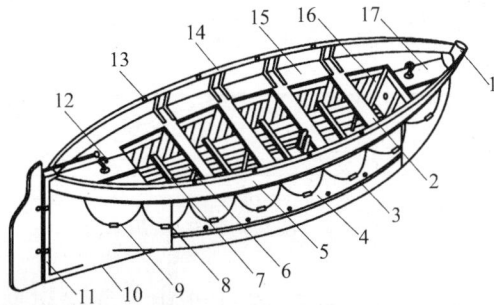

1—艏柱；2—肋板横坐板；3—舭龙骨；4—艇壳；5—护舷材；6—艇底垫板；7—踏脚板；8—把手索；9—救生索；
10—龙骨；11—艉柱；12—吊艇钩；13—桨叉孔；14—艇缘；15—纵坐板；16—空气箱护板；17—艏踏板。

图5-5 开敞式救生艇结构

部分封闭救生艇是在开敞式的艇段加设硬质顶篷及活动顶篷的救生艇(图5-6),可使乘员免受曝露所引起的伤害,与全封闭救生艇相比,它比较易于登乘,但稳性低,保温性能较差。

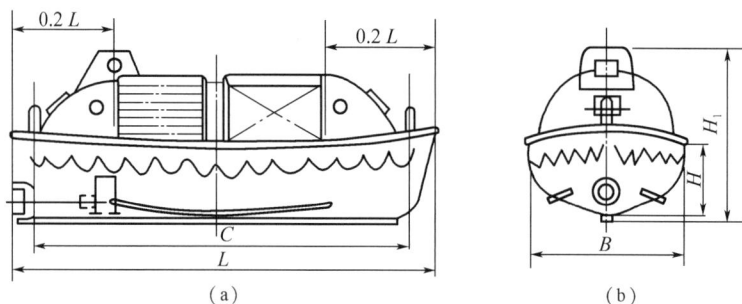

图5-6 部分封闭救生艇结构

部分封闭救生艇有的还具有自行扶正功能,其稳性符合装载全部或部分乘员及属具要求,而且全部乘员都要用安全带缚牢后,在艇倾覆后方能自行扶正。自行扶正的部分封闭救生艇可以在客船上使用,经主管机关准许,也可用于有利的气候条件和适宜的航区内营运的货船上。

全封闭救生艇是20世纪70年代发展起来的新型救生艇。全封闭救生艇为机动艇,设有完全罩住救生艇的刚性水密封闭盖,如图5-7所示。它可以保护乘员不受恶劣环境的伤害,艇员可以在封闭盖下完成收放艇工作并能划桨。全封闭救生艇艇体及刚性封闭盖的材料都是阻燃的或不燃的。封闭盖的进口外设置通道盖,开启时能夹住,成员无须跨过横坐板或其他障碍物而能迅速到达座位。封闭盖关闭后能保证艇体水密,倾覆后自行扶正,同时封闭盖可在内外两面启闭。全封闭救生艇根据其具有的功能不同又分为以下几种。

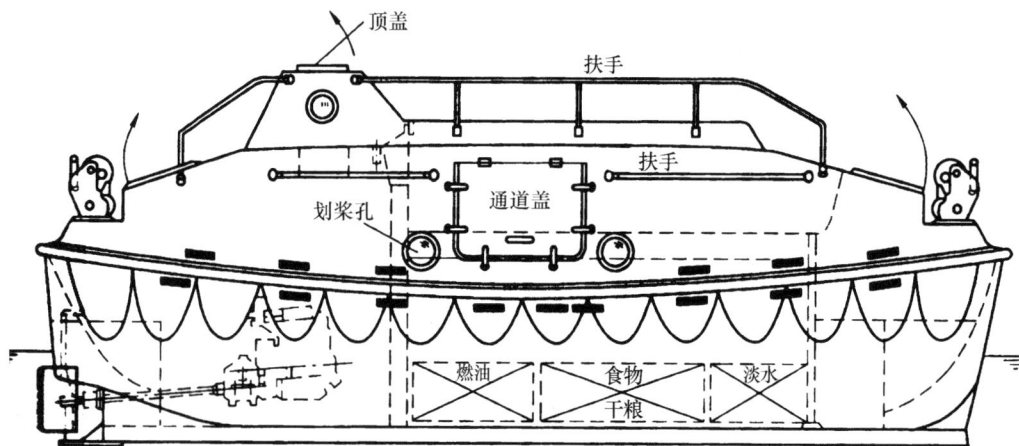

图5-7 全封闭救生艇结构

具有空气维持系统的救生艇是一种全封闭救生艇,它与普通型全封闭救生艇的区别是多了一套压缩空气与供气系统。当艇所有入口和出口关闭时,其供气系统能保持艇内空气适宜于呼吸,能使发动机正常运转不少于10 min,且保持艇内大气压不低于艇外大气压,也不高于艇外大气压 20 mbar[①]。它主要用于运载散发有毒蒸气或毒气的货物的化学品液货船和气体运输船。

耐火救生艇也是全封闭救生艇,它除备有空气维持系统外,还装有喷水防火系统。耐火救生艇与空气维持系统的救生艇的区别是增加了喷水防火系统装置。它是供发生火灾时撤离乘员冲出火海区的机动救生艇。它能承受持续时间不少于 8 min 的油火包围的燃烧,并保证全部乘员安全脱险。它主要用于油船、化学品液货船、气体运输船和石油钻井平台。

自由降落救生艇也是全封闭救生艇,平时存放在船舶尾部倾斜的骨架上,使用时人员进入救生艇后安全装置将人牢固地缚在座位上,然后操纵释放机构,救生艇依靠重力在倾斜滑行后自由降落至水中,再漂浮出水面,如图 5 – 8 所示。自由降落救生艇具有降艇迅速的优点,解决了船舶在 5 kn 航速放艇的难题。不足之处是艇存放高度较高,占用过大的艉部空间,不能兼作救助艇,制造费用昂贵等。

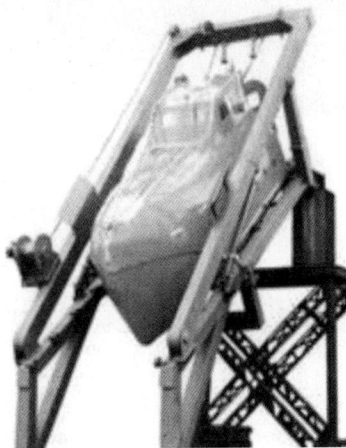

图 5 – 8 自由降落救生艇

二、救助艇

救助艇用于救助遇险人员及集结救生艇筏,如图 5 – 9 所示。通常救助艇为开敞式方尾机动艇,设有拖带装置以及桨等必要的属具。救助艇的主要任务是随时营救落水人员,海难时集结和指挥气胀救生筏、非机动救生艇。救助艇具有迅速降落与回收,机动性、快速性、浸溅性好,拖力大等特点。

救助艇按结构形式可分为刚性救助艇、充气救助艇和刚性与充气混合结构救助艇。刚性救助艇其艇体材料一般为玻璃钢,也有铝质。充气救助艇艇体材料一

图 5 – 9 救助艇

般为橡胶,通常保持充气备用状态,如图 5 – 10 所示。刚性与充气混合结构救助艇艇体由上述两种材料混合构成。

救助艇按功能可分为专用救助艇(图 5 – 11)和兼有救生艇功能的救助艇。前者一般为开敞式,额定乘员 6 ~ 8 人,艇长不得超过 8.5 m,后者一般为全封闭救生艇兼作救助艇。

---

① 1 ar = 100 kPa。

图 5－10　充气救助艇

图 5－11　专用救助艇

救助艇按航速可分为一般救助艇和快速救助艇。一般救助艇（简称救助艇）按 SOLAS 规定航速应不小于 6 kn，快速救助艇满载航速要求不小于 8 kn；在有 3 个艇员的轻载状态下，航速不小于 20 kn，并在此状态下保持此航速至少 4 h。快速救助艇是客滚船上必须配置的救助艇。

救助艇按艇的发动机类型可分为座机型和舷外挂机型（图 5－12）。座机型的发动机设备在艇体内。舷外挂机型的发动机连带螺旋桨设备在艇体尾部外舷外。发动机可采用汽油机，但油柜需有防火、防爆的保护。

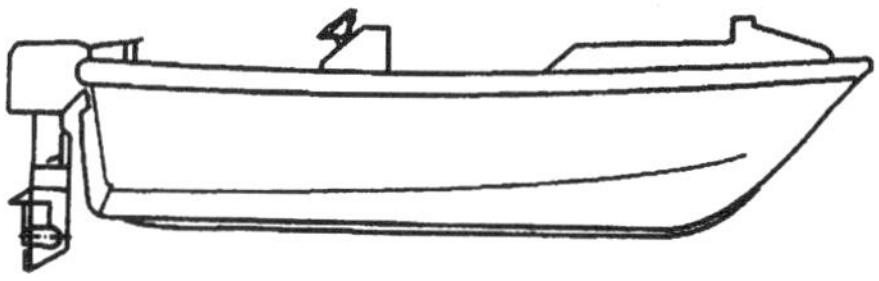

图 5－12　舷外挂机型救助艇

救助艇的长度在 3.8～8.5 m 之间，至少能承载 5 个坐下人员和 1 个躺下人员。救助艇具有足够的舷弧或者在艇首设有 15% 艇长的艇首盖。救助艇不配置淡水、口粮、水勺、量杯、开罐头刀、渔具及各种烟火信号，只配带钩艇篙 1 支、水桶 1 只、太平斧 1 把、艏缆 1 根，其他属具的配备与其他救生艇是一样的。充气救助艇的属具包括可浮安全刀 1 把、海绵 2 块、手动充气器或充气泵 1 套、修补破洞工具 1 套、安全艇篙 1 支。

三、救生筏

救生筏是指从弃船时起能维持遇险人员生命的筏。救生筏在遇难船舶救生方面起着重要作用，它的重要性仅次于救生艇。在某些突发情况下，如船舶突然沉没时救生筏能快速自动充气，自动浮起。此外它还具有质量轻、储存体积小、维修保养简便、经济性好等优点。

救生筏从制造材料来讲有气胀式救生筏和刚性救生筏之分；从投放方式来讲有抛投式和吊架降落式救生筏之分。气胀救生筏采用橡胶尼龙布制成，其浮力由浮力舱提供，使用无毒气体充气。并要求在 18～20 ℃之间，在 1 min 内能完全充足；在 －30 ℃时，在 3 min 内完全充足。平时筏体不充气，折叠存放在玻璃钢筒内，玻璃钢筒存放在甲板舷边筏架上，如图 5－13 所示。

使用时拉动启动绳子充气形成一个椭圆形的具有顶篷的浮体，如图 5－14 所示。其乘员定额确定方法与刚性救生筏相同,稳性及产缆等亦然。按降落方式气胀式救生筏又可分为可吊式和抛投式两类。

图 5 – 13　气胀救生筏的存放

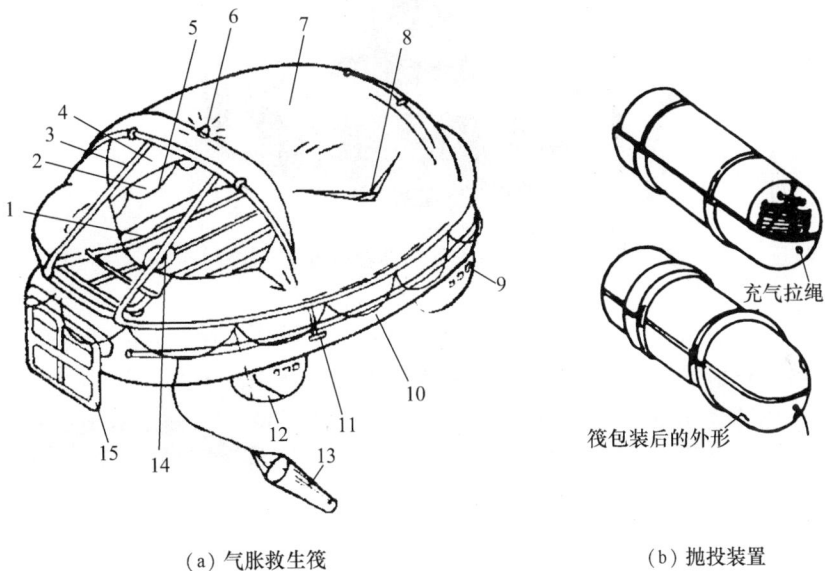

（a）气胀救生筏　　　　　　　　　（b）抛投装置

1—筏底;2—下浮胎;3—篷柱;4—上浮胎;5—内扶手索;6—示位灯;7—篷帐;8—雨水沟;
9—提拎带;10—外扶手索;11—海水电池袋;12—平衡袋;13—海锚;14—拯救环;15—软梯。

图 5 – 14　气胀救生筏结构及其抛投装置

抛投式气胀救生筏使用时只要拉动抛投开启装置,救生筏即利用重力自由降落下水。入水后利用充气绳开启筏体内的二氧化碳气瓶,在 1 min 内即可使筏自动充气膨胀成型。然后人员沿船舷边的登乘(软梯)或其他设施(如撤离滑梯)登入救生筏内。人员登筏后,应立即取出安全刀割断与即将沉没的船舶连接的绳索,取出划桨迅速划离遇难船舶,以免遇难船舶下沉时将筏拖入水中。万一船舶紧急沉没船员来不及抛投筏,则在船舶沉入水离水面不超过 4 m 时,救生筏架上的静水压力释放器可使筏自动脱离存放座架而浮出水面,在水面上自动充气膨胀成型。可吊式气胀救生筏配置专用的降落装置,并使用钢索将筏吊入水。使用时,先用设在船舷边的降落装置将筏转出舷外,再拉动筏的充气绳使其在舷边充气膨胀成型,由撤离人员从甲板边缘调至水面。如果一部降落装置需吊多只救生筏(客船上最多可吊 5 只筏),在吊放最后 1 只筏时,操作降落装置的船员也登入筏内,用遥控细钢索操作遥控放艇装置,使救生筏吊放至水面。可吊式气胀救生筏同时具备抛投式气胀救生筏的全部技术和使用性能。在应急情况下或降落装置失灵时,也可用抛投方式将筏抛入水面,或在船舶沉没时,利用静水压力释放器使筏自动脱离并自动充胀成型。由于可吊式气胀救生筏为成员"干脚登筏"(成员不接触海水),因此适用于客船。客船上的妇女、儿童、老人等旅客不适宜用软梯抛投式救生筏。

气胀救生筏在筏首尾处一般各有一个进出口,筏首处设有登筏软梯和拖曳设备,筏尾设有登筏平台(B 型无登筏平台,只设有软梯),登筏平台和软梯供落水者登筏用。筏体外围及内侧设有环状的扶手索,供落水人员攀附用,如图 5 - 15 所示。

图 5 - 15　气胀救生筏

救生筏配备有维持人员生命的各种属具与用品,如划桨、哨笛、火箭降落伞、火焰信号、雷达反射器或雷达应答器、食品、饮用水、保温用具等。

开敞式气胀救生筏采用尼龙胶布制成,正反(即上下)面均可登乘使用,如图 5 - 16 所示。平时折叠包装在存放筒内,并存在救生筏架上。使用方法与投抛式气胀救生筏相同,也可通过静水压力释放器自动释放。救生筏抛下水后,任何一面向上均可供应急救生登乘使用。此救生筏根据《国际高速船安全规则》(HSC 规则)的要求设计,适用于经主管单位认可的航行于国际间航线的高速船舶。

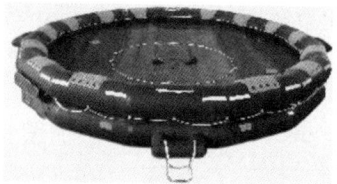

图 5 - 16　开敞式气胀救生筏

第三节　个人救生设备

个人救生设备是指救生圈、救生衣、救生浮、救生服、抗曝露服及保温用具等。

一、救生圈

救生圈是供落水人员暂时把附其上等待救援的环状浮体,如图 5 - 17 所示。它由泡沫塑料制成,涂上醒目的颜色,通常为圆形,外径不大于760 mm,内径不小于440 mm,质量不小于2.5 kg,它能于淡水中支持不小于 14.5 kg 的铁块达 24 h,救生圈周围绕有直径不小于10 mm,长度为救生圈外径 4 倍的把手索。

为了清楚地指示救生圈的位置,应按航区的使用规定配备自亮浮灯(图 5 - 18)和橙色烟雾信号(图5 - 19)。其中自亮浮灯可用于夜间指示位置,橙色烟雾信号可用于白天指示位置。国际航行的海船上不少于总数一半的救生圈应设有自亮灯(不应同时装有救生索)。这些有自亮灯的救生圈中至少两个有自发烟雾信号,并能自驾驶室迅速投放。设有自亮灯及自发烟雾信号的救生圈应等量分布在船舶两舷。

图 5 - 17 救生圈

图 5 - 18 自亮浮灯

图 5 - 19 橙色烟雾信号

救生圈的属具还有可浮救生索,在救生圈上设置可浮救生索是为了在该救生圈抛向落水者后,利用救生索把落水者拖近船边进行救助。救生索必须能漂浮于水面,其直径需要在 8 mm 以上,断裂强度在5 kN以上。船舶每舷至少有一个救生圈装有可浮救生索,其长度不少于其存放处在轻载航行水线以上高度的两倍或 30 m,取较大者,如图 5 - 20 所示。

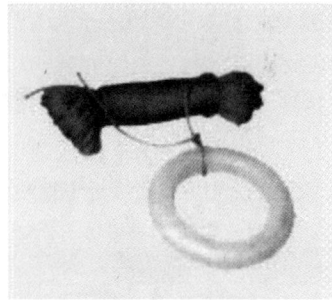

图 5 - 20 可浮救生索

二、救生衣

救生衣是船上最简便的救生工具,穿着方便。制作救生衣的材料有木棉、软木、塑料。图 5 - 21 所示为塑料救生衣,图 5 - 22 所示为充气救生衣。按式样救生衣可分为双浮袋式、四浮袋式、背心式等多种;按用途的不同可分为作业用、儿童用、成人用、成人儿童两用等多种,如图 5 - 23 所示。

救生衣应能将筋疲力尽或失去知觉的人员的嘴部托出水面,其高度不小于 120 mm,并使其身体向后倾斜,与垂向成不小于 20°但不大于 50°的角度。救生衣的浮力应保证在浸入淡水 24 h 后降低不得超过 5%。救生衣的结构应保证穿着者从 4.5 m 高处跳入水中不受伤,救生衣不移位、不损坏。

图 5 - 21　塑料救生衣

图 5 - 22　充气救生衣

（a）船用救生衣DF52564-1
（Marine Lifejacket）

（b）船用儿童救生衣(5564)
（Marine Chiled Lifejacket）

（c）小船工作救生衣（86-5）
（Marine Work Lifejacket）

（d）船用工作救生衣（86-3）
（Marine Work Lifejacket)

（e）钓鱼救生衣
(Angling Lifejacket)

（f）水上运动衣
（Water Sports Lifejacket）

图 5 - 23　各种救生衣

救生衣的属具包括救生衣灯及哨笛。每件救生衣应具备用细索系牢的哨笛。国际航行的海船,每件救生衣还应配备一盏救生衣灯。

救生衣通常存放在船员或乘客休息的处所,也可相对集中存放在容易到达的处所,值班人员使用的救生衣应存放在驾驶室、机舱、控制室及其他有人值班的处所,存放位置应有明显的标志。

三、救生浮

内河或沿海短程船舶上允许使用救生浮,救生浮一般由泡沫塑料制成,外形为矩形或椭圆形,内缘设置绳网,下挂格栅,外缘设连环状救生索,其弯垂数为核定乘员数,如图5－24所示。

救生浮的乘员定额取以下两种计算结果中较小者的整数值:救生浮在淡水中能支持的铁块质量除以14.5和救生浮外缘周长除以305,最后确定的乘员定额不得少于6人,也不得多于20人。救生浮的总质量不大于180 kg。救生浮的任何一面向上漂浮时都要有效和稳定。救生浮不配备粮食、淡水,也不设座位,遇险人员只能浸在水中紧握救生索或站立其中以待救援。

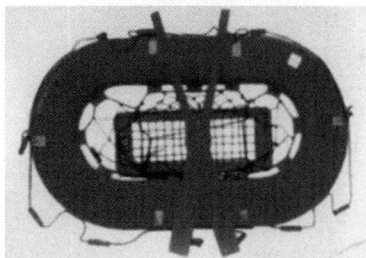

图5－24　救生浮

四、救生服、抗曝露服及保温用具

1. 救生服

保温救生服是具有保温性能,使穿着者在冷水中减少体温损失,延长生存时间的保护服,应以防水、具有浮力、保温的材料或其他等效材料制成,如图5－25所示。保温救生服应不受原油及制品的不利影响,在前述气温和海水温度环境下保持浮性和耐久性;保温救生服的浮力分布应使穿着者在5 s内从任何位置转动至面部朝上漂浮,嘴离水面至少120 mm;在淡水中浸泡24 h后其浮力不得降低5%;保温救生服结构应能覆盖除脸部以外的整个身躯和双手、腿部,并限制空气流动;保温救生服应使穿着者的横向视域至少为120°,阅读说明书后,无他人帮助下能在2 min内拆包并穿着完毕;穿着者能执行弃船时规定的职责,能爬上爬下至少为5 m的直梯,能游一段距离(25 m)并能登上救生艇、救生筏;从4.5 m高度处跳入水中,应不损坏、不位移,也不伤害穿着者,不影响保温救生服的性能;在0~2 ℃的平衡的循环水中6 h,穿着者的体温下降不超过2 ℃,在5 ℃水中浸泡1 h后能拿笔写字;保温救生服被火焰包围2 s后,离开火源不会持续燃烧。

2. 抗曝露服

抗曝露服是专供救助艇员和海上撤离系统人员使用的保护罩,其用途与救生服相似。其对于绝热性能的要求低于救生服。抗曝露服采用防水材料制成,具有一定的浮力和稳性,允许脸部和双手裸露,并配有救生衣灯和哨笛。抗曝露服若是采用非自然保温材料制成,穿着者在使用时,必须连同保暖衣服一起穿着。抗曝露服连同必须采用的保暖衣服穿好后,应在吊入水中且全部浸入水中后提供足够的热保护,保证在温度为5 ℃的平静流水中,穿着者的体温在第一个0.5 h之内降温率不大于1.5 ℃/h。

3. 保温袋

保温袋是指乘坐在救生艇、筏上的海难遇险者,为了防止人的体温不断下降而死亡的救生用具,如图5－26所示。它能遮盖穿着救生衣的人员除脸部外的整个躯体,从而减少被包裹者体温对流蒸发性的热损失,延长遇险者的生存时间,等待救援。我国生产的有

PH2702 型保温袋,性能符合 SOLAS 1983 年修正案要求,其基本参数见表 5 - 1。

图 5 - 25　救生服

图 5 - 26　保温袋

表 5 - 1　保温袋基本参数

材料导热率	张开尺寸	折叠尺寸	质量
< 0. 25 W/m · K	2 m × 1 m	135 mm × 55 mm × 25 mm	< 100 g

五、其他救生设备

1. 救生抛绳器

救生抛绳器是指手提式抛绳器或救生抛绳枪,应能在风速不大于 0. 4 m/s 时,将直径不小于 4 mm 的绳索抛射至不小于 230 m 远处,且横向偏离目标不大于射程的 10% 。手提式救生抛绳器包括抛射绳、推进火箭、击发引燃器、本体及发射导向管。救生抛绳枪包括击发枪 1 只、弹药 5 发、抛射绳及火箭 4 具。抛射绳应浮于水面且为黄色,其破断应力不小于 2 kN。火箭浸入 0. 1 m 水中,经 1 min 后应仍能正常使用。救生抛绳器在 - 30 ~ 65 ℃ 的气温环境存放可随时使用,有效期为 1 年。

2. 火箭降落伞火焰信号

火箭降落伞火焰信号是指向空中发射至一定高度后,能悬挂于降落伞下持续燃烧一定时间,并发出具有一定发光强度的红光,且以缓慢速度降落的求救信号。海上火箭降落伞火焰信号应装在防水外壳内,在外壳上应印有清楚阐明火箭降落伞火焰信号用法的简明须知或图解,同时具有整套点燃装置。

第四节　艇降落装置

艇降落装置是将救生艇或救助艇从存放位置安全地转移到水面上，并从水面回收到船上的设施。它主要由吊艇架和艇绞车两部分组成。

吊艇架根据驱动方式不同大致可分为重力式吊艇架、储存机械动力吊艇架和人力操纵吊艇架；根据操作方式不同分为转出式吊艇架、摇出式吊艇架和重力式吊艇架。

转出式吊艇架是一种依靠可转动的吊杆把艇移至舷外的吊艇架。这种吊艇架占用甲板面积小，构造简单，操作可靠，但操作烦琐，费时费力，舷外跨距较小，起吊量不大，一般适用于质量小于 1 400 kg 的小艇。

摇出式吊艇架有倒杆型、弧齿型之分。放艇时，大多数靠人力摆动手柄，使伸缩机构伸长，从而顶推吊艇杆，使之绕下座架的水平轴旋转而倒出舷外。其舷外跨距可以很方便地调节。一般适用于吊放质量小于 2 300 kg 的艇，多在中型船舶上使用。

重力式吊艇架是一种依靠艇所受的重力作用将艇吊出舷外的吊艇架。这种吊艇架占地小，放艇过程安全迅速，不需人力或机器的动力，被广泛应用于各类船舶上。1983 年《钢质海船入级与建造规范》中规定，吊艇架一般应采用重力式。内河船常用的两种类型的吊艇架如图 5-27 和图 5-28 所示。

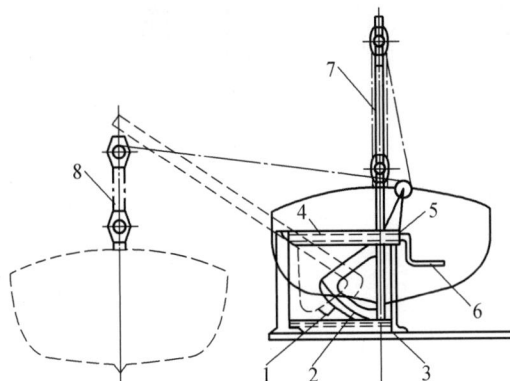

1—齿扇；2—齿条；3—座架；4—螺杆；
5—螺母；6—摇把 7—吊艇柱；8—绞辘。

图 5-27　弧齿传动式吊艇架

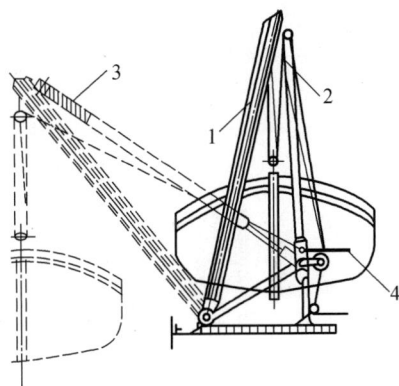

1—吊艇柱；2—螺纹导筒；3—螺杆；4—摇把。

图 5-28　螺杆推动式吊艇架

一、重力倒臂式吊艇架

重力倒臂式吊艇架是一种转动型吊艇架，如图 5-29 所示。放艇时，吊艇臂绕着艇架下端销轴转动，使吊艇臂向外倾倒，将艇吊出舷外，因此又称单支点吊艇架。这种吊艇架在吊艇臂倒出舷外过程中，支点受力简单，无外移运动。当船舶处于内横倾 20° 及纵倾 10° 的恶劣工况时，吊艇臂也不会造成卡轧现象。由于一副艇架只有两个支点支撑，即在船舶受损、甲板变形的情况下，吊艇臂仍能容易转出舷外，不易造成卡轧现象，且放艇速度也较快，为放艇安全性提供了可靠的保证。

重力倒臂式吊艇架结构简单,制造方便,操作简便,工作可靠,因而得到广泛应用,但吊艇臂的高度和艇的高度均较高。

使用这类吊艇架时,首先解开所有的系固装置,然后将救生艇绞车的刹车重锤抬起(直接或间接利用舷边艇内遥控放艇装置)使刹车送闸,此时依靠艇所受的重力拖带艇绞车卷筒反转放索,吊艇臂即连动救生艇缓缓转出船舶舷外,直至吊艇臂放倒。然后吊艇链浮出滑车顶部的T形钩从吊艇臂头部自动脱出,救生艇继续下降直至水面。回收艇时需启动艇绞车电机,使船上升,当浮动滑车T形钩进入吊艇臂头部顶推挡板时,开始推动吊艇臂向内转动,直到回到原存放位置。此时吊艇臂已推动限制开关,将绞车电源切断,以保护吊艇架座不受到冲击。

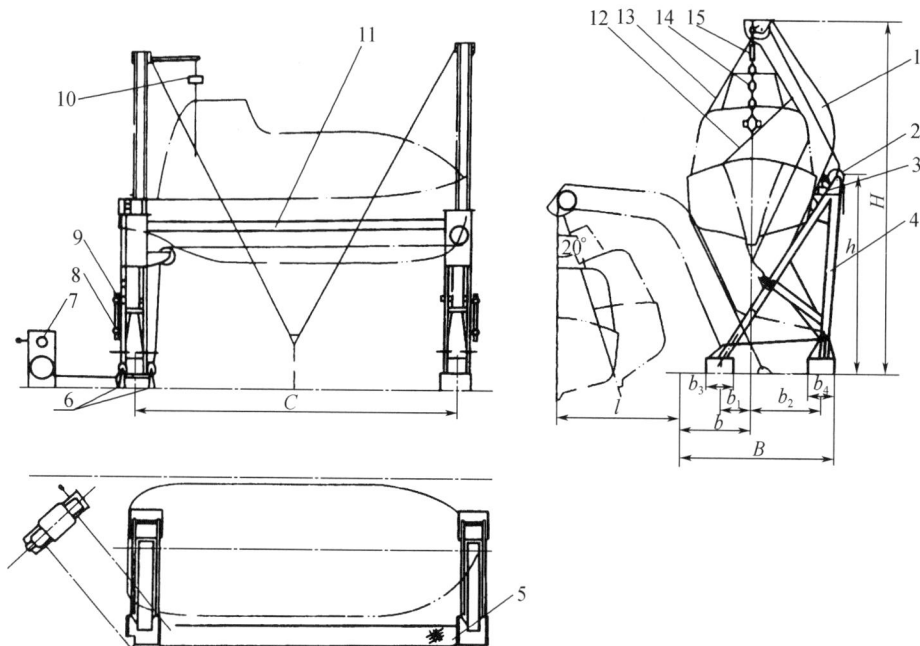

1—吊艇臂;2—转向滑轮;3—限位开关装置;4—吊艇架座;5—登艇露台;6—甲板垂直转向滑轮;7—转动轴装置;
9—制动装置;10—艇内遥控放艇装置;11—支撑横杆;12—系艇装置;13—固艇装置;14—吊艇链装置;15—浮动滑车。

图 5-29　重力倒臂式吊艇架

二、重力滑轨式吊艇架

重力滑轨式吊艇架是一种滚动型吊艇架,由底座和吊艇滑架组成,底座固定在船体甲板上,有一个滑道作为滑架滑行降落的轨道。救生艇平时旋转在滑架底部墩木座上,滑架下有两对滚轮镶嵌于滑轨滑槽内。放艇时只需解去保险绳、制动销。抬起吊艇机的制动手柄,滑架即连同救生艇下滑至舷端,使艇吊于舷外。继续松制动器则艇继续下降至水面,如图 5-30 所示。

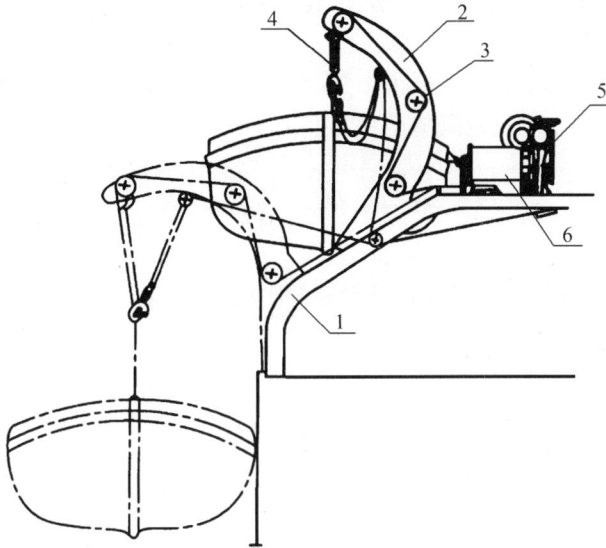

1—底座架;2—滑架;3—导向滑轮;4—吊艇绞辘;5—吊艇机;6—卷筒

图5-30 重力滑轨式吊艇架

三、自由降落式吊艇架

自由降落式救生艇装置是一种无拘束的重力式降落装置,通常用于尾机型货船,在客船上不允许使用。这种降落装置除了以重力自由降落为主要方式放艇外,还应提供次要方式,即用吊艇索落艇。且当船舶沉没时,艇能自由漂浮下水,回收艇则需使用绞车。

尾抛式自由降落装置设在船舶尾部,救生艇存放在降落装置的滑道上,如图5-31所示。滑道一般向船尾倾斜30°~35°,救生艇首部朝向船尾,艇内人员座位全部面向艇尾方向(即船首方向),以使艇内人员能承受自由降落入水时加速度的冲击。救生艇被释放后,即依靠重力沿着滑道自由滑行,脱离轨道后按抛物线轨迹在空中滑行,然后以50°~60°的入水角进入水中,在水下滑行一段距离后即漂浮到水面上。

图5-31 自由降落式吊艇架

这种降落装置使得船舶在 5 kn 航速放艇时不存在一般吊艇架前后两根吊艇索必须在风浪中同步脱钩的困难。

自由降落式救生艇降落装置在船上布置时,应使安装在其上的救生艇最低点至最轻载航行水面距离不超过救生艇自由降落的核准高度。

第五节　内河船舶救生设备配置

本节仅针对《内河高速船入级与建造规范》中对 20 m 以上船舶的救生设备的配置加以介绍。

一、救生衣、个人救生浮具的配备

1. 客船

(1)游览船和旅游船至少应按船上乘客人数 100% 配备乘客用的救生衣。其他客船至少应按表 5－2 配备乘客用的救生衣、个人救生浮具。

(2)每艘客船还应配备至少为船上乘客人数 10% 的适合儿童穿着的救生衣。其中,游览船应根据营运可能载运儿童的人数,为每个儿童配备(或调配)1 件救生衣。

(3)船长大于等于 60 m 的客船,还应配备不少于船上乘客人数 5% 的救生衣。其中,航行于 A 级航区和 J1 级航段的第 1 类客船,应配备不少于船上乘客人数 10% 的救生衣。

(4)每个船员应配备 1 件救生衣,并增配船员人数 20% 的供船员值班或工作时使用的救生衣。

(5)航行于 A 级航区、J1 级航段和 J2 级航段的第 1 类客船在按(1)配备救生衣时,应至少在 20% 救生衣上配备救生衣灯。

表 5－2　个人救生设备配置

航区／航段	占乘客人数的百分比/%							
	第1类客船	第2类客船	第3类客船		第4类客船		第5类客船	
	救生衣	救生衣	救生衣	个人救生浮具	救生衣	个人救生浮具	救生衣	个人救生浮具
A、J1	100	100	70	30	60	40	0	70
B、J2	100	100	70	30	60	40		
C	100	100	60	40	50	50		

注:① 航行于三峡库区的客船乘客用的救生衣、个人救生浮具按 A 级航区的要求配备;

② 餐饮趸船救生衣、个人救生浮具按第 5 类客船的要求减半配备;

③ 经船舶检验机构同意,可以救生衣代替个人救生浮具或个人救生浮具代替救生衣。

2. 货船

(1) 每个船员应配备 1 件救生衣。

(2) 自航货船应按船员人数 20% 增配供船员值班或工作时使用的救生衣,工程船可根据需要选配适量气胀式救生衣。

（3）非自航货船应按船员人数10%增配供船员工作时使用的救生衣。

二、救生圈、气胀式救生环的配备

1. 客船

客船救生圈、气胀式救生环应按表5-3配备。

表5-3　救生圈和气胀式救生环配置

航区／航段	船长 L/m	救生圈＋气胀式救生环/只			
		每层甲板①			
		总数	其中带救生浮索的救生圈	其中带自亮灯的救生圈③	其中气胀式救生环数不超过④
A、B、J1、J2	20≤L<30	2	1	1	1
	30≤L<60	4	2	2	2
	L≥60	6②	2	2	4
C	20≤L<30	2	1	1	1
	L≥30	4	2	2	2

注:① 顶篷甲板若不作为乘客观光用时,可不必配备救生圈;

② 对于长度小于船长40%的短上层建筑(或甲板室)甲板,可在每层甲板配备4个救生圈(其中2个是带救生浮索的救生圈);

② 非夜航船的救生圈可不带自亮灯;

④ 其中气胀式救生环可由救生圈代替。

2. 货船

（1）自航货船应按表5-3的规定配备救生圈和气胀式救生环。

（2）非自航货船救生圈、气胀式救生环应按表5-4配备。

表5-4　非自航货船救生圈、气胀式救生环配备

船长 L/m	应配救生圈＋气胀式救生环/个	其中带救生浮索的救生圈/个
L<30	2	1
30≤L<60	2	2
L≥60	4	2

注:其中气胀式救生环可由救生圈代替。

三、集体救生设备的配备

1. 客船

（1）船长60 m及以上的第1类客船(不包括餐饮趸船)应按乘客总人数的60%配备集体救生设备,其中应至少有1艘机动救生艇和2只开敞式两面可用气胀式救生筏(尽可能

沿船长左右舷均匀分布)。

(2)除(1)的要求外,船长 60 m 及以上的其他各类客船应按乘客总人数的 30% 配备集体救生设备。

(3)船长 60 m 及以上的车客渡船,应按乘客总人数的 20% 配备集体救生设备。

(4)航行于三峡库区且船长 60 m 及以上的客船,应按(1)的要求配备集体救生设备。

2. 货船

(1)船长 60 m 及以上的运载闪点不超过 60 ℃(闭杯试验)货物的自航油船(不包括港口供应油船)、化学品液货船和液化气体运输船,应按船上总人数的 100% 配备阻燃或不燃材料制成的救生艇,其中至少应有 1 艘机动救生艇。装载闪点不超过 60 ℃(闭杯试验)货物的非自航油船应配备 1 艘非机动救生舢板。

(2)船长 60 m 及以上的运输散发有毒蒸气或毒气货物的化学品液货船和液化气体运输船,应按(1)的规定配备救生艇,另外按船上总人数的 100% 配备防毒面具。

(3)上述(1)(2)中的船舶,当船长小于 60 m 时,应按船上总人数的 100% 配备开敞式两面可用气胀式救生筏或多人用救生浮具。

(4)推(拖)载运闪点不超过 60 ℃(闭杯试验)货物的非自航油船且主机额定总功率为 735 kW 及以上的推(拖)船,应配置 1 艘机动救生舢板。

四、实例

某化学危险品船航区为内河 A 级航区,船舶要素如下:

总　　长　90.5 m

垂线间长　87.0 m

水　线　长　88.5 m

型　　宽　16.3 m

型　　深　5.6 m

吃　　水　4.2 m

按照《内河高速船入级与建造规范》该船舶选用救生设备见表 5 - 5。

表 5 - 5　化学危险品船救生设备配置

序号	名称	型号	数量
1	救生圈	A 型(其中 8 个带救生浮索)	16 个
2	船用工作救生衣	YB 型	20 件
4	防毒面具和眼保护设备		20 套
5	机动救生艇(核载 14 人)	JB - 5.5 型(阻燃型玻璃钢敞开式机动救生艇,动力配置为 ZX2105C - 1,开式冷却)	1 艘

该船舶救生设备布置情况如图 5 - 32 所示。

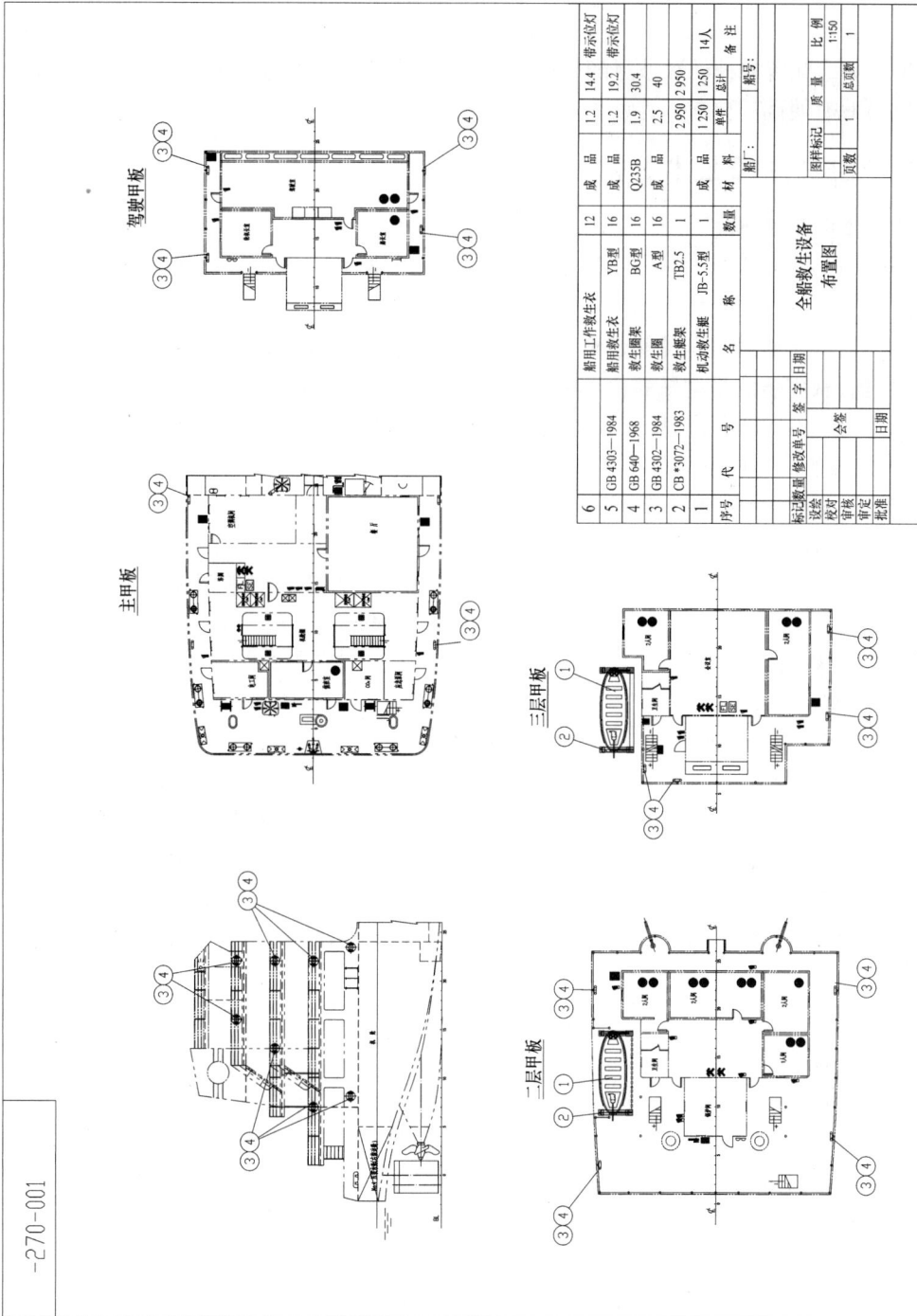

图5-32　救生设备布置图

6		船用工作救生衣		12	成　品	1.2	14.4	带示位灯
5	GB 4303—1984	船用救生衣	YB型	16	成　品	1.2	19.2	带示位灯
4	GB 640—1968	救生圈架	BG型	16	Q235B	1.9	30.4	
3	GB 4302—1984	救生圈	A型	16	成　品	2.5	40	
2	CB*3072—1983	救生艇架	TB2.5	1		2 950	2 950	
1		机动救生艇	JB-5.5型	1	成　品	1 250	1 250	14人
序号	代　号	名　称		数量	材　料	单件	总计	备　注

标记	数量	修改单号	签　字	日期	全船救生设备布置图		图样标记	质　量	比　例
设计									1:150
校对					会签		页　数	1	1
审核									
审定			日期		船号：				
批准									

驾驶甲板

主甲板

三层甲板

二层甲板

-270-001

第六节 救生设备要求

救生设备应配备的种类和数量随船舶的大小、种类和航行区域而异。国际海事组织在SOLAS中对此有明确的要求。

一、救生艇的主要技术要求

1. 救生艇尺度和吨位

(1)艇长：一般救生艇的长度不得小于7.5 m，若由船舶尺度或其他原因所限，救生艇的长度不得小于5.0 m。

(2)干舷：救生艇载足全部额定乘员及属具时，其干舷不小于型深的44%。

(3)舷弧：救生艇的平均舷弧值不小于艇长的4%，形状近似抛物线。

(4)方形系数：除木制艇外，一般救生艇的方形系数应不小于0.64；满载时，若干舷和初稳性高足够，该艇的方向系数可小于0.64。

(5)吨位：载足全部额定乘员及属具后，总质量不超过20 t。

2. 救生艇的稳性

(1)救生艇载足额定乘员及属具时，初稳性高应不小于按下式计算所得的值

$$GM = 0.05(B2 - B + 4)$$

式中　GM——初稳性高，m；

　　　B——艇宽，m。

(2)全封闭式救生艇翻转180°后，应能自行扶正。

SOLAS对救生艇干舷和稳性要求为当50%定额的乘员以正常姿势坐在艇中心线一侧时，艇的干舷至少为艇长的1.5%或100 mm（取大者）。干舷是从水线至救生艇可能变成浸水状态的最低开口处的距离。

3. 机动救生艇的快速性

客船、油船配备的机动救生艇，在静水中航速应不小于6 kn。当拖带一载足全部乘员和属具的25人救生筏时，在静水中航速应不小于2 kn，艇上应配备足够供满载艇以6 kn航速航行不少于25 h的燃料。

4. 救生艇的浮性

救生艇应具有自然浮力，或应设有不受海水、原油或石油产品等不利因素影响的自然浮力材料，当艇内浸水和破漏通海时，仍足以将载满所有属具的救生艇浮起。每个救生艇额定乘员应配备相当于280 N浮力的附加自然浮力材料。该浮力材料应设在艇体内。

5. 救生艇的强度

救生艇的强度应满足以下要求：

(1)载足全部乘员及属具后能安全降落水中；

(2)当大船在静水中以5 kn航速前进时，能降落水中并被拖带；

(3)当金属艇体的救生艇经受载足全部乘员及属具后的总质量1.25倍的负荷，其他救生艇经受载足全部乘员及属具后的总质量2倍的负荷时，在卸去负荷后无剩余变形；

(4)在载足全部乘员及属具时，能经受碰撞速度至少为3.5 m/s的船舷水平撞击力，并能经受从至少3 m高度处投落水中。

二、救助艇的基本要求

(1)救助艇的长度为 3.8 ~ 8.5 m,至少能承载 5 个坐下的人员和 1 个躺下的人员。

(2)救助艇具有足够舷弧或在艇首设有 15% 艇长的艇首盖。

(3)救助艇上有永久性的拖带装置,既储存有细小属具,也有万一倾覆时可供人员攀扶的装置。

此外,救助艇应符合救生艇的一般要求。

三、气胀救生筏的基本要求

(1)气胀救生筏从 18 m 高处投落下水后,筏及属具均能符合使用要求。

(2)应能经受在一切海况下曝露漂浮达 30 d。

(3)漂浮的救生筏应能经受从筏底以上至少 4.5 m 的高度反复多次的登跳。

(4)在载足全部乘员及属具后,在平静水中至少能承受 3 kn 的拖航速度。

(5)筏及其属具的总质量不得超过 180 kg 。

(6)应用无毒气体(一般用二氧化碳与氮气的混合气体)充气。环境温度为 18 ~ 20 ℃时,应在 1 min 内完全充足;环境温度为 – 30 ℃时,应在 3 min 内完全充足。充气后载足全部乘员及属具应保持形状不变。

(7)每个气室应能经受至少等于 3 倍工作压力的超压,安全阀能防止各气室压力超过 2 倍工作压力。

(8)筏在充气胀满并且篷柱撑到最高位置而漂浮时,在风浪中应当稳定。当筏处于倾覆位置时,不论在风浪中还是平静水中,均能由一个人扶正。

(9)筏配有一根破断负荷不小于 10 kN 的艏缆(乘员定额小于 9 人的筏为 7.5 kN),缆绳与筏之间设有破断强度为(2.2 ± 0.4) kN 的易断绳,使筏在脱开时不至于被下沉中的船舶拖沉。

(10)应设有不少于一个进口,进口处应设置踏板或登筏梯。

(11)筏顶部设一盏人工控制灯,在晴朗天气的黑夜,照距至少为 2 n mile,使用时间不少于 12 h,可以用闪光灯,其要求与救生艇相同。

(12)筏内应设一盏照明灯,由人工控制,连续使用时间应不超过 12 h。此灯在救生筏充气时可自动发光,并有足够光强,以供阅读救生筏和属具用法须知。

(13)按规定计算可载乘员不得少于 6 人。气胀式救生筏按该计算可载乘员的最多人数应由主管机关审定,但无论如何不得多于 25 人。

(14)救生筏应能在 – 30 ~ 65 ℃的温度范围内使用。

(15)救生筏的存放应在紧急时能即刻取用,存放的方式应使其在船舶万一下沉时,能从其存放处自由浮起、充气,并能无障碍地脱离船舶。

(16)如用绳索绑扎,则应在绑绳上装有经主管机关认可的静水压力或同等性质的自动脱开装置。

四、救生设备配置

根据 SOLAS 1983 年修正案,对从事非短程国际航行的客船、鱼类加工船等应配备:在每舷的总容量应为不少于船上人员总数的 50% 的救生艇,主管机关可准许以相等总容量的救生筏来代替救生艇,但每舷应配备足够容纳不少于船上人员总数 37.5% 的救生艇;500 总吨及以上的客船应在每舷至少配备 1 艘救助艇。

对货船除以上要求外,每船应至少配备 1 艘救助艇。若救生艇符合救助艇要求,允许将此艇作为救助艇。对长度 85 m 以下的货船,每舷配备的救生筏总容量为船上人员总数相等。如果这类救生筏不能迅速地转移到任何一舷降落下水,则应配备附加救生筏,使每舷可用的总容量能容纳船上人员总数的 150%。

船上人员每人配备 1 件救生衣,驾驶室和机舱各值班人员每人增设 1 件。客船上还应附加配备船上总人数 5% 的救生衣。按船舶种类及船体长度配置救生圈(不能按船舶结构配备)。

主要在 I 类航区航行的客船上配置救生浮具,并按船员和旅客总数的 3% 配置。根据 SOLAS 1983 年修正案的规定,在远洋船舶所配备的救生筏(即甲型筏)中,其红降落伞火箭应增加为 4 支,并另增配橙黄烟雾 2 支。

所有海船均应备有供救生艇、筏用的手提无线电台,平时保存于驾驶室或电台内,在弃船救生时,按部署表规定由专人携带进艇、筏内。国际航行的客船,如船上总人数超过 199 人但不足 1 500 人,至少要有一艘机动救生艇设置无线电台,该电台装于艇内的专门舱室内,备有专用电池电源,而且艇的发动机应有供电池再充电的发电机。救生艇手提电台是一种手摇供电的小型无线电台,装于玻璃纤维制的容器内,外壳涂以橙黄色,能自 15 m 高处投入水中不致损坏且能浮于水面,总质量不超过 23 kg。每船应配备抛射火箭及抛射药筒各 4 支。

练 习 题

一、填空题

1._____设备是指在船舶遇险时,使船上人员安全迅速撤离船舶并在水上维持生命的专用设备的总称。包括救生设备,_____,存放、登乘、降落与回收设备,抛绳设备,无线电救生设备及通用应急报警系统与有线广播系统。

2.救生载具指_____、救生筏、_____及救生浮具等。

3.SOLAS 对新造船舶已不提非机动救生艇,即全部救生艇均要求为_____。由此,目前非机动救生艇只能用于_____和内河船舶。

4._____救生艇结构简单,登乘方便,使用历史悠久,但低温保护性能差,在 SOLAS 中已经不提,在我国的规范中还允许国内航行船上使用。

5._____用于运载散发有毒蒸气或毒气的货物的化学品液货船和气体运输船。_____救生艇主要用于油船、化学品液货船、气体运输船和石油钻井平台。_____救生艇具有降艇迅速的优点,不足之处是艇存放高度较高,占用过大的艉部空间,不能兼作救助艇,制造费用昂贵等。

6._____用于救助遇险人员及集结救生艇筏,通常为开敞式方尾机动艇,设有拖带装置以及桨等必要的属具。

7._____救助艇(简称救助艇)按 SOLAS 规定航速应不小于 6 kn。_____救助艇满载航速要求不小于 8 kn。客滚船上必须配置_____救助艇。

8.全封闭救生艇价格较贵,因此客船一般选用_____救生艇,但客船不允许选用

_____救生艇。

9. 救助艇应存放在适宜降落并回收的位置,并处于_____ min 内降落下水的备用状态。

10. 在某些突发情况下,船舶突然沉没时,_____能快速自动充气,自动浮起。

11. _____式气胀救生筏为成员"干脚登筏"(成员不接触海水),因此可用于客船。高速船舶要求配置_____气胀救生筏。

12. 个人救生设备是指_____、救生衣、救生服、抗曝露服及保温用具等。

二、判断题

1. 船舶设置 2 艘全封闭救生艇时,通常将左舷的 1 艘救生艇兼作救助艇,这样可省去 1 艘救助艇的设备。 ( )

2. 在登乘位置上的救生艇筏,当满载船舶在纵倾 10°和向任何一舷横倾 20°至横倾到船舶露天甲板的边缘浸入水中的角度(以两者之间的最小角度为准)时,应离水线不小于 2 m。 ( )

3. 气胀救生筏由橡胶尼龙布制成。平时筏体不充气,折叠后存放在玻璃钢筒内,玻璃钢筒存放在甲板舷边筏架上。 ( )

4. 救生圈的配件有救生浮索和橙色烟雾信号、自亮浮灯,后两者均为示位信号,夜间使用烟雾信号,白天使用自亮浮灯。 ( )

5. 国际航行的海船上不少于总数一半的救生圈应设有自亮灯(不应同时装有救生索)。船舶每舷至少有 1 个救生圈应装有可浮救生索。 ( )

6. 救生衣的属具包括救生衣灯及哨笛。每件救生衣应具备用细索系牢的哨笛。国际航行的海船,每件救生衣还应配备 3 盏救生衣灯。 ( )

7. 抗曝露服是专供救助艇员和海上撤离系统人员使用的保护罩,其用途与救生服相似,对于绝热性能的要求则高于救生服。 ( )

8. 保温用具系采用低导热率的防水材料制成的袋子或衣服,可使穿着者保持体温,延长生存时间,以增加获救机会。保温用具对雷达波具有较好的反射能力,便于在海上搜救。 ( )

三、请写出下图吊艇架类型。

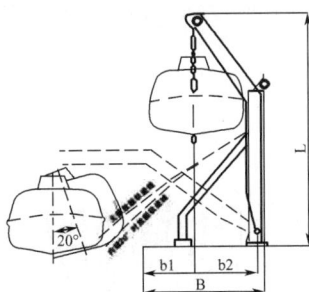

( ) ( )

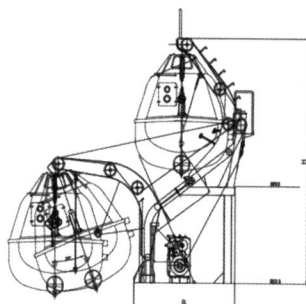

（　　　　　）

四、艇降落装置的作用是什么？

五、重力倒臂式吊艇架的特点有哪些？

六、请写出下列救生设备的名称。

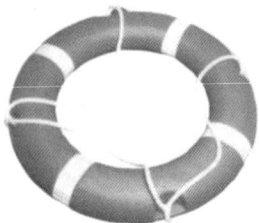　　　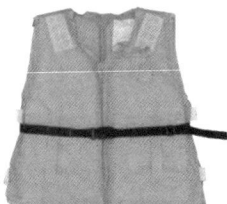　　　

（　　　）　　　　　（　　　）　　　　　　（　　　）

（　　　）　　　　　（　　　）　　　　　　（　　　）

救生设备

第六章　起货设备认识与选用

船用装卸设备是指船舶进行装卸货物时所用装置和机械的总称。船用装卸设备包括起重机、吊杆以及其他专用装卸设备。

船舶使用时间由航行时间和停泊时间两个部分组成。航行时间取决于船舶的航程与航速,停泊时间取决于货物装卸效率。因此,提高货物的装卸效率,加快货物装卸速度,缩短船舶港口停泊时间显得非常重要。

货物装卸效率取决于多方面因素,其中货物装卸方式在很大程度上决定了船舶的装卸效率。货物运载种类的不同,其装卸方式也各异。货物主要种类包括:液体货——石油、淡水、氨水等;粉状或颗粒货——煤、盐、糖等;干杂货——棉花、卷烟、日用百货、五金等;大件货——机车、车辆、坦克、成套机械装置等。液体货利用船上和岸上的输送泵和管路来装卸。粉状或颗粒货用链斗式等运动机构以连续的方式进行装卸,称为传送装卸。近年又出现了管道装卸。干杂货采用传统的吊装装卸方式。较重的大件货物整件进行吊装,施行货舱口吊进吊出式装卸,也称为垂向装卸。大件货采用滚上滚下型装卸。

本章主要介绍吊装装卸。吊装装卸方式的效率与吊杆装置、甲板起重机本身的形式和舱内理货的机械化程度等因素有关。

第一节　吊杆起重设备的形式

吊杆装置根据其质量不同分为轻型和重型两种。轻型吊杆的安全工作负荷小于 98 kN (10 t);重型吊杆的安全工作负荷大于或等于 98 kN (10 t)。其中,安全工作负荷是指吊货钩所能承受的最大许用负荷,包括货物、吊货工具和索具所受到的重力。通常吊货时都采用一定的吊货工具,所以安全负荷等于 98 kN 的吊杆的许用起重最大货物所受重力往往小于这个数值。

一、轻型吊杆装置

轻型吊杆装置由起重柱、吊杆、千斤索索具、牵索索具、吊货索索具、绞车组成,如图 6-1 所示。

起重柱——是用来固定吊杆、系挂吊货索和千斤索滑车的强力构件,通常为钢板焊制的空心圆柱体。

吊杆——通常是钢制的,只有当安全工作负荷小于 30 kN 以下,长度不超过 10 m 时才考虑采用木质。吊杆的结构尺寸可按照其所承受的轴向压力和长度从有关标准中选取。吊杆头的端部设有吊杆箍或焊接有眼板,用以连接千斤索、吊货索及牵

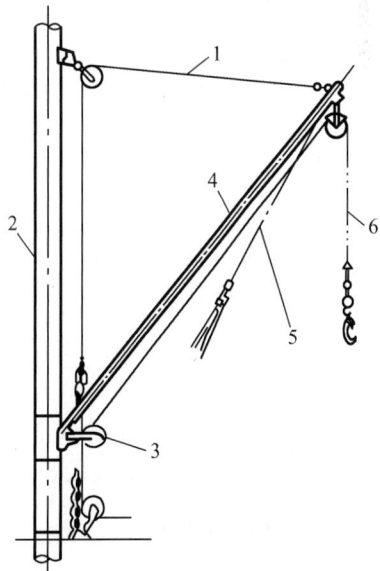

1—千斤索;2—起重柱;3—导向滑车;
4—吊杆;5—吊货牵索;6—吊货索。

图 6-1　轻型吊杆装置

索。吊杆根部以插头状眼板与固定在起重柱上的吊杆承座连接。

千斤索索具——千斤索的主要功用是调节吊杆仰角。吊杆吊货时,千斤索将吊杆固定在某一仰角上,并承受张力。千斤索一端与吊杆头部相固结,另一端穿过千斤索滑车后与船体连接。

牵索索具——主要用来牵拉吊杆,以调节吊杆偏角(吊杆在水平投影与船体纵中剖面之夹角)。牵索又称摆动稳索,通常左右成对布置在吊杆的两侧,左右牵索一收一放即可使吊杆回转。

吊索索具——主要用于吊放货物,在吊索的一端装有吊钩装置,另一端经吊杆头部向滑车引至起货绞车。

吊钩装置——设有平衡装置,空钩时吊钩易于下降,且不致使吊货索互相缠绕。通常加一个吊货索压重。

二、轻型吊杆装置的操作方式

1. 单杆操作

单杆操作是用一根吊杆来进行货物的装卸,是轻型吊杆装置的最基本的操作方式。卸货时,当吊杆从货舱中吊起货物并上升到舱口上空后,人力或绞车牵拉一舷牵索,同时放松另一舷的牵索,随吊杆一起摆至舷外,然后放下货物,收上空钩,再将吊杆摆回舱口上空,准备再次起吊。装货程序与此相反。

2. 定位双杆操作

定位双杆操作是用一对吊杆联合装卸货物的方法。两根吊杆一根在舱口上空,一根伸出舷外。两根吊杆的吊货索连在同一吊钩上。双杆操作,在装卸货物时不需要摆动吊杆,钩吊周期短,解决了单杆操作时吊杆和稳索受力大的问题,工作负荷仅为单杆操作时的40% ~60%。

3. 摆动双杆操作

摆动双杆操作又称并联双杆操作,两根杆的两只吊钩同时勾住货物或吊梁,两根吊货索同时吊起货物,用两组牵索使得两根吊杆回转,带动货物摆动。这种操作方式适用于起重超过单杆的安全工作负荷的情况。

4. 随回单杆操作

随回单杆操作实际上是一种联合的操作方式。一根吊杆固定于舱口上空不动,另一根吊杆可回转于舱口与舷外之间,两吊杆间吊索通过舱口吊杆端部后在下端系结坠锤。卸货时,舱口吊杆吊索提升货物,然后由另一台绞车收紧牵索,货物随舷外吊杆一起转至舷外,此时坠锤上升;吊钩卸去货物后,由于坠锤的自重,吊杆间牵索将舷外吊杆拉回舷内。与定位双杆操作相比,随回单杆操作的吊杆周期较长,但安全工作负荷较大。

三、重型吊杆装置

重型吊杆装置和轻型吊杆装置的吊杆头部、根部和吊货索三个方面有区别。头部:重型吊杆头部不用吊杆箍,如图6-2所示。根部:在大多数情况下,吊杆座直接布置

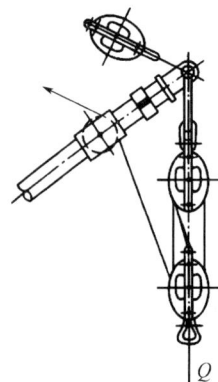

图6-2 重型吊杆装置头部

在甲板或平台上。吊货索:不与吊杆平行,而是通过吊杆头部嵌入滑轮和起重柱上方的导向滑车后,再转引至起货绞车,这样减少了吊杆的轴向压力,如图6－3所示。这种重型吊杆装置主要用于中小型船舶。

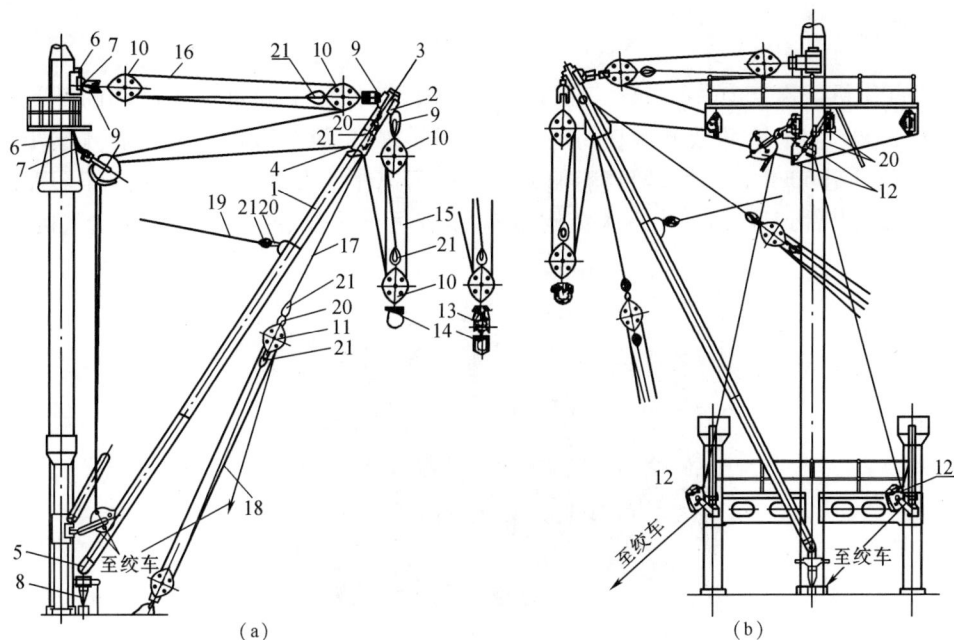

1—重型吊杆;2—吊货眼板;3—牵索眼板;4—吊杆嵌入滑轮;5—吊杆叉头;6—千金索吊环座;
7—千斤索吊环;8—吊杆座;9—滑车叉头;10—无转环的复式滑车;11—带转环的复式滑车;12—导向滑车;
13—转环吊架;14—圆形卸扣;15—起货索;17,18—吊杆牵索钢索;19—调整钢索;20—索具卸扣;21—索具套环。

图6－3　重型吊杆装置

四、双千斤索单吊杆的操作

双千斤索单吊杆装置能在带载情况下由一人进行回转和变幅操作,故又称吊杆式起重机。吊杆由左右分开的两套千斤索具来操纵吊杆,无其他牵索工具,如图6－4所示。双千斤索单吊杆的两台千斤索绞车能控制吊杆的俯仰和回转。当两千斤索绞车以相同的转速同步绞进千斤索时,吊杆仰角增大;若以相同的转速同步松出千斤索时,吊杆仰角减小;当操纵一台起货机绞收一侧的千斤索,而另一台起货机以相同速度松出另一侧的千斤索时,则可控制吊杆向绞收一侧转出。

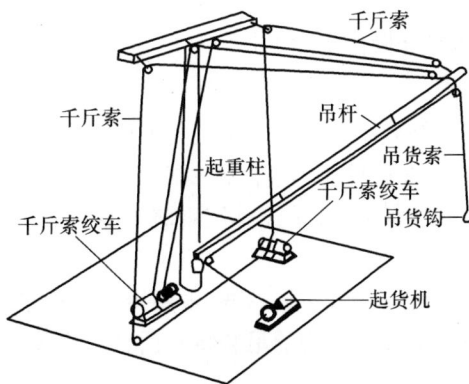

图6－4　双千斤索单吊杆操作

第二节　船用起重机

一、概述

船用起重机俗称克令吊(crane),在过去很长一段时期船上起重设备使用的都是吊杆装置。直到 20 世纪 40 年代开始在一些船上采用起重机,第二次世界大战后才逐步推广使用,到 20 世纪 60 年代初期,随着船舶大型化和高速化的发展,更迫切希望缩短船舶停港时间和加快装卸速度,从而出现了结构紧凑、操作简便可靠、起重能力大的起重机,如图 6 – 5 所示。

图 6 – 5　船用起重机

在我国各大航运企业船舶上使用的各种型号液压克令吊超过千台,中远(集团)总公司所属船舶上各种型号的液压克令吊超过 500 台。液压克令吊是一种技术含量很高的电、液、机一体化的船舶起货设备,在使用过程中,需要具有一定专业知识的技术管理人员,按要求对其进行日常维护。在实际工作中液压克令吊常因缺少应有的维护保养、操作使用不当、工作环境差与年久失修等原因而故障率高。据某航运公司对其所属的 5 艘船舶上所使用的 25 台液压克令吊的维修费用所做的 5 年统计,年均每条船液压克令吊的维修费用均超过 200 万元人民币。

二、船用起重机优缺点

1. 优点

(1)装卸效率高。由于定位能力好,减少货物在货舱内的搬运,也不必像吊杆装置那样时常调整吊杆位置而中途停顿装卸作业。同时起重机可兼顾前后两舱的工作。

(2)操作简便,几乎没有使用前的准备工作。操作人在位置较高的驾驶室内操作,视野开阔,有利于操作。

(3)甲板上布置比较简洁,占用甲板面积小。

(4)对重大件货物的吊装特别适合。集装箱船只要有起重设备必定使用起重机。

2. 缺点

(1)自重大、重心高、体积大,对船舶的稳性和船舶驾驶视线有一定影响。

(2)价格较高,初投资高。

(3)功率大,对船舶电站要求高。

（4）起重机机械化和自动化程度高，对检修工作技术要求高。

船用起重机必须满足的基本要求：能以额定起吊速度吊起额定负荷；能按操作者的要求方便灵活地装卸货物；能按起吊轻货、重货、空钩以及货物着地等不同情况，在较广的范围内调节其速度，且具有良好的加速和减速的特性；在起货或卸货的过程中，能根据需要随时停止，且能握住原货物。

三、船用起重机分类

1. 回转式起重机

回转式起重机是船用起重机中最常见的类型，其结构形式有两种。

（1）钢索变幅起重机

钢索变幅起重机在吊臂上端有变幅及起货钢索通向起重机塔身上部，并且具有水平变幅的性能，即吊臂变幅时，吊钩位置基本保持水平运动。此种起重机使用较广，如图 6-6 所示。

（2）油缸变幅起重机

油缸变幅起重机吊臂旋转端在塔身顶部，可借助变幅油缸改变工作半径，这种结构形式一般无水平变幅性能。这种起重机主要用于中小型船舶及航道高度受限制的场合，如图 6-7 所示。

图 6-6 钢索变幅起重机

图 6-7 油缸变幅起重机

2. 悬臂式起重机

悬臂式起重机可沿甲板上的轨道前后移动，悬臂可向两舷伸出。在起重柱上设水平悬臂，利用悬臂牵索把悬臂拉出舷外，而滑车组可沿着悬臂滚动，如图 6-8 所示。

3. 组合式起重机

组合式起重机的两个单回转式起重机同装在一个转动平台上。它们既可以各自作为独立的起重机进行作业，也可以并联在一起，作为组合机使用，如图 6-9 所示。

（a）门式悬臂

（b）定柱式悬臂

（c）舷门式悬臂

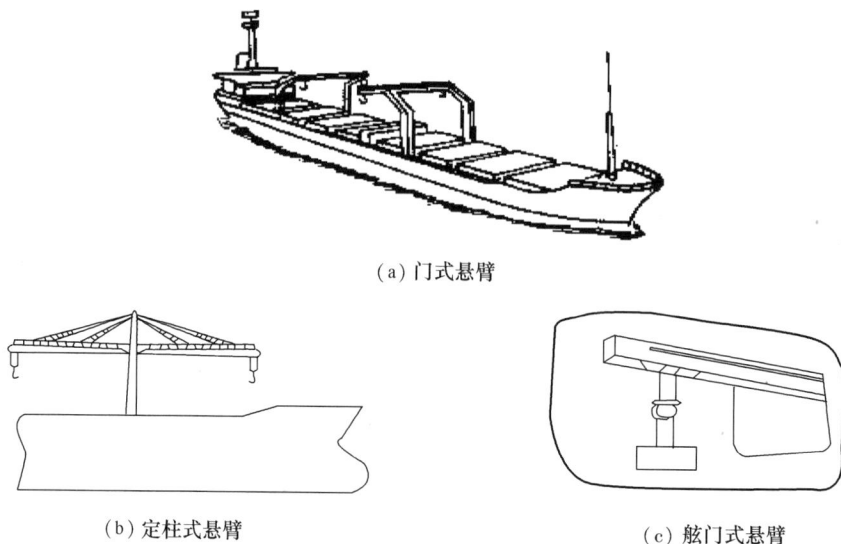

图 6-8　悬臂式起重机

图 6-9　组合式起重机

当操纵室内的转换开关转到"双吊"时,两台起重机一起绕公用大盘旋转,正反 360°无限制。主副吊装有起升同步器,当两机单独使用时,各自最大旋转角一般为 220°。在 140°范围内设置极限开关。单独作业时,应先将操纵室内的转换开关置于"单吊"位置,此时安装在公共大转盘上的两台起重机相互脱离,可分别绕各自的小转盘旋转,最大旋转角度在 220°左右。此时若两起重机同时作业于相邻的两个舱,回转时有可能相互干涉,为了有效地防止两吊杆相互碰撞,设置了安全装置,即在 140°的范围内设置相应极限开关,当一台起重机进入干涉区时,极限开关工作,另一台起重机不能超越 140°的范围。

起重机按动力源可分为电动式起重机和液压式起重机两大类。电动式起重机效率高、调速精确、操作简便、维护保养少和易于遥控。液压式起重机的操作平稳、质量轻、体积小、无级调速、具有恒功率、空钩高速和重载慢速的特性。目前,海船上使用的普遍还是电动式起重机,随着液压技术不断完善,液压起重机将会得到广泛使用。

四、起重机的布置

船用起重机通常布置在两货舱间的船体中心线上,可兼顾前后两舱的货物装卸作业,这种布置的前后两台起重机可以联吊装卸货物,如图6-10所示。

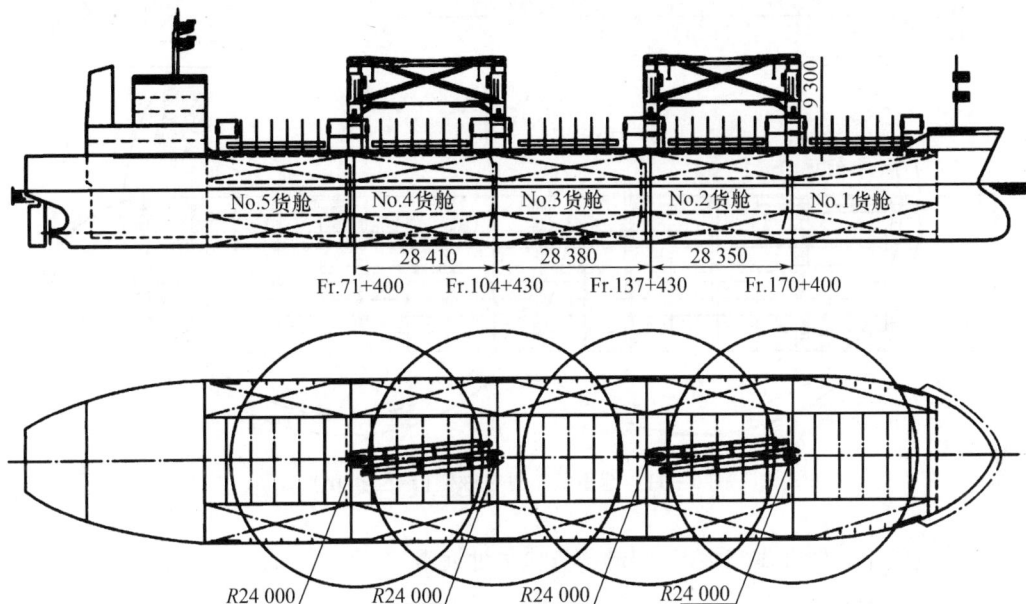

图6-10 起重机布置在船中(单位:mm)

注:Fr表示船体肋骨(Frame)。

对集装箱船而言,上述布置不理想,因为在起重机处会影响集装箱的堆装,故开发了细长型起重机。它仅占一个箱位,且该种起重机的最小工作半径只有2.4 m,连起重机旁的集装箱堆也可以吊装,因而目前的集装箱船大多选用这种起重机,且布置在船舷处(图6-11)。此种布置可以增加船舶的装箱数,提高经济效益。但是,对过小的船舶采用这种布置时,应特别注意船舶的横向平衡问题。

五、起重机操作主令及操作注意事项

1. 操作主令

升降货物为单主令:手柄向前,吊钩下降;手柄向后,吊钩上升。

旋转与变幅为双主令:手柄向前,幅度增大;手柄向后,幅度减小;手柄向左,起重机左转;手柄向右,起重机右转。旋转手柄在"0"左右有一空挡,即松开刹车,定子断电,电机转子为自由状态。

旋转、变幅、吊钩升降三种动作可单独进行,也可以三个动作同时进行。

2. 操作注意事项

(1)使用前

①打开水密门窗通风,热天必须起动轴流风机。

②检查卷筒上的钢丝绳排列是否正常。

③将吊臂升起,仰角应大于27°。

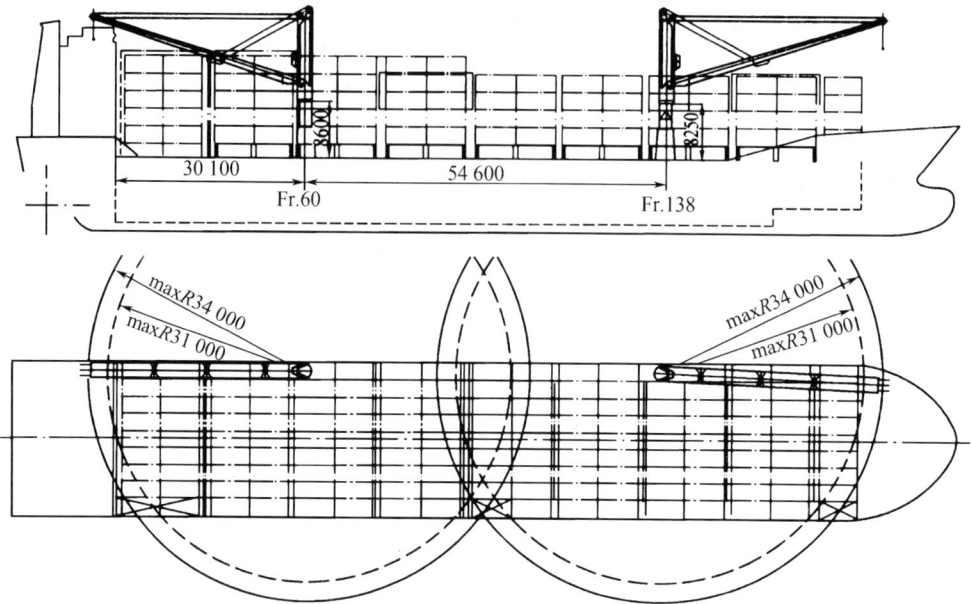

图 6-11 起重机布置在舷侧(单位:mm)

④检查安全装置和刹车情况,转动部分应加油润滑。

(2)运转要点

①绝对不允许横向斜拉货物。

②注意吊钩位置,吊钩着地后不得再松吊货钢丝,也不能在地上拖。吊钩放到最低位置,卷筒上留有钢索不得少于1.5圈。升到最高位置时,卷筒上留有空槽约1圈。

③当传动失灵时,可将电机刹车慢慢松开,将货物放到地上并将吊臂放下。

④紧急情况发生时,按下紧急按钮,使各种动作停止。

⑤吊货钢丝要加强检查,切忌在舱口摩擦。

⑥在船舶倾角较大和刮大风时,避免在最大幅度时旋转。

⑦货物吊在空中,操作者不得离开操作室。

(3)放置

先将吊臂转到支架上方,再把旋转手柄放在空挡上,然后脚踏转换开关,将吊臂落在支架上,将旋转手柄回到"0"位。切忌变幅钢丝很紧或过松,以免钢丝在卷筒上松脱或乱绕。最后切断电源,关闭门窗。

第三节 集装箱船与紧固装置

一、集装箱船的运输特点

集装箱船近几年发展迅速,其设计理念是快速运输与装卸。集装箱采用吊装装卸,以一个集装箱为装卸单元,利用码头专用起货设备进行装卸作业。集装箱船装卸速度快、效率高、周转快,适用于各种不同类型的货物,货损、货差小,大大降低了营运成本。

集装箱船通常以装载箱数表示其运载能力。国际上通常用标准箱作为换算单位,用

TEU 表示。一个 20 ft①(20 ft × 8 ft × 8 ft)的集装箱为一个标准箱,一个 40 ft(40 ft × 8 ft × 8 ft)的集装箱为两个标准箱。

二、集装箱的固定装置和索具

为了防止甲板上的集装箱因船舶摇摆、升降运动和风压等发生移动,必须设有固定集装箱的装置。集装箱的固定装置包括索、系杆以及各种固定配件(包括甲板固定件、堆放连接件、桥式连接件、甲板集装箱系固等)。它们均能利用集装箱本身的角进行固定。固定装置的布置根据各船的习惯和集装箱堆放层数的不同而有所不同,使用方法如图 6 – 12 所示。

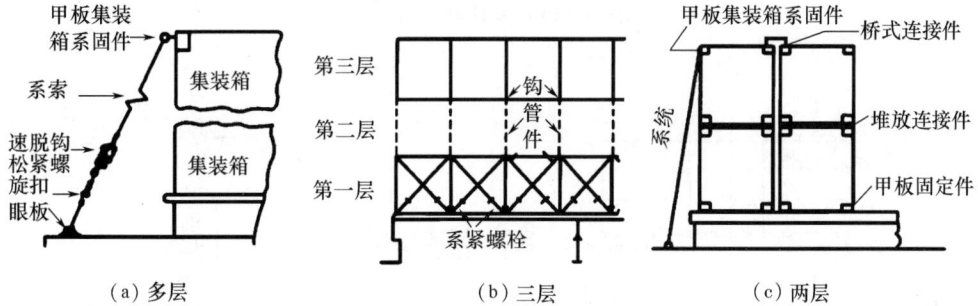

图 6 – 12 集装箱固定装置的作用原理

系索用于系固甲板集装箱,通常由甲板集装箱栓固货钩、花篮螺栓、速拖钩和钢索等组成。系杆由钢及铝合金制成,可代替系索使用,具有操作容易、便于收藏的特点。

甲板固定件是使集装箱与舱盖或甲板连接的配件,有固定式和可卸式两种,如图 6 – 13 所示。扳动图 6 – 13(a)中的锁杆时,角件内的蘑菇头转动,即可防止集装箱移动。图 6 – 13(b)为麦逊型,只要插入固定锁,就能防止集装箱移动。而图 6 – 13(c)为可卸型。

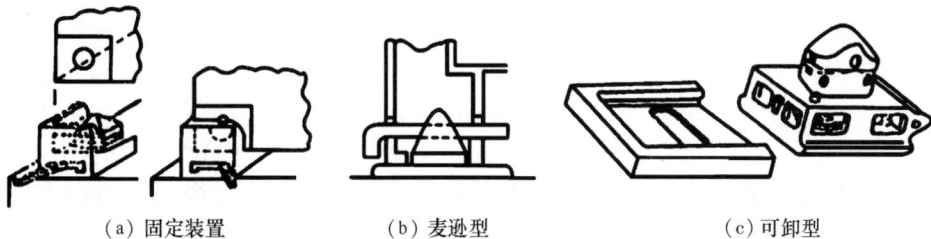

图 6 – 13 集装箱甲板固定件

专用集装箱的绑扎加固完全靠集装箱的紧固装置来实现。常用的紧固装置如图 6 – 14 所示。

装载舱内的集装箱由于导轨和格栅的限制,不会前后左右移动,如图 6 – 15 所示(A 处不必安装紧固装置)。堆放于舱面的集装箱,因没有格栅设备,所以在不同的位置上安装不同的紧固装置。在最下层的 B 位置上装有单锁定器,可把集装箱固定在舱盖上。在 C 位

---

① 1 ft = 0.304 8 m。

置,箱与箱之间装有双锁定器,可使上下箱固定在一起。在 D 位置不仅要求上下箱紧固,而且左右箱也要紧固,故应采用双联锁定器。在集装箱的最上面,采用桥式连接器,以防止集装箱因船舶摇摆而松动。

(a) 集装箱角具　　(b) 单堆积具　　(c) 双堆积具　　(d) 集装箱锁定器　　(e) 集装箱定位销

图 6-14　集装箱紧固装置

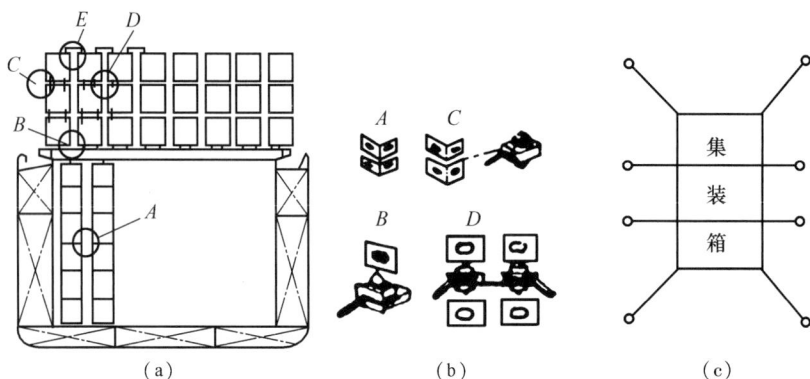

(a)　　　　　　　(b)　　　　　　　(c)

图 6-15　集装箱的固定

第四节　滚装船的装卸方式

　　滚装船采用货物自行滚上滚下进行装卸,改变了传统的货物装卸方式,由一般货船的垂直方向装卸变为水平方向装卸。滚装船不需要传统意义上的装卸设备,载货车辆可直接开上开下船舶,因此大大缩短了船舶在港时间。滚装船的货运率和水陆联运的效率很高,货损、货差很小,对货物的适应性较强,因此主要运输对象是车辆和集装箱,装卸费用低。

　　滚装船的缺点是货舱利用率比一般杂货船低,且造价很高。由于航行安全问题没有解决,因此不适宜进行远洋运输。

一、滚装船的结构特点

　　(1)滚装船的甲板面积大、层数多,主甲板下设置双壳结构,可进行压载、调节吃水、纵倾与横倾,以改善船舶的航行性能,也可以满足船舶抗沉性的要求。为了方便货物运输,货舱区不设置横舱壁,而采用强横梁与强肋骨。

　　(2)滚装船装载的货物或集装箱一般都是连同底盘一起装进舱内运输的,因此舱容利用率不高。另外,滚装船的型深大,水线以上受风面积较大。

　　(3)为了方便车辆从一层甲板开到另一层甲板,各层甲板上设置了升降平台或斜形跳板。斜形跳板一般设在货舱内船舷侧,位置相互错开。升降平台最大负荷达几十吨,长约

10 m,宽约4 m,无论升高或下降,都能与甲板平齐,以便将车辆拖进拖出。

为了便于车辆开进开出,滚装船需要在艏部开口。由于舷门跳板船在装卸时易产生横倾,艏门跳板的结构复杂,因此目前大多数设计建造成艉门跳板船。这种船依靠机械或电动液压装置进行启闭、收放,并能保证水密。航行时,跳板可折叠固定在船尾,如图6-16所示。装卸前,可以用绞车将跳板张开,如图6-16中2的位置所示。再用绞车把跳板放下,搭在岸上,如图6-16中3,4,5的位置所示。跳板一般由三段铰接而成,潮水涨落时可以自动调整。艉部设有向上开启的水密门。滚装船大多数设有艏部侧向推进装置,以改善靠离码头的操纵性。

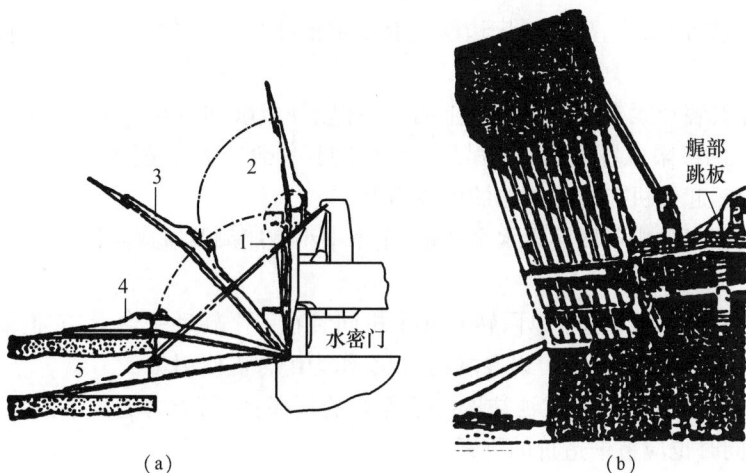

图6-16 滚装船的接岸跳板

二、艉部跳板形式

(1)艉直跳板

艉直跳板具有结构简单、质量轻、装卸时不产生横倾的优点,但要求靠凸堤式码头。

(2)艉斜跳板

艉斜跳板向船的一舷侧偏斜30°~40°,因此只能一舷靠码头。

(3)艉旋转跳板

艉旋转跳板可以沿艉部弧形轨道旋转或伸直,两舷均能靠泊进行装卸作业。这种跳板操作灵活、方便,如图6-16所示。但其结构复杂、质量大。

练 习 题

一、填空题

1.吊杆装置根据其中质量不同分为轻型和重型两种,安全工作负荷小于_____为轻型吊杆装置,反之则为重型吊杆装置。

2.安全工作负荷是指吊货钩所能承受的最大许用负荷,其中包括_____、吊货工具和索具所受到的重力。

3.轻型吊杆装置由起重柱、_____、千斤索索具、_____索具、吊货索索具、绞车组成。

二、判断题

1.重型吊杆头部不用吊杆箍,在大多数情况下,吊杆座直接布置在起重柱上。（　　）

2.起重柱到舱口横围板的距离需要考虑到起货绞车的尺度及布置等要求,取 3.5 ~ 4 m。（　　）

3.吊杆端部的高度,如果运送货物的尺寸没有特殊的要求,则从舱口围板(或舷墙)上缘量取不小于 5 ~ 6 m。（　　）

4.吊杆的舷外跨距应从最大船宽处的舷边量取,而且应保证能伸到码头上的装卸货物的位置(为了货物的安全,离开码头边缘应有足够的距离),由货物大小及吊杆起重能力而定。（　　）

5.当吊杆安装在无支索的起重柱上时,吊杆舷外极限回转角为 10° ~ 60°,此时吊杆牵索(或千斤索)的极限位置应能保证吊杆从舷侧转到货舱口上部位置。（　　）

6.集装箱船起重机布置在船舶的中线面上。（　　）

7.油缸变幅起重机可以实现水平变幅,用于中小型船舶及航道高度受限制的场合。（　　）

8.组合式起重机,即两个单回转式起重机同装在一个转动平台上,它们既可以各自作为独立的起重机进行作业,也可以并联在一起,作为组合机使用。（　　）

9.起重机驱动动力的形式往往取决于船东的选择;起吊能力的大小,主要取决于装卸货物的种类,同时也应考虑造价的因素。（　　）

10.在采用重吊吊重大件时,必须考虑船舶的吃水和船舶纵向强度。（　　）

三、请写出下图两种吊杆装置的组成。

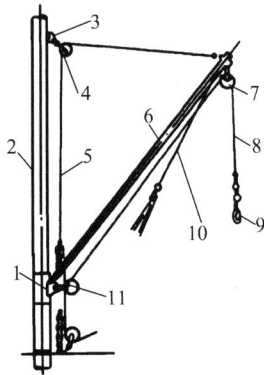

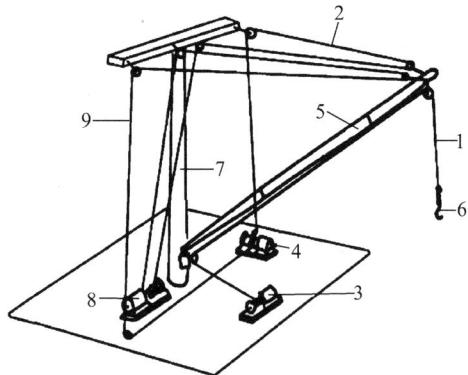

四、起重机的优缺点有哪些?

五、船用起重机有哪些要求?

六、写出下列图中船用起重机的类型。

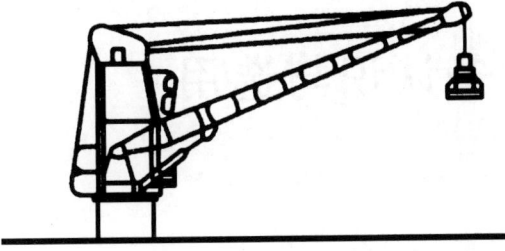

( )

( )

( )

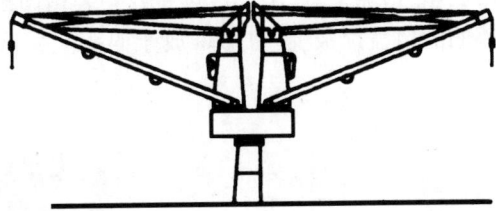

( )

起货设备

第七章 关闭设备认识与选用

第一节 货舱口盖

一、吊离式舱口盖

吊离式舱口盖，各块盖板之间既无连接装置也无传动装置，盖板上装有起吊眼板或集装箱起吊底座，由船上、岸上起货设备或集装箱吊架直接将盖板吊离(图7-1)。盖板可堆放于相邻的舱口盖顶板上，也可堆放于码头上。这种舱口盖既适用于露天甲板，也适用于中间甲板。

图7-1 吊离式舱口盖

吊离式舱口盖结构简单可靠，无须配置驱动装置，操作简单，维修方便，盖板数量不受限制，适合制作各种长度的舱口和各层甲板舱口。主要用于全集装箱船露天甲板、多用途船中间甲板及长舱口舱口盖，也常与折叠式舱口盖组合在一起，作为长舱口的组合舱口盖。

二、单拉式舱口盖

单拉式舱口盖由首端盖板、尾端盖板及多块中间盖板组成。在盖板两侧装有偏心轮(或滚轮)、平衡轮、衔接器及顶升眼板。各盖板的平衡轮之间有链条连接。启闭舱口盖的钢索或传动链系于首端盖板。开舱时，拉动首端盖板，就会带动所有盖板运动。盖板先借助滚轮在舱口围板的面板上滚行，而后平衡轮沿导板上升，偏心轮则沿引导板下滑，盖板自行翻转，继续滚行，直至所有盖板收藏于舱口端部。如图7-2所示。

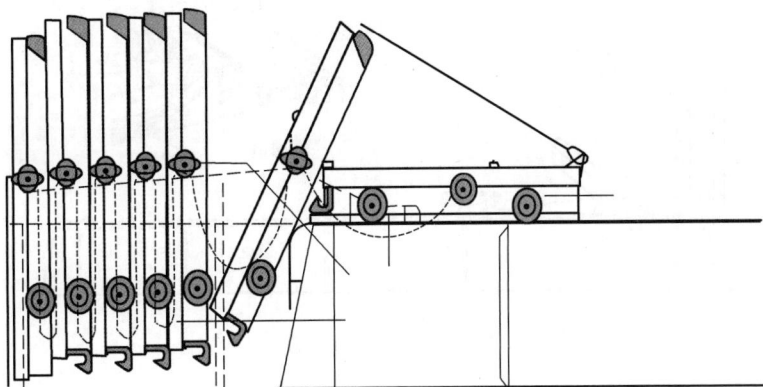

图7-2 单拉式舱口盖

单拉式舱口盖有三种操作方法。

1. 钢索操作

启闭索系在首端顶板部中央，借助起货吊钩或钢索绞车拉动单根钢索便可开启舱口盖，如图7-3所示。

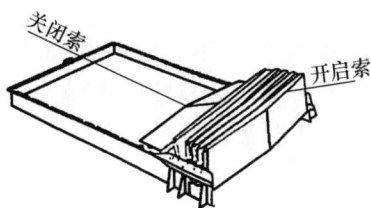

图7-3 钢索操作

2. 长链传动

循环链系在首端盖板两侧，由液压马达或开舱机驱动链轮，拉动长链开启舱口盖，如图7-4所示。

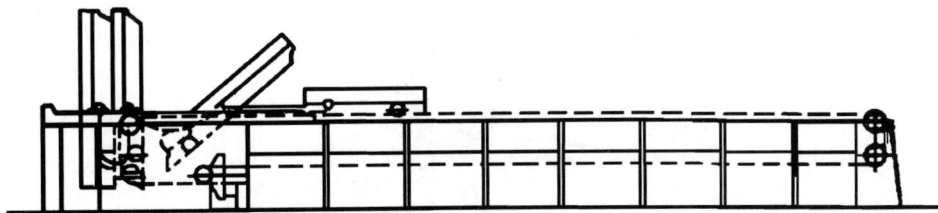

图7-4 长链传动

3. 固链传动

链条固定于两侧的舱口围面板上，电动开舱机安装在首端盖板内部，通过传动装置驱动两侧链轮在固定链上滚行，从而开启舱口盖，如图7-5所示。

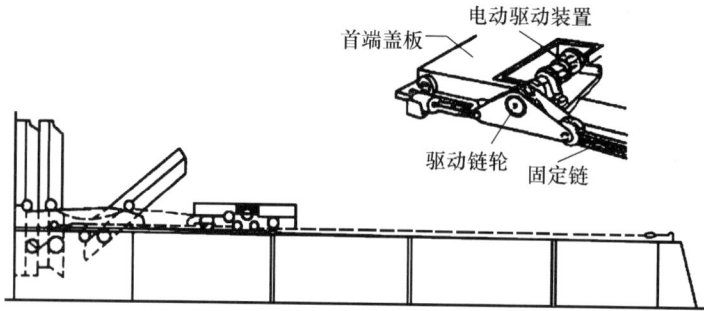

图 7-5　固定链传动

普通型单拉式舱口盖属于低收藏舱口盖,开启省力,操作方式多种多样。盖板分块可多可少,布置上适用性较强。通常收藏地位高,盖板可以藏于桅房的前后端、起货平台下方,收藏地位经济。广泛应用在舱口宽度小、甲板货物载荷小的中小型干货船上,如杂货船、散货船、木材运输船、多用途船等。由于盖板分块长度受到舱口围高度约束,盖板厚度受到收藏长度约束,满足强度及刚度要求,舱口不宜过宽(标准型舱口盖开口通常 11 m 以下)。盖板上不宜装载太多集装箱,因此不适用于集装箱船。

三、折叠式舱口盖

折叠式舱口盖一般由两块盖板组成,称单对折叠式,如图 7-6 所示。盖板之间用铰链连接,近舱口端部两侧设置滚轮。由两对或两对以上的盖板组成的折叠式舱口盖称为多对折叠式舱口盖。各种盖板之间用拖曳眼板连接。开启时,逐对依次折叠。

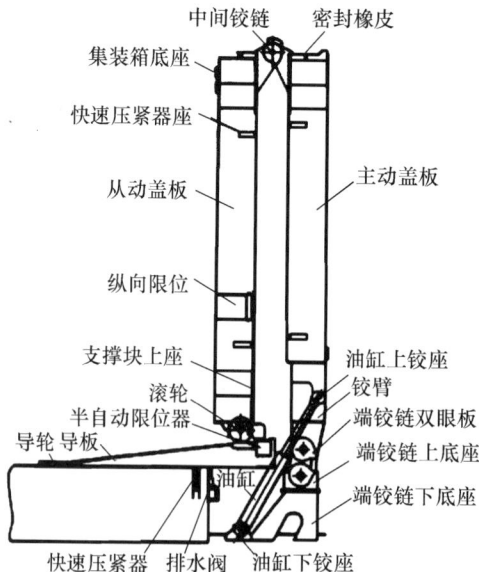

图 7-6　折叠式舱口盖

开启过程中,主动盖板绕端铰链轴旋转,并将从动盖板的滚轮拉上轨道,直到两块盖板相会折叠在一起,收藏于舱口端部之外、舱口围板的面板上方。

折叠式舱口盖强度好、不易损坏,适宜装载各种甲板货,横接缝无须设压紧器,滚轮无须设顶升装置,启闭操作简单可靠,收藏长度及高度适应性大,既适用于露天甲板,也适用于中间甲板。广泛应用于普通干货船、多用途船、冷藏船、木材运输船及中小型散货船。

四、侧移式舱口盖

侧移式舱口盖通常由一块或两块盖板组成,舱口盖上设有滚行装置、顶升装置、密封装置、连接装置、限位装置及驱动装置。盖板水平滚移,收藏于舱口侧部外导架处。两块盖板组成侧移式舱口盖,盖板间接缝纵向设置,左右盖板分别向两侧开启,如图7-7所示。

齿轮/齿条传动装置
液压马达
液压或手动压紧器
收藏导架

锁紧装置
手动或液压压紧器
滚轮装置
液压顶升装置

图 7-7 侧移式舱口盖

侧移式舱口盖属于低收藏舱口盖,开启省力,适合于较大、较重的盖板。舱口旁边需要有足够储存盖板的空间。该舱口盖优点为盖板块数少、结构简单、启闭可靠、操作方便、保养容易,故广泛用于舱口宽度占船宽50%以下的 40 000 ~ 150 000 t 级大型散货船、矿谷两用船及矿谷油三用船。

五、背载式舱口盖

背载式舱口盖又称为提升-滚移式舱口盖,是从滚移式舱口盖发展演变而成的一种形式。盖板成对滚移,其中一块为动力盖板,外侧装有滚轮,滚轮下均设低顶升油缸,滚轮顶起后,可在轨道上滚行。另一块无动力盖板的外侧装有伸举臂,四只竖立的高顶升油缸装载外伸臂下方的舱口围板。当无动力盖板被油缸升起足够高度时,动力盖板滚移到它下方,然后放低无动力盖板,动力盖板便可背载无动力盖板,两块盖板一起滚移至收藏位置,如图7-8所示。

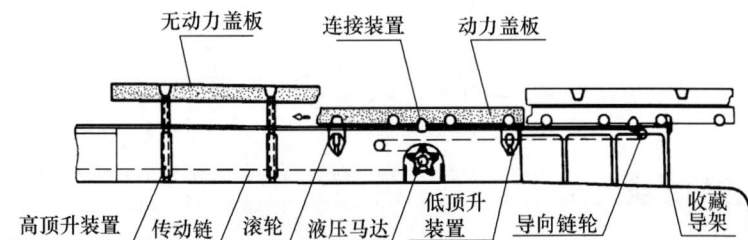

无动力盖板
连接装置
动力盖板

高顶升装置
传动链
滚轮
液压马达
低顶升装置
导向链轮
收藏导架

图 7-8 背载式舱口盖

背载式舱口盖有如下四种驱动方式。

（1）长链传动

由循环长链传动，低速大扭矩液压马达驱动，舱口盖两侧均设置驱动链，这与单拉式及侧移式舱口盖相同。也可仅在舱口一侧设置长链。

（2）固定链传动

微型电动绞车装于盖板内，一只主动链轮及两只从动链轮组成的牵引装置，沿着铺设在舱口围面板上的固定链行走驱动盖板。电动绞车左右对称，成对设置。

（3）内置驱动装置

盖板内装电动机及减速齿轮箱，直接驱动滚轮。每块动力盖板内设有两套或四套驱动装置，可用于长重的盖板。

（4）齿轮、齿条驱动

驱动机构与侧移式舱口盖相同。

背载式舱口盖特点如下：

（1）盖板水平滚移，每次仅驱动一块或两块盖板，开启力小，故盖板可设计得很大。

（2）盖板能在货船开口内外滚移，根据使用要求布置，既可堆放在舱口范围之内，也可堆放于舱口之外的侧部或端部，甚至可滚移至相邻舱口的上方。

背载式货舱口盖使用比较广泛，主要用于下面四个方面：

（1）背载式舱口盖适用舱口宽度达船宽85%～90%的货船。每个舱口仅一块盖板，相邻舱口组成一对背载式舱口盖，或每个舱两块盖板，在开口范围内左右滚移，实现半个舱开启。这种盖板大而重，两块盖板最重可达百吨以上，故通常动力盖板采用内置驱动装置。

（2）适用于特长舱口的多用途船。由10块以上盖板组成的背载式舱口盖，动力盖板与无动力盖板间隔设置，能够实现各个位置的局部开启，以装卸舱内某一排集装箱，也可开启半个舱或整个舱。当开启整个舱时，盖板可堆放于舱口首端或尾端的收藏位置处。通常采用长链传动，由液压马达驱动。

（3）适用于大型散货船。当每舱设置两块盖板，开舱后需要收藏于舱口同一侧（端）时，侧（端）移式无法实现，只能采用背载式。此时，动力盖板端部设置齿轮、齿条传动或通过长链传动，由液压马达驱动，也可由固定链传动，通过盖板内微型绞车驱动。后者使用较少。

（4）适用于无收藏位置的中间甲板。一个舱口仅有一块动力盖板，开舱时动力盖板推动无动力盖板至舱口内一端收藏。收藏地位处设置堆置装置及顶升油缸，逐一起升盖板，相互叠置。关舱时，将盖板逐一拉回。动力盖板也可背载全部盖板滚移至舱口另一端收藏，因此也称为叠置式。通常由长链传动，液压马达驱动，适合舱口不大的中小型杂货船、冷藏船及多用途船。

第二节　人　孔　盖

一、人孔盖的分类

船用人孔盖按其形状不同可分为长圆形和圆形，其中长圆形人孔盖使用较为广泛。按其密性可分为油密和水密，两者之间的区别在于密封垫圈的材料不同，油密采用耐油橡胶，水密则采用耐海（淡水）水橡胶。人孔盖按其安装后是否高于开孔表面可分为突出式和埋入式。

二、突出式人孔盖

我国造船行业目前常用的突出式人孔盖按其结构形式分为三种,即 A 型、B 型和 C 型。

A 型人孔盖其围板和座圈为焊接结构,高出开孔平面 100 mm。常用的规格按通孔尺寸($L \times B$)为 450 mm×350 mm、500 mm×400 mm、600 mm×400 mm 及 600 mm×450 mm。围板厚度($S1$)为 4~14 mm,座圈及盖板厚度(S)应比围板厚度大 2 mm。

A 型人孔盖围板较高,可以防止污水或垃圾进入舱内,常用于机舱、锅炉舱及其他容易积水的处所,如图 7-9 所示。

B 型人孔盖为长圆形突出式人孔盖,座圈厚度为 20 mm。常用的规格及盖厚与 A 型人孔盖相同,如图 7-10 所示。常用于甲板、内底板、平台和舱壁等部位。

图 7-9 A 型人孔盖

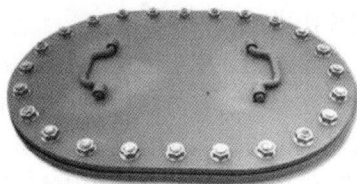

图 7-10 B 型人孔盖

C 型人孔盖为圆形突出式人孔盖,结构形式如图 7-11 所示。座圈厚度为 20 mm。常用的规格按通孔尺寸(D)为 ϕ450 mm 和 ϕ600 mm,盖板厚度为 4~14 mm。可用于甲板、内底板、平台及箱柜等部位。

三、埋入式人孔盖

我国造船行业目前常用的埋入式人孔盖按其结构可分为两种,即 D 型和 E 型。

D 型人孔盖上带有盖板,常用的规格按通孔尺寸为 530 mm×430 mm、630 mm×430 mm 及 630 mm×480 mm,盖板厚度为 10 mm、12 mm,如图 7-12 所示。

E 型人孔盖规格与 D 型相同,其盖板厚度为 14 mm、18 mm,如图 7-13 所示。

图 7-11 C 型人孔盖

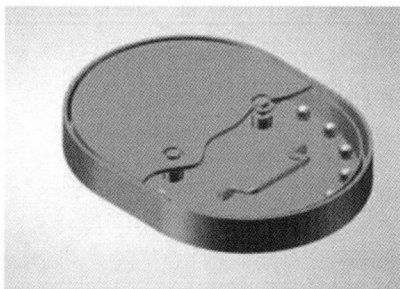

图 7-12 D 型人孔盖

图 7-13 E 型人孔盖

D 型及 E 型人孔盖均可用于要求平坦的货舱底部和甲板通道等处,以便于货物装卸和人员走动。

四、人孔盖材料

人孔盖的盖板、围板和座圈通常采用热轧碳素钢或与安装人孔盖处的船体结构相同的材料制造;垫圈和拉手采用普通碳素钢;密封垫圈采用阻燃型或耐海(淡)水橡胶;螺栓或螺柱采用不锈钢或碳素钢,螺母采用碳素钢、不锈钢或黄铜等材料。碳素钢制作的螺栓、螺柱、螺母及垫圈均应镀锌。

五、人孔盖的选择及布置要求

选择及布置人孔盖时,除了必须符合有关公约、规则和规范的规定外,还应考虑强度、用途和使用方便。

人孔盖的强度主要体现在盖板的厚度及紧固螺栓的数量上。一般来说,盖板的厚度应不小于安装处的船体结构钢板(甲板、平台、内底板和舱壁)的厚度。由于盖板比其周围的船体结构钢板更容易腐蚀,因此当人孔盖安装处的船体结构钢板厚度小于 10 mm 时,盖板的厚度应比该处的船体结构钢板厚度大 1 mm。如果人孔盖安装处所的甲板或舱壁厚度是由强度计算决定时,则该处人孔盖盖板厚度应能承受同样的水压力条件。

人孔盖应根据舱室密性要求及安装处所的情况选择合适的结构形式。淡水舱、压载水舱及艏艉尖舱等处所应用耐海(淡)水橡胶作垫圈的水密人孔盖;燃油舱、滑油舱、污油舱等处所应选用耐油橡胶作垫圈的油密人孔盖;在机炉舱等易积水、积油处所的内底板上和饮用水舱顶部,应选用有围板的 A 型人孔盖;通道及生活、工作舱室内影响人员活动的区域必须设置人孔盖时,应选择埋入式人孔盖。喷气燃料油舱的人孔盖盖板必须采用黄铜制成,以避免撞击产生火花。当人孔盖可能长期处在潮湿环境时,其螺栓或螺柱采用不锈钢制作;而螺母则采用不锈钢、黄铜或钢质镀锌制作。

在甲板上布置人孔盖时,一般应靠近下面的舱壁,并且将人孔盖的长轴平行于舱室,便于在人孔下方安装直梯。为便于人员出入和通风,较大的液舱和空舱至少设置两个互相远离的人孔盖。双层底内较大舱室应在其两端设置人孔盖,必要时还应在其长度中间处加设一个人孔盖。设在内底板上的人孔盖,应至少离开主舱壁 800 ~ 1 000 mm,以免削弱主舱壁附近的内底板强度。

无论是在甲板、平台、内底板,还是在舱壁上设置人孔盖,应尽量不切断该处的船体构架。如果布置确有困难,非切断船体构架不可时,则应做适当加强。在一些保证船体结构强度的重要区域内,如甲板边板、舱口角隅及应力集中区的部位,不得设置人孔盖。当同时在上下两层甲板或平台上设置人孔盖时,它们的位置应错开。如上一层甲板或平台有小舱口盖时,下一层甲板或平台上的人孔盖应设置在小舱口盖投影范围之外。

第三节 小舱口盖

一、小舱口盖的形式

船用小舱口盖按其形状可分为方形、矩形、圆形和长圆形;按其密性可分为风雨密、非风雨密和油密;按其安装后是否高出开孔表面可分为突出式和埋入式。

小舱口盖主要由围板、盖板、铰链、夹紧装置、制止器、锁扣、把手和密封件等组成。较大的小舱口盖为减轻盖板的开启力,还设有平衡块或弹簧铰链。围板和盖板的材料为 A 级船体结构用碳素钢;铰链、制止器、锁扣和拉手等材料为普通碳钢;铰链和夹紧装置中有些零件,如夹口螺栓、带舌插销、销轴等材料为不锈钢或碳素钢;翼型螺母、衬套和滑轮材料为黄铜;双扭簧材料为弹簧钢;密封件材料一般为耐老化橡胶,油密的密封件材料应用耐油橡胶。

1. 风雨密小舱口盖

(1)A 型小舱口盖

A 型小舱口盖为方形或矩形突出式舱口盖,如图 7 – 14 所示。盖板由翼型螺母夹扣与围板紧固,只能从外面启闭。较大的 A 型小舱口盖设有平衡块。

(2)B 型小舱口盖

B 型小舱口盖为方形或矩形突出式舱口盖,如图 7 – 15 所示。盖板由楔形把手夹扣与围板紧固,因此可以两面启闭。它用于储物舱和干货舱在露天甲板或非封闭上层建筑内的甲板上的出入口,也可用于内部通道在露天甲板的出入口。

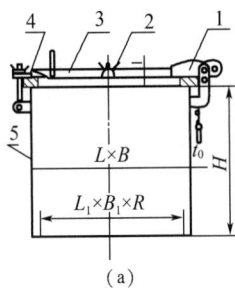

(a)

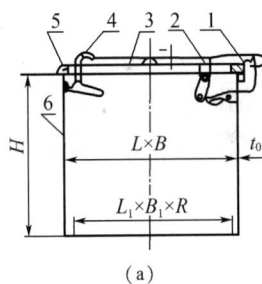

(a)

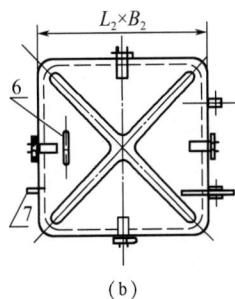

(b)

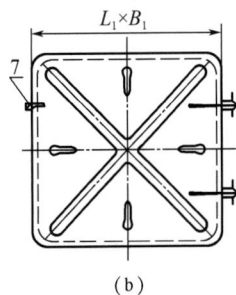

(b)

1—铰链;2—夹扣;3—盖板;4—密封件;
5—围板;6—拉手;7—锁扣;8—平衡块。

图 7 – 14 A 型小舱口盖

1—铰链;2—制止器;3—盖板;
4—楔形把手夹扣;5—密封件;6—围板;7—锁扣。

图 7 – 15 B 型小舱口盖

（3）C 型小舱口盖

C 型小舱口盖为方形或圆形突出式舱口盖,如图 7 - 16 所示。盖板由中心旋转把手夹扣与围板紧固,可以从两面快速启闭。由于装有弹簧铰链,故舱盖的开启力较小。它常用于机舱及其他处应急脱险通道在露天甲板上的出入口。

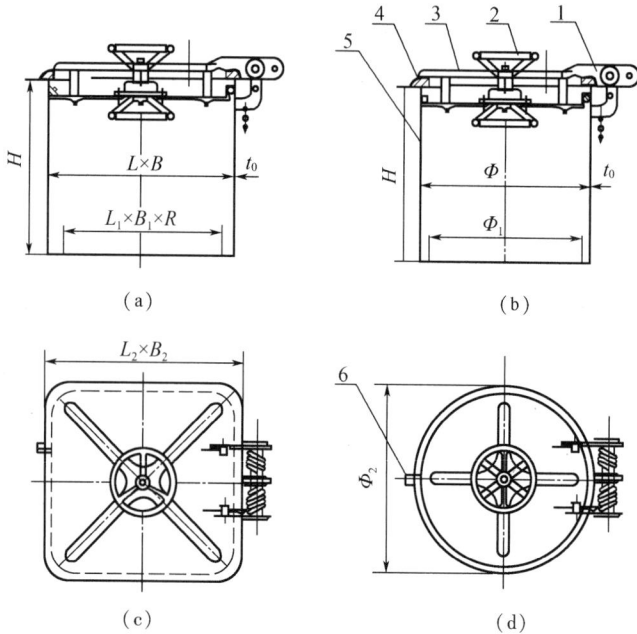

（a）　　　　　　　　　　　（b）

（c）　　　　　　　　　　　（d）

1—铰链弹簧;2—中心旋钮把手夹扣;3—盖板;4—密封件;5—围板;6—锁扣。

图 7 - 16　C 型小舱口盖

（4）D 型小舱口盖

D 型小舱口盖为方形或矩形埋入式舱口盖,如图 7 - 17 所示。由可倒楔形把手夹扣与围板紧固,可以两面启闭。

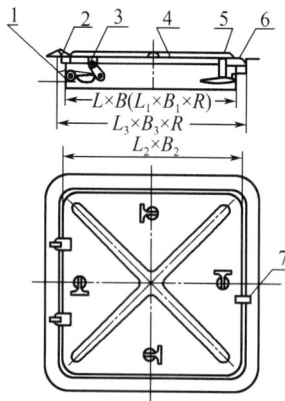

1—围板;2—铰链;3—制止器;4—盖板;
5—可倒楔形把手;6—密封件;7—锁扣。

图 7 - 17　D 型小舱口盖

2.非风雨密小舱口盖

（1）E 型小舱口盖

E 型小舱口盖为方形或矩形突出式舱口盖,如图 7 - 18 所示。盖板仅由一个翼型螺母夹扣与围板紧扣,单面启闭。它用于封闭的上层建筑或无风雨密要求部位的舱口开孔。

（2）F 型小舱口盖

F 型小舱口盖为方形或矩形突出式舱口盖,如图 7 - 19 所示。盖板仅由一个楔形把手夹扣与围板紧扣,可以两面启闭。它用于密闭的上层建筑内或无风雨密要求部位的舱口开孔。

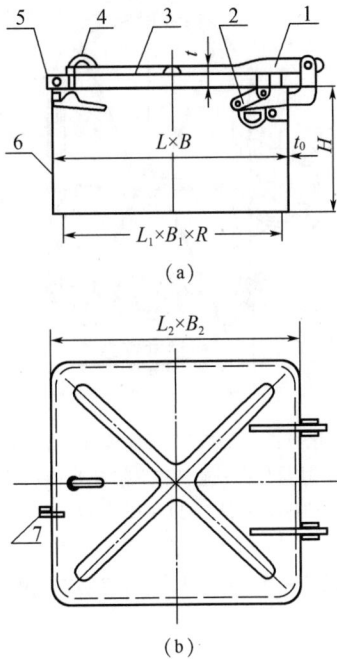

1— 铰链;2—盖板;3—拉手;4—缓冲件;

5—围板;6—翼型螺母夹扣;7—锁扣。

图7-18　E 型小舱口盖

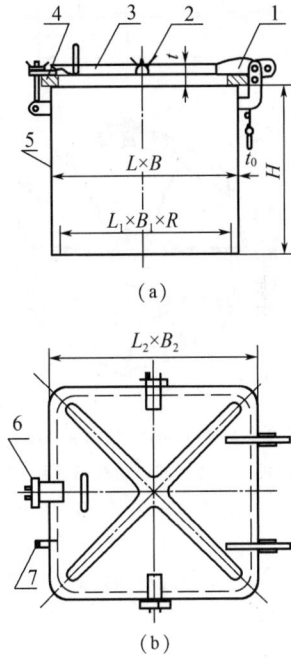

1—铰链;2—制止器;3—盖板;4—楔形把手夹扣;

5—缓冲件;6—围板;7—锁扣。

图7-19　F 型小舱口盖

3.油舱盖

油舱盖用于各类油船、液化船、散装化学平船货油通道的甲板开口。油舱盖有两种,一种为 A 型圆形转动式油舱盖（图 7 - 20）,另一种为 B 型长圆形转动式油舱盖（图 7 - 21）。

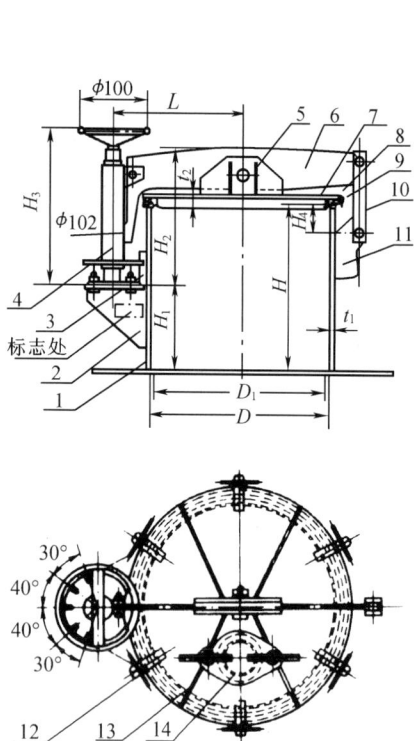

1—围板;2—支座;3—导向板;4—开闭装置;
5—连接板;6—连杆;7—盖板;8—密封圈;
9—压圈 ;10—锁扣;11—耳板;12—翼形夹扣;
13—加强筋;14—观察孔盖。

图 7 - 20   A 型圆形转动式油舱盖

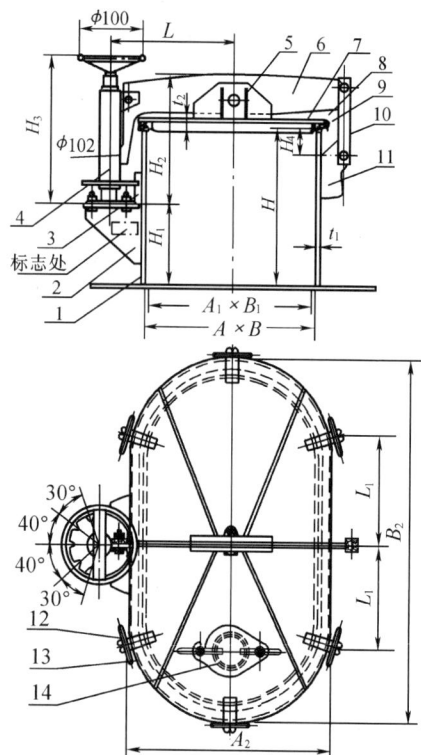

1—围板;2—支座;3—导向板;4—开闭装置;
5—连接板;6—连杆;7—盖板;8—密封圈;
9—压圈 ;10—锁扣;11—耳板;12—翼形夹扣;
13—加强筋;14—观察孔盖。

图 7 - 21   B 型长圆形转动式油舱盖

二、小舱口盖的选择及布置

选择及布置小舱口盖时,必须符合有关公约、规则和规范的规定,另外还应考虑其合理的结构形式和适合的安装部位。通常干货舱或储货舱可以设置带有螺旋夹扣或楔形把手的小舱口盖,并配置挂锁;油舱应设置专门的油舱盖。安装于内部应急脱险通道在露天甲板上的出入口处的小舱口盖,应采用两面可启闭的小舱口盖,并以设置有中心旋转把手夹扣和弹簧铰链的快速启闭的小舱口盖为宜。

设置在上层建筑或甲板室前的露天甲板上的小舱口盖,其盖板应该向船首方向启闭。设置在靠近舱壁(或围壁)处的小舱口盖,与舱壁(或围壁)或扶强材和绝缘之间应留有足够的空间,以保证盖板完全开启后,同时螺旋夹扣的翼型螺母和活节螺栓能顺利地放倒而不会碰到舱壁。

小舱口盖下面需设置斜梯时,舱口的开孔大小应保证人员上下斜梯时有足够的空间。小舱口盖下面需设置直梯时,仅作为人员出入口,则舱口开孔位置应使直梯能在通孔范围内。

当上下两层甲板或平台均设置供人员出入用的小舱口盖时,则这两个小舱口盖位置应错开,否则既不安全又会影响直梯的安装和舱口盖的启闭。若是专供物品出入,需要在上下两层甲板或平台同一位置上设置小舱口盖时,则不应设置直梯。

小舱口盖的大小应考虑到船体结构,不得因设置小舱口盖而切断强构件,如必须切断非强力构件(纵骨或横梁)时,则应对该处结构做加强处理。

第四节 船 用 门

船用门是船舶的一项重要的关闭设备,包括水密门、风雨密门、舱室门及其他类型的门。

水密门是指船舶舱壁甲板以下的水密舱壁上的出入口需设置的门,其形式有滑动式、铰链式和滚动式。滑动式水密门按其结构可分为竖动式和横动式;按其操作方式可分为手动和动力操纵两种形式。

风雨密门是设置于干舷甲板以上的封闭上层建筑、甲板室、机舱棚以及升降口等的出入口的关闭装置。国内造船行业中目前常用的钢质风雨密门分为 A、B、C、D 四个等级,其中 D 级门可设置固定圆窗。风雨密门按门的角隅形状又可分为方角门(F 型)和圆角门(Y型)。

舱室门对货船来讲是上层建筑内部的一些房舱门,但不包括主甲板外围壁上的水密门。对客船来说是指各层甲板上内部的一些舱门,也不包括甲板上外围板上的水密门和机舱内的水密闸门、网门等。下面详细介绍舱室门的种类与用途。

各层甲板和上层建筑内部舱室门的主要用途是沟通上层建筑内部的各个区域,对房舱与相邻居住区域或其他区域进行隔音、隔热,并维持房间的温度和湿度,保证房舱具有一定的私密性,船舶一旦发生火警时能应急隔离。

舱室门可分为防火门和舱室空腹门。

一、舱室防火门

防火门按防火等级分为 A 级门和 B 级门。

1. A 级门

A 级门是设置在 A 级舱壁上,且与该舱壁具有等效的耐火性能(包括阻止烟火及火焰穿过的效能)的门,它还具有作为关闭设置所应具有的功能。

如前所述,A 级门应当属于 A 级舱壁耐火完整性的范畴,之所以将它单独列为一类 A级分隔,主要有如下两个原因。

A 级门由两类门组成,一类是防火门,一类是水密门。这两类门很难绝对地加以区分。限界线以下水密舱壁(有时即为主竖区舱壁)上的门也能兼起防火门的作用,但由于它们设于水下部位,主要的作用是关闭后保持分隔的水密性,以维持船舶的抗沉性,因此安全公约规定,这类门一般不要求填充隔热材料;在限界线以上部位的 A 级门,则应首先满足公约和规范对防火性能的要求,再兼及水密性(如有水密性要求的话)。这里主要叙述防火门。

A 级防火门同其他 A 级分隔一样,分为 A - 60 级、A - 30 级、A - 15 级和 A - 0 级四个耐火等级,具体选用哪一个等级的防火门应遵循"提供等效于其所在舱壁的耐火性能"这样一项原则,即与所在舱壁相同的耐火等级,设置 A - 60 级舱壁上的门,也应为 A - 60 级,以此类推。但是有一点例外,即对于船舶上层建筑及甲板室的外门,不做这样的要求。这类通往开敞甲板处所或外道的门,不需要满足防火门的要求。

其结构主要由门框、门板(面板)、芯材(绝缘材料)、拉手、锁链、闭门器、加强板等组成,如图 7-22 所示。一般根据门的宽度 B 来设置扶强材:当 $B \leqslant 700$ mm 时,设两根扶强材;当 $B > 700$ mm 时,设三根扶强材。与一般非防火舱室门不同的是,为了防止形成热交接点,扶强材在整个门叶厚度范围内不应贯通,而应错开布置。

为了控制门叶在火灾状态下翘曲变形导致烟或火焰穿透,门叶在门锁一侧上、下部位应做适当的局部加强。

门锁的锁芯及门把手都是贯穿门叶厚度的金属部件,导热很快。虽然在标准耐火试验时允许热电偶偏离锁芯及把手中心线 100 mm 布置,但锁盒内仍应适当充填隔热材

图 7-22　A 级防火门

料,以防止背火面温升超过标准。铰链与门叶门框连接处应设有复板,以防止铰链松动。铰链应采用熔点不低于 950 ℃ 的材料制成,一般采用不锈钢。门锁在标准耐火试验后要求能借助简单工具打开,故主要部件也应采用不锈钢。

A 级防火门在结构上的一个特点是除极个别情况(一般仅指无线电报务室通向内走道的门)允许在门上设置尺寸为 400 mm×500 mm 可踢出的应急通孔外,不允许在门上设置其他开口(包括通风开口)。

所有 A 级防火门除了要满足耐火性能的共同要求外,在不同种类的船舶上使用时,还需满足各自的特殊要求。

2. B 级门

B 级门即 B 级防火门,是设置在 B 级舱壁上,且与该舱壁具有等效耐火性能(包括火焰穿过的效能)的门。与 A 级门相仿,B 级门应该属于 B 级舱壁耐火完整性的范畴。基于与 A 级门同样的理由,将它列为 B 级分隔中较特殊的一类。

B 级门与其他 B 级分隔一样,分为 B-15 级和 B-0 级两个耐火等级,具体选用时应遵循"提供等效于其所在船舱壁的耐火性能"的原则,即与所在舱壁相同的耐火等级,但对上层建筑甲板室的外门不做要求,这类门不需要满足防火门的要求。

B 级防火门的构造与 A 级门相似。其结构主要有门框、门板、芯材(绝缘材料)、踢出口、锁链、拉手、加强材等。A 级门不允许设踢出口,但 B 级门不同,除了梯道环围的门上及门下不允许开设通风口外,其余用于走廊舱壁上通往起居处所等舱壁上的 B 级门上及门下面,允许开设通风口。这种开口如开在门上,则只允许设在门的下部,如图7-23所示。

图 7-23　B 级防火门

这种应急孔的设置,应满足最初半小时标准耐火试验中火焰不从缝隙中穿过,满足结构背火一面对于温度增高限制(B-15 级门)等基本要求。当门上设置应急通孔或通风栅时,应兼顾使用要求和公约的规定。应急通孔一般取为 400 mm×500 mm(宽×高),通风栅的净开口面积不得大于 0.05 m²,它们均应以不燃材料制作。当这种开口开在门上时,则此

开口应设有不燃材料制成的格栅;仅在门上开设开口时,则当门上开口的格栅处于开放状态时,开口的总净面积应不超过上述规定,即透风面积不得大于 0.05 m²。不管这种开口是开在门上(门扇下部)还是在门下(门框下),一个或几个这样的开口的总净面积均不得超过 0.05 m²。

B 级走廊舱壁上用作起居处所舱室的 B 级门,在船体因碰撞等意外原因造成结构变形时可能导致门不能正常开启。为避免人员被困在舱室内,往往在门上设有可踢出的应急孔。譬如,在客船上层建筑范围内的旅客舱室内门,就常设有这类应急孔。这种应急孔可单独设置,亦可将通风栅设在其上。这种应急孔的设置应满足最初半小时标准耐火试验中的火焰不能从缝隙中穿过,并满足结构背火一面对于温度增高限制(B – 15 级门)等基本要求。

二、舱室空腹门

舱室空腹门按其材料可分为舱室木门、玻璃钢舱室空腹门、铝质舱室空腹门等非防火门。

1. 舱室木门

舱室木门用于内部舱室围壁上,由于其防水防火性能差,以及木材资源日益短缺等原因,目前在海船上已不多见,主要用于国内内河船只或不受国际公约约束的船只(如军舰)。其结构一般是中间为木质框架,两面覆三合板或五合板,现在常用塑料贴面胶合板。门叶下部可带通风栅,门的上部可设方扇或圆扇,也可以不带扇。

2. 玻璃门

用玻璃作为门叶制成的门,称为玻璃门。常用于装饰性场合,如餐厅、舞厅、会议室等。一般玻璃门是不防火的,为了达到防火要求,在门的外侧设置"常开型"的防火门。常用的玻璃门有两种,一种是木框式玻璃门,另一种是金属框玻璃门。

3. 玻璃钢舱室空腹门

这种由玻璃钢材料制成的门,可用在独用盥洗室代替木门。由于玻璃钢不怕水,外表光滑美观,质量轻,在某些军舰上,为了减少船舶自重,也可用作房舱门,但价格高。

4. 铝质舱室空腹门

铝质舱室空腹门的门板和门框均采用铝合金制作,有的门板内部还衬以蜂窝状铝箔,增加门板强度。

5. 冷库门

冷库门是用于低温冷冻舱室的一类特殊门。

第五节 船 用 窗

一、船用窗的类型

船上的窗按其设置部位、形式、结构、材料和功用等有多种分类方法。

舷窗有固定式和活动式之分,前者不能开启,后者可开启。按水密承压能力可分为重型(70~100 Pa)、普通型(50~100 Pa)、轻型(20 Pa 以下)舷窗。图 7 – 24 所示为重型活动式舷窗。在水密区域里的窗,设有风暴盖,这样的窗在风暴天气时无法保持采光。舷窗为圆形,所用透光玻璃直径通常有 200 mm、250 mm、300 mm、350 mm 及 400 mm 几种,视船大小(肋距)选用。兼作逃生口者直径必须在 350 mm 以上。

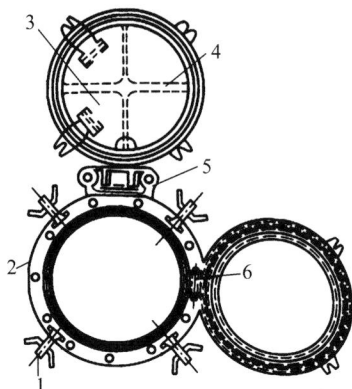

1—窗座;2—窗框;3—钢化玻璃;
4—风暴盖;5—翼型螺母;6—特种螺母。

图 7-24 重型活动式舷窗

矩形窗用于无水密要求的上层建筑内,承压小于 50 Pa,透光尺寸(宽×高)愈大承压愈低,如图 7-25 所示。

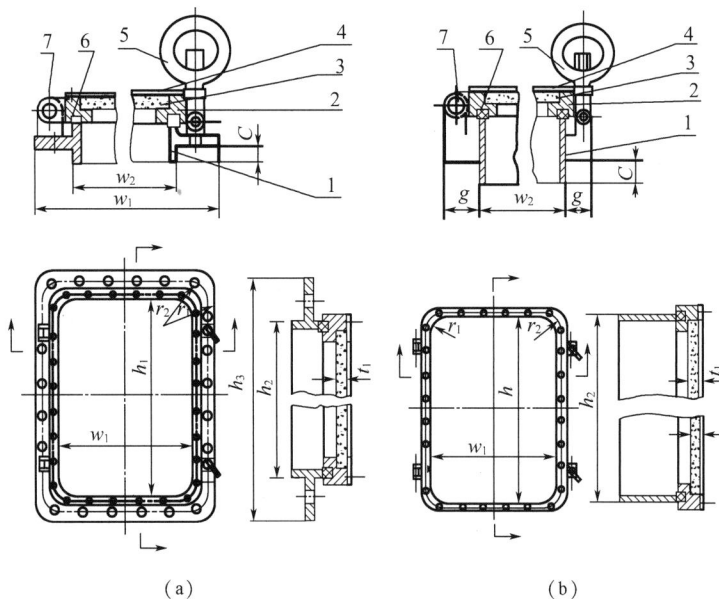

(a)   (b)

1—主窗框;2—窗扇框;3—钢化玻璃;4—玻璃压板;
5—锁紧装置;6—密封垫料;7—铰链销。

图 7-25 矩形窗

天窗窗盖可开启,盖上圆形或矩形透光玻璃,除采光外还兼作自然通风之用,一般在机舱、炉舱、厨房或小船舱室顶上设置,如图 7-26 所示。

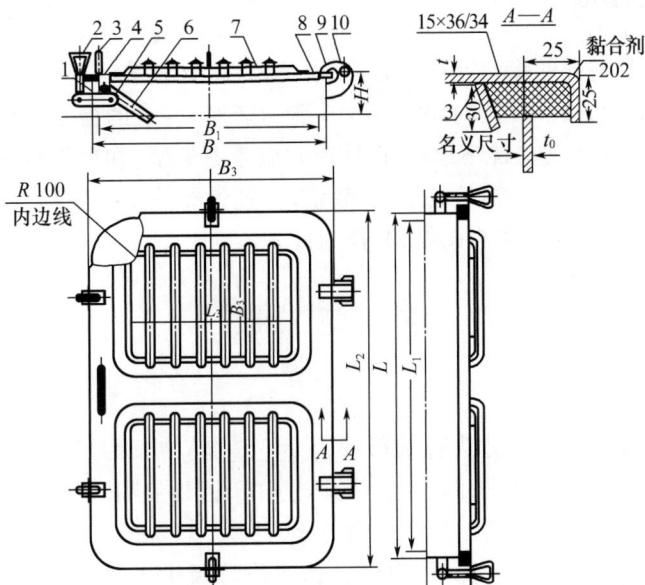

1—围板;2—螺旋夹扣;3—拉手;4—耳板;5—六角螺栓螺母垫圈;
6—支撑;7—带护栅固定矩形窗;8—盖板;9—密封橡皮填料;10—铰链。

图7-26 天窗(单位:mm)

二、窗的配备

一般船员舱设1扇窗,高级船员起居室设2扇窗的较多。餐厅、吸烟室等公用舱室视舷外壁的地方设2~4扇窗。若结构加强不受限制,则限界线以下的人员住舱应设采光舷窗,只是数量应减到最少。舷窗,小船一般为$\phi300$ mm,最小为$\phi250$ mm,大中型多为$\phi350$ mm以上。方舱同样根据肋距大小配以合适的窗,另考虑水密承压要求。透光尺寸300 mm×50 mm、400 mm×550 mm、450 mm×600 mm,窗承压为20 Pa。在上层建筑内的一般舱室的窗,大规格的(550 mm×600 mm、600 mm×700 mm、800 mm×900 mm)窗用于要求视野开阔的驾驶室。

三、窗的布置

窗布置应有利于室内较合理而均匀的采光。若舱室相邻两壁都是外壁时,同时在两壁上都开窗,并偏离于两壁交角,有利于整个室内照度的均布。实际上相对两壁开窗能使光分布较为理想,但船上除大厅室或统舱外一般空舱或居室这样设置的可能性较小,而且相邻两壁都开窗的室也不多。窗仅能一侧布置时,1扇窗最好在室长中部,2扇窗应适当拉开,使两侧也能有一定光照。

应审视全船门窗的设置对船外观的影响,每一层甲板窗的大小、高低、形式要尽可能统一,窗高连线应平行于弧线,使的间隔分布富有韵律感。

人站立时眼睛高度为1 300~1 700 mm。一般舱室窗的中心线的高度可设在1 500 mm或1 650 mm处,游览船要求处于坐位时也能观赏外景者例外。

四、船用窗布置图

船舶舱室有各种各样的窗,如舷窗、方窗、落地窗、防火窗等。根据材质来分,有钢质窗和铝质窗,从其外形来看有矩形窗和圆形窗(一般为舷窗)。有的窗是不能开闭的,如舷窗;有的窗可开闭(左右内开或左右外开)。设计窗时应考虑类型(如铝质矩形窗且带扫雪器)、数量、中心高度、围壁开口等。窗口的形式、数量、位置参照舱室布置图。与舱室门一起,画出门窗布置图,既作为船检的备查图纸,又作为订货依据。

练 习 题

一、填空题

1. 船用人孔盖按其形状可分为长圆形和_____,其中长圆形人孔盖使用较为广泛。按其密性可分为_____和水密,两者之间的区别在于密封垫圈的材料不同。

2. 人孔盖按其安装后是否高出开孔表面可分为_____和_____。

3. _____型人孔盖围板较高,可以防止污水或垃圾进入舱内。常用于机舱、锅炉舱及其他容易积水的处所。_____型人孔盖常使用在甲板、内底板、平台和舱壁等部位。_____型人孔盖均可用于要求平坦的货舱底部和甲板通道等处,以便用于货物装卸和人员走动的处所。

4. 安装在干舷甲板以上的各露天甲板和半封闭的上层建筑或甲板室内部的甲板上的小舱口盖为_____密型。_____密型小舱口盖只能用于船舶内部的甲板或平台上。

5. 内部应急脱险通道在露天甲板上的出入口处的小舱口盖为_____型,油舱设置专门的_____。

6. 船舶舱壁甲板以下的水密舱壁上的出入口需设置_____门。

7. 滑动式水密门按其结构可分为_____式和横动式,按其操作方式可分为手动和_____操纵两种形式。

8. 手动液压滑动式水密门液压系统配有_____套手动操纵装置,可以在门的两侧及上甲板某一位置分别各自操纵门的开启和关闭。

9. _____门是设置于干舷甲板以上,封闭上层建筑、甲板室、机舱棚以及升降口的出入口的关闭装置。

10. _____门对货船来讲是上层建筑内部的一些房舱门,但不包括主甲板外围壁上的水密门。

11. 船用窗作用有采光、眺望、_____、_____。

12. 船用窗可分为舷窗、_____、甲板采光窗、_____。

13. 舷窗通常有 $\phi200$ mm、$\phi250$ mm、$\phi300$ mm、$\phi350$ mm、$\phi400$ mm 几种,视船大小(肋距)选用。兼作逃生口者必须在 ϕ _____ 以上。

14. 甲区不得设舷窗;乙区舷窗必须是_____型带风暴盖的_____式舷窗;丙区舷窗可以是带风暴盖的_____的重型舷窗;丁区舷窗当直接贴靠舷边时,仍要求为重型舷窗,可设置带风暴盖的其他型开启式舷窗。

15. 一般船员舱设_____扇窗,高级船员起居室设_____扇窗的较多。餐厅、吸烟室等公用舱室视舷外壁的地方设2~4扇窗。若结构加强不受限制,则限界线以下的人员住舱应设采光舷窗,只是数量应减到最少。

二、判断题

1. 吊离式货舱口盖板块数不受限制,适合制作各种长度的舱口和各层甲板舱口。 （ ）

2. 单拉式货舱口盖普通型单拉式属于低收藏舱口盖,开启省力,操作方式多种多样。

（ ）

3. 侧移式货舱口盖收藏长度及高度适应性大,既适用于露天甲板,也适用于中间甲板。

（ ）

4. 多用途船舱口上下均装载集装箱时,为满足局部开启要求,分离缝位置设置在舱口长度中间。 （ ）

5. 盖板能在货船开口内外滚移,根据使用要求布置,既可堆放在舱口范围之内,也可堆放于舱口之外的侧部或端部,但不能滚移至相邻舱口的上方。 （ ）

6. 边铰链首门也称为侧开式首门,它是船首外板的一部分,沿着首柱中心线切开分成左右两块门板。 （ ）

7. 舱壁门是横舱壁通道的关闭设备,其最大的特点是没有门槛,以方便车辆通行。 （ ）

8. 上铰链式舱壁门在开启后收藏于甲板顶下面,舱室内只有高度足够高的舱壁才设置此种门。 （ ）

9. 倾斜式舱壁门最大优点就是节省空间。 （ ）

10. 横向滑动式舱壁门节省空间,可以用于机舱。 （ ）

11. 火车轮渡的尾门,以及不设尾跳板而要求有较大尾开口的海峡轮渡,常设置垂直滑动式舱壁门。 （ ）

12. A 型人孔盖围板厚度为 4 ~ 14 mm,座圈及盖板厚度应比围板厚度大 2 mm。常用的规格按通孔尺寸 450 mm × 350 mm、500 mm × 400 mm、600 mm × 400 mm 及 600 mm × 450 mm。

（ ）

13. B 型人孔盖为长圆形突出式人孔盖,座圈厚度为 200 mm,常用通孔尺寸和 A 型一样。

（ ）

14. C 型人孔盖为圆形突出式人孔盖,座圈厚度为 20 mm,常用的规格按通孔尺寸为 $\phi500$ mm 和 $\phi600$ mm。 （ ）

15. D 型人孔盖上带有盖板,常用的规格按通孔尺寸为 530 mm × 430 mm、630 mm × 430 mm 及 630 mm × 480 mm,盖板厚度为 10 mm、12 mm。 （ ）

16. 喷气燃料油舱的人孔盖盖板必须采用黄铜制成,以避免撞击产生火花。 （ ）

17. 设在内底板上的人孔盖应至少离开主舱壁 800 ~ 1 000 mm,以免削弱主舱壁附近的内底板强度。 （ ）

18. 如上一层甲板或平台有小舱口盖时,下一层甲板或平台上的人孔盖应设置在小舱口盖投影范围之内。 （ ）

19. 小舱口盖主要由围板、盖板、铰链、夹紧装置、制动装置、制动器、锁扣、把手和密封件等组成。 （ ）

20. B 型小舱口盖可单面开启,用于储物舱和干货舱在露天甲板或非封闭上层建筑内甲板的出入口。 （ ）

21. D 形小舱口盖为方形或矩形埋入式,由可倒楔形把手夹扣与围板紧固,可两面开启。

（ ）

22. E 型小舱口盖仅由一个翼型螺母夹扣与围板紧扣,单面开启,用于有风雨密要求的舱口部位。　　　　　　　　　　　　　　　　　　　　　　　　　　　(　　)

23. 设置在上层建筑或甲板室前的露天甲板上的小舱口盖,其盖板应该向船尾方向启闭。　　　　　　　　　　　　　　　　　　　　　　　　　　　　　　(　　)

24. 小舱口盖的大小应考虑到船体结构,不得因设置小舱口盖而切断强构件,如必须切断非强力构件(纵骨或横梁)时,则应对该处结构进行加强处理。　　　　(　　)

25. 若是专供物品出入需要在上下两层甲板或平台同一位置上设置小舱口盖,则应设置直梯。　　　　　　　　　　　　　　　　　　　　　　　　　　　　　(　　)

26. 小舱口盖下面需设置直梯时,仅作为人员出入口,则舱口开孔位置应使直梯能在通孔范围内。　　　　　　　　　　　　　　　　　　　　　　　　　　　　(　　)

27. 当上下两层甲板或平台均设置供人员出入用的小舱口盖时,则这两个小舱口盖位置应错开。　　　　　　　　　　　　　　　　　　　　　　　　　　　　　(　　)

28. 限界线以下水密舱壁(有时即为主竖区舱壁)主要的作用是关闭后保持分隔的水密性。在限界线以上部位的 A 级门,应首先满足公约和规范对防火性能的要求,再兼及水密性。　　　　　　　　　　　　　　　　　　　　　　　　　　　　　　　　(　　)

29. A 级防火门的门叶和门框应为钢质结构,同时要求防火门应在舱壁的每一面由 2 人即可将其关闭。　　　　　　　　　　　　　　　　　　　　　　　　　　(　　)

30. 钢质门叶由框材、扶强材和面板组成,与一般非防火舱室门不同的是,为了防止形成热交接点,扶强材在整个门叶厚度范围内不应贯通,而应错开布置。　　　(　　)

31. A 级防火门的锁芯和铰链可采用普通碳素钢。　　　　　　　　　　　　(　　)

32. B 级门分为 B - 30 级、B - 15 级和 B - 0 级三个耐火等级。　　　　　(　　)

33. 除了梯道环围的门上及门下不允许开设通风口外,其余用于走廊舱壁上通往起居处所等舱壁上的 B 级门,按使用要求可设置应急通孔或通风栅。　　　　(　　)

34. 应急通孔一般取为 500 × 500 mm(宽 × 高),通风栅的净开口面积不得大于 0.05 m^2,它们均应以不燃材料制作。　　　　　　　　　　　　　　　　　　(　　)

35. C 级门在构造和组成方面都与 B - 0 级门相仿。由于它没有阻止火焰穿过的要求,因此门的加工精度(如门与门框的间隙)、所使用的门锁和锁链等都可适当放宽要求。　　　　　　　　　　　　　　　　　　　　　　　　　　　　　　(　　)

36. 玻璃钢不怕水,外表光滑美观,质量比 C 级门轻,在某些军舰上,为减少船舶自重,也可用作房舱门,但价格高。　　　　　　　　　　　　　　　　　　　(　　)

37. 一般玻璃门是不防火的,为了达到防火要求,在门的外侧设置"常闭型"的防火门。　　　　　　　　　　　　　　　　　　　　　　　　　　　　　　　(　　)

38. 因驾驶室外门不需要防火,为节约空间常采用金属移门,可用铝合金也可以用不锈钢模板。　　　　　　　　　　　　　　　　　　　　　　　　　　　　(　　)

39. 船用窗布置图既作为船检的备查图纸,又作为订货依据。　　　　　　(　　)

40. 窗仅能一侧布置时,一扇窗可以任意布置。同一外壁布置两扇窗时,两扇窗应适当拉开,使两侧也能有一定光照。　　　　　　　　　　　　　　　　　　(　　)

41. 若舱室相邻两壁都是外壁时,同时在两壁上都开窗,并偏离于两壁交角,有利于整个室内照度的均布。　　　　　　　　　　　　　　　　　　　　　　　　(　　)

42. 方窗同样根据肋距大小配以合适的窗,另考虑水密承压要求。在上层建筑内的一般舱室的窗,大规格的窗(550 mm×600 mm、600 mm×700 mm、800 mm×900 mm)用于要求视野开阔的驾驶室。 ( )

43.甲板采光窗一般在机舱、炉舱、厨房或小船舱室顶上设置。 ( )

44.天窗窗盖不可开启,盖上的圆形或矩形透光玻璃除采光外还兼作自然通风之用。

( )

45.甲板采光窗安装与甲板平面齐平,透光面安装透光玻璃,使甲板下的空间接受的不是直照的阳光,而是均匀柔和的散射光。 ( )

46.舷窗一般设于第二层上层建筑以上的舱室。 ( )

三、写出下列舱口盖的名称以及使用范围。

名称:_____
用途:_____

名称:_____
用途:_____

名称:_____
用途:_____

名称:_____
用途:_____

四、写出下图小舱口盖类型。

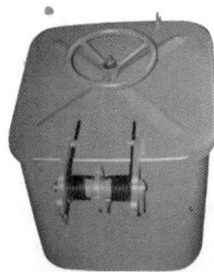

( ) ( ) ( )

五、写出下图中船用窗类型。

(　　　　)

(　　　　)

(　　　　)

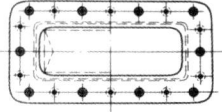

(　　　　)

六、请写出下图中人孔盖类型。

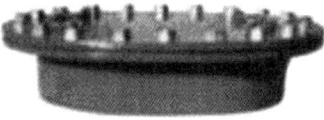

(　　　　)

(　　　　)

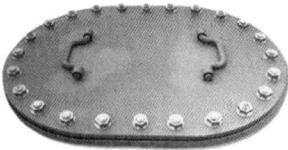

(　　　　)

(　　　　)

关闭设备

第八章　航行设备认识与选用

第一节　航行设备概述

　　船舶的航行设备是用来确定船舶的位置、航向、航速、水深、周围目标以及用于自动驾驶的设备。它是船舶的"眼睛"，是保证船舶在广阔大海中准确和安全航行的重要设备。随着电子技术的进步，船舶上的航行设备的发展突飞猛进、日新月异，许多先进的航空电子技术纷纷用于其上，其发展的趋势是集成化、网络化和智能化。

　　早期船艇上配置的航行设备主要是磁罗经和海图。但是，这些设备确定船舶的位置比较复杂，需要船员学会使用六分仪，根据天体的位置来确定船舶的位置。随着无线电技术在船艇上的应用，人们可以利用地面导航台的信息方便地确定船舶位置。电子海图的出现和网络技术的应用更使得现代导航设备面貌焕然一新。人们通过网络下载当地最新的海图，还可以获得最新的导航信息。同时，电子海图还可以和雷达显示屏、自动舵、鱼探仪等集成，形成多功能显示器，再添加实时的各种导航信息，使驾驶人员对自己船尾和周围的情况一目了然。随着计算机技术的发展及其在船艇上的应用，航行设备智能化的特性也显现了出来。人们通过计算机来管理船舶上的各种设施。

一、航行设备简介

　　航行设备是指船舶运动、航行过程中作业必需的设备，它所涉及的内容广泛，一般按照船舶吨位要求配置。

　　1. 航行仪表

　　（1）航法，是用数学计算或查表来确定航向、航程或推算船位的航行作业方法，又称航迹计算，一般涉及航向、航程和经差、纬差的换算，经差和东西距的换算等问题。15—17 世纪，航海家们经过长期实践和研究，形成以平面三角和球面三角的解算为基础的八大航法。

　　图 8 - 1 中，纬差 = 航程 × cos（航向角），东西距 = 航程 × sin（航向角）。

　　此法计算简单，曾使用了几个世纪。但除用于近距离航行外，准确性较差。

　　流中航法是把流向、流程当作一个附加的航向、航程的航法，用于流中推算船位或计算能抵消流的影响的驾驶航向。

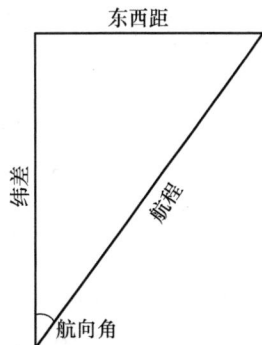

图 8 - 1　平面航法示意图

　　折航法为多航向的航法。计算时先分别求出各航向段的纬差和东西距的总和，再求直航向和直航程，即相当的单一航向和航程。1436 年出现了折航表，简化了计算过程。过去帆船抢风曲折航行常使用此航法，现在机动舰船也使用此法。

　　等纬航法即东西向航行时,涉及东西距和经差换算的航法。此法是最简单的球面航法,其关系式为

$$经差 = 东西距 \times \sec(纬度)$$

在不能测定经度的时代常用此法,现在混合航法中也仍在使用。

　　中分纬度航法为斜向航行时,用中分纬度解决经差和东西距换算问题的球面航法(纬差计算同平面航法)。其关系式为

$$经差 = 东西距 \times \sec(中分纬度)$$

当两地(纬度相同)的经度线在某纬度圈上所截弧长等于两地的东西距时,此纬度称为中分纬度,在两地平均纬度附近。航程 200 n mile 以内,可用平均纬度作为中分纬度。航程小于 600 n mile,而且纬度小于 60°时,用平均纬度代替中分纬度计算经差所产生的误差约为 1% 。如果要求得到准确值,则要按航海表中的中分纬度修正量表加以修正。中分纬度航法出现于 17 世纪,用以解决平面航法不准确的问题,虽不如墨卡托航法准确,但仍有用。

　　墨卡托航法是利用墨卡托投影中经度线上的纬度渐长率差进行航行计算的航法,又称恒向线航法。其关系式为

$$经差 = 纬度渐长率差 \times \tan(航向角)$$

　　墨卡托投影是在将球面投影于平面时,使经度线和纬度线同比例地渐长。纬度渐长率差就是两地纬度渐长率之差(纬度相同时相加)。纬度渐长率表发表于 1599 年,可在航海表中找到,它是墨卡托航法的基础。此航法很准确,但当靠近东西向航行时应使用中分纬度航法,因正切在 90°附近变化很快,航向稍有误差将引起很大的经差误差。墨卡托投影如图 8 - 2 所示。

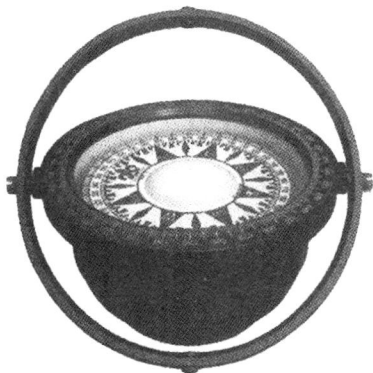

图 8 - 2　墨卡托投影

　　大圆航法是采用地球面上两地间最短航线,即大圆航线的球面航法。已知起止两点的经纬度,可用球面三角的边余弦公式解算由地极和起止两点形成的三角形求得航程,再用正弦公式计算起止点的航向;也可利用大圆顶点将该球面三角形分为两个直角三角形以简化计算。这些解法和天文三角形的解法相似,可借用天文航海用表计算。大圆航法发表于 1537 年,由于当时对风、流的知识和测定经度的方法尚未掌握,直到 19 世纪才获得推广。

　　混合航法是当大圆航线受陆地、冰山或恶劣天气的限制,将大圆航法和其他航法混合使用的航法。此法是将限制纬度作为大圆顶点计算大圆航线,其余按有关航法计算。

　　航法计算不如海图作业直观、简单,所以一般仅在如下情况使用:①海图比例尺太小,图上作业的准确度不够高时;②在无线电定位和天文定位中,不能直接在海图上作图时;③转向频繁,难以进行海图作业时。

　　(2)磁罗经,分为标准罗经、操舵罗经、备用标准罗经,是应用最久的方位指示器,如图 8 - 3 所示。它是利用地球磁场作为基准测定航向的一种仪器,由若

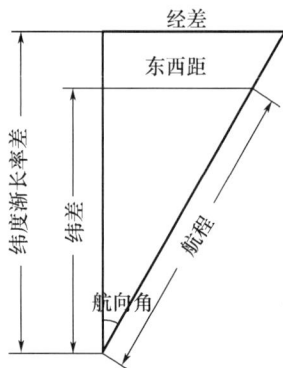

图 8 - 3　磁罗经

干个平行装置的磁棒与一个罗经卡即航向标线盘连成一体,罗经卡的盘面上刻有0°到359°的方向刻度。罗经卡和磁棒都安装在液缸即浮室上,浮室中央凹处顶部是镶有铱金尖的轴针,可自由旋转,在地磁作用下始终维持指向北方。浮室提供的浮力可减小宝石管座与轴针的摩擦力而提高罗经指向的灵敏性。航向标线代表船体中心线,反映船体当时的实际航向。

由于船上四处都是钢铁,对地球磁场有影响,因此在船舶完工以后试航时要对磁罗经进行校正。为了避免环境对磁场的影响,罗经装设位置应该满足以下条件:

①罗经附近不应有钢质的旋转物体或手提式电灯(支流),以免出现移动物对磁场的影响。

②罗经附近不应有垂向的钢铁结构物,距烟囱、桅杆等至少7 m,距各种钢质支柱亦至少2～3 m。

③若在距罗经3 m的范围内有钢质结构物,结构物应对称船体中线面布置。

④前壁等靠近罗经处的大型结构物附近不应设置直流电机。

磁罗经由于构造简单、性能可靠、使用方便,又不需要供电,因此尽管有很多高精度的导航仪器装配于船舶,但磁罗经仍然是船艇上必不可少的导航仪器。但由于磁罗经指向精度不高,受到各种因素的影响,因此主要适用于沿岸航行的船舶,或作为备用罗经。

(3)自动操舵仪,是能自动控制舵机以保持船舶按规定航向航行的设备,又称自动操舵装置。它是在通常的操舵装置上加装自动控制部分而成的。其工作原理是:根据罗经显示的船舶航向和规定的航向比较后所得的航向误差信号,即偏航信号,控制舵机转动舵并产生合适的偏舵角,使船在舵的作用下转向规定的航向。自动操舵仪具有自动操舵和手动操舵两种工作方式。船舶在大海中直线航行时,采用自动操舵方式,可减轻舵工劳动强度和提高航向保持的精度,从而相应缩短航行时间和节省能源。船舶在能见度不良或进出港时,采用手动操舵方式,具有灵活、机动的特点。一般大于5 000总吨的远洋船舶应配一台自动操舵仪。

(4)航迹记录仪,包括航向记录仪、方位分罗经、航向分罗经。

(5)电罗经(陀螺罗经),是利用陀螺仪的定轴性和进动性,使其旋转轴线精确地跟踪地球子午面自动指北的一种指向仪器,如图8-4所示。其最大优点是不受地磁和船体磁场的影响。电罗经的指向精度高,但也有结构复杂、体积大、成本高、噪音大、故障率高、维护频繁等缺点,而且必须有电才能工作。

图8-4 电罗经

(6)其他航行仪表还包括舵角指示器、推进器转速指示器、风向风速仪等。

2.位置测定装置

(1)雷达,又称无线电定位仪,是利用电磁波的反射来发现目标并测定其位置的。雷达探测目标的基本原理与回声测距相似,其发射的电磁波以光速传播,在电磁波的照射下,目标将大部分电磁波散射到四周空间,其中一小部分能量被雷达接收,借此获得与目标相关的信息。这个信息包括目标的距离、速度、外形、大小等。雷达主要包括收发信器、天线装置、回波箱、主指示器、副指示器、变流机及各种控制设备,国际航线大于1 600总吨的船舶应带有雷达反射作图器。船舶导航雷达主要保障船舶在江河海洋航行时的安全,防止碰撞,并可根据地物目标测定船位,进行导航,以及用于在能见度不良的情况下进出港口时观测航道。

(2)双曲线无线电测位系统,是利用船上同时接收两个无线电发射台的信号来确定船位的。由于船舶距离两个发射台的距离不同,收到的电波的时间与相位也是不同的,这两种差异与从两个发射台到船舶间的距离差异成比例。因此,船位与两个发射台间的距离差异确定了电磁波轨迹上的一点。如果船上不断地接收从两个发射台发出的电磁波,即可通过曲线的交点定位船。实用中采用双曲线法的电磁波有连续波和脉冲波等。具体的双曲线系统有台卡、罗兰、欧米伽系统。

台卡系统:台卡系统是英国开发的一种双曲线无线电测位系统,使用频率为70~130 kHz,通常需要4个发射台,主发射台在三角形中间位置,3个从发射台在三角形3个角顶端,用主从发射台间形成的3个双曲线交点确定船位。

罗兰系统:罗兰系统是一种无线电测向系统,基本原理是利用环状天线的方向性,通过一部收信机接收岸上两个发射台的信号,并测出它们的方向、时间差,对照罗兰海图或罗兰表以确定船位。它包括环状天线和辅助天线、收信机、补偿装置、转换板、变流机、电源板、信号板、蓄电池。频率为1 800~2 000 kHz 脉冲波为罗兰 A,频率为100 kHz的脉冲波为罗兰 C。罗兰 A 在白天传播的距离为600~700 n mile,夜间为1 200~1 400 n mile,覆盖的面积较小;而罗兰 C 在白天传播的距离为1 200~1 400 n mile,夜间为1 800~2 300 n mile,比罗兰 A 覆盖的面积大。

欧米伽系统:欧米伽系统是美国开发的一种系统,它利用的超短波(10 kHz、11.33 kHz、13.6 kHz 三种频率)是可能利用的最后几个频率带,所以用希腊字母中最后一个字母来命名。该系统只需在地球上设置8个发射台,不论是船舶、飞行器,在陆上或水下10 m 移动物(潜艇)的位置都可以确定,因为利用的是超声波,相位稳定、衰减小、传播距离长。发射台的间距可大些,如10 kW 发射台电波传播距离在5 000 n mile 以上,测量精度高。

(3)航海卫星定位系统(NNSS),1964 年首先在美国海军使用,1967 年引入民用。船上的卫星导航接收机从周期为106 min,高度约为1 100 km 的极地轨道(通过南北极的上空)卫星上不断接收信号,从而求得船位。所需卫星数量一般为4 个,多了更好,图 8-5 为其概念图。卫星每隔2 min 发出400 MHz(399.968 MHz ±11 kHz)和150 MHz(149.988 MHz ±4 kHz)两种频率的轨道参数。当船接收电波时卫星以高速运行,使接收的电波具有多普勒效应,船距卫星近时接收的是高频电波,船距卫星远时接收低频电波,通过这种多普勒频率的换算即可求得卫星位置与接收地点间的距离差,从而确定船位。它利用的是一种移动发射电波的双曲线法,通常测定精度为0.5 n mile。

(4)全球定位系统(GPS),是20 世纪70 年代由美国陆海空三军联合研制的新一代空间卫星导航定位系统。其主要目的是为陆海空三大领域提供实时、全天候和全球性的导航服务,并用于情报收集、核爆监测和应急通信等一些军事目的,是美国独霸全球战略的重要组成。经过20 余年的研究,耗资300 亿美元,到1994 年3 月,全球覆盖率高达98% 的24 颗GPS 卫星星座已布设完成。

GPS 是由用户测量卫星到用户的距离与距离变化率来精确测定用户位置、速度和时间参数的。GPS 由GPS 卫星网、地面监控系统和GPS 接收机三大部分组成,如图 8-6 所示。

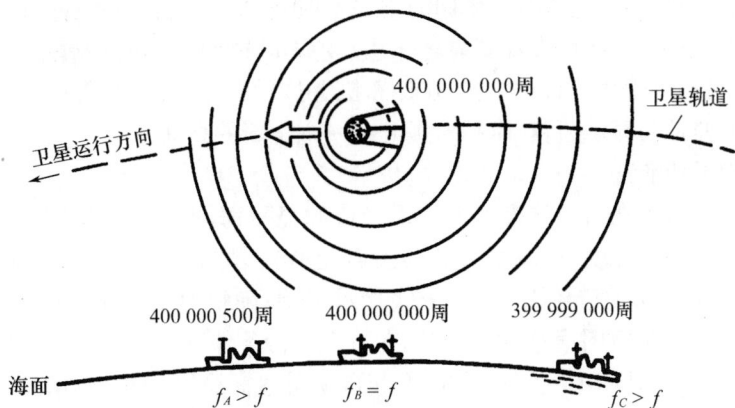

图 8 - 5　航海卫星定位系统(NNSS)

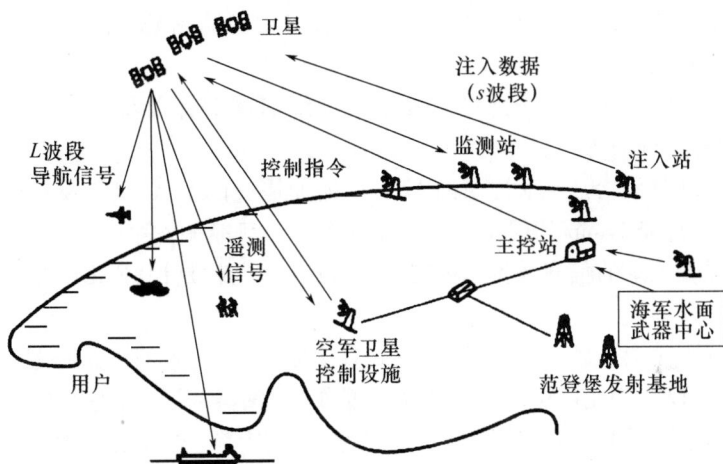

图 8 - 6　GPS 组成示意图

　　用 GPS 卫星信号进行定位和导航的接收设备称为 GPS 卫星导航仪。其功能包括远洋船最佳航程航线测定、船只实时调度与导航、海洋救援、海洋探宝、水文地质测量以及海洋平台定位、海平面升降监测等。经过 20 余年的实践证明,GPS 是一个高精度、全天候和全球性的无线电导航、定位和定时的多功能系统。GPS 技术已经发展成为多领域、多模式、多用途、多机型的国际性高新技术产业。

　　(5)船舶自动识别系统(AIS),由岸基(基站)设施和船载设备共同组成,是一种新型的集网络技术、现代通信技术、计算机技术、电子信息显示技术为一体的数字助航系统和设备。AIS 由舰船飞机之敌我识别器发展而成,配合 GPS 将船位、船速、改变航向率及航向等船舶动态,结合船名、呼号、吃水及危险货物等船舶静态资料,由 VHF 频道向附近水域船舶及岸台广播,使邻近船舶及岸台能及时掌握附近海面所有船舶动静态资讯,得以立刻互相通话协调,采取必要避让行动,对船舶安全有很大帮助。对于成员人数大于 12 的游艇,按照游艇规范必须配置船舶自动识别系统。

（6）电子海图显示与信息系统（ECDIS），是现代航海的一项新技术，它在保障航行安全和提高操纵船舶工作效率方面发挥着显著作用。ECDIS 能自动实时计算本船与陆地、标志物、目的地或者潜在危险物的相对位置，在计算机上显示电子海图，为驾驶整合了各种相关航行信息的实时监控与显示，将航海技术提升到一个全新的高度。

ECDIS 有如下功能：

①海图显示。包括在给定的投影方式下合成和显示海图（在使用墨卡托投影方式时，可适当选取海图的基准纬度，以减小海图的投影变形）；以"正北向上"或"航向向上"方式显示海图；以"相对运动"或"绝对运动"方式显示海图；随机改变电子海图的比例尺（缩放显示及漫游）；分层显示海图信息（隐去本船在特定航行条件下不需要的信息）。

②雷达信息处理。ECDIS 可将雷达图像和自动雷达标绘仪（ARPA）信息叠加显示在电子海图上，提供本船、本船周围的静态目标、本船周围的动态目标三者之间的位置关系。航海人员可据此判断避碰态势，做出避碰决策。同时，还能够在电子海图上检测该避碰决策可行与否。

③航路监视。在船舶航行过程中，ECDIS 能够自动计算船舶偏离计划航线的距离，必要时给出指示和报警，实现航迹保持。ECDIS 还能够自动检测到航行前方的暗礁、禁航区、浅滩等，实现避礁、防浅。

④航海信息咨询。获取电子海图上要素的详细描述信息以及整个航线上的航行条件信息，如潮汐、海流、气象等。

航行记录。ECDIS 能够自动记录前 12 h 内所使用过的 ENC 单元及其来源、版本、日期和改正历史，以及每隔 1 min 的船位、航速、航向等。一旦船舶发生事故，这些信息足以再现当时的航行情况。记录的信息不允许被操纵和改变。也就是说，ECDIS 应具备类似"黑匣子"的功能。

⑤ECDIS 虽然功能很强，但也只是一种助航仪器，其系统本身的局限性、显示误差和故障、使用者对系统设置和使用中的不当或错误操作、传感器的误差、备用布置使用上能否及时和有效等，都要求使用者对其决不能过分依赖。使用者不仅要充分掌握其性能并充分、适当地利用其功能，还应在航行中充分利用适当瞭望和独立于该系统的手段和方法，检验系统的有效性和是否有误差，以保证航行安全。

3. 计程仪

（1）拖曳式计程仪，曾经在船上广泛使用，现在已被电磁式计程仪替代。

（2）多普勒声呐，是从船底向海底发射超声波，通过反射波的时间差求得船速的仪器。其特点是准确性、灵敏性好。

（3）水压计程仪，现在使用不多。

（4）电磁式计程仪，是利用在磁场中运动的导体上将产生与其运动速度成比例的电磁感应的原理，测量船舶在航行中的瞬时速度并累计航程的导航仪器，用于指示瞬时速度、累计航程，并可给雷达、卫星导航仪器提供航程信号。其特点是灵敏度高，尤其在低速航行时测速精确，它还可以测量船舶后退时的航速。

4. 测探机

（1）测铅（Led），每船配手用测铅、深海测铅。浅水水域航行时，可以用其测量水深。一般可测 30 m 以内，船舶静止时测深可达 60 m。

（2）水压式测探仪，是利用水压与水深成正比的原理，根据测深玻璃管内化学涂层变色的长度确定水深。它的测量深度可达 180 m,但误差较大。

(3)回声式测探仪,是利用压电式换能器发出和接收超声波,以探测水域深度的装置,可供测量水深、分析海底地貌、绘制海图及导航用。大于或等于 500 总吨的船舶要求配用。

5.天文航海仪器

(1)六分仪,由望远镜、动镜、水平镜、示标杆等组成,因其弧长为全圆的1/6而得名。用它可测得天体与水平线的夹角,从而知道天体的高度,根据天文钟以及航海历书确定船位。

(2)航海天文钟,其读数代表格林尼治时间,周误差不大于 10 s,用以天文计算确定船位。

(3)索星卡或星球仪,可根据星的高度与方位确定星名,是预先选定要观测的星的工具。

(4)秒表。

(5)船钟,一般布置在驾驶室、机舱、海图室、无线电报室等。

6.气象仪器

气象仪器有无液气压计、温度计、自动气压记录器、干湿球温度计、气象传真接收机、水温计、风向风速计或手提风速计等。

7.光学仪器

光学仪器通常有 7×50 双筒望远镜、看图放大镜等。游艇规范要求在夜间航行的游艇配置夜视仪。

夜视仪是以像增强器为核心器件的夜间外瞄准具,其工作时不用红外探照灯照明目标,而利用微弱光照下目标所反射光线通过像增强器在荧光屏上增强为人眼可感受的可见图像,来观察和瞄准目标。其工作原理分为五个步骤:

(1)用一种特制的透镜,能够将视野内物体发出的红外线汇聚起来。

(2)红外线探测器元上的相控阵能够扫描汇聚的光线。探测器元能够生成非常详细的温度样式图,称为温谱图。大约只需 1/30 s,探测器阵列就能获取温度信息,并制成温谱图。这些信息是从探测器阵列视域场中数千个探测点上获取的。

(3)探测器元生成的温谱图被转化为电脉冲。

(4)这些脉冲被传送到信号处理单元——一块集成了精密芯片的电路板,它可以将探测器元发出的信息转换为显示器能够识别的数据。

(5)信号处理单元将信息发送给显示器,从而在显示器上呈现各种色彩,色彩强度由红外线的发射强度决定。将从探测器元传来的脉冲组合起来,就生成了图像。

8.海图作业仪器

海图作业仪器包括量角器、三杆定位仪、两脚规、平行尺或三角板、倾斜仪等。

9.船用计算器

船用计算器包括排水量计算、舱容计算、纵倾计算、纵强度计算、稳性计算、天体测量计算所用仪器。

10.回转速度指示器

通常大于 100 000 总吨的船舶才要求配置该仪器。

第二节　船载航行数据记录仪

船载航行数据记录仪(VDR)是一个完整的系统,包括用于数据处理和数据编码所要求的任何与输入数据源接口的项目在其保护容器中的最终记录介质、电源供应和专用备用电源。船舶安装 VDR 主要是为了以一种安全和可恢复的方式,保持存储有关船舶发生事故前后一段时间的船舶位置动态、物理状况、命令和操纵的信息,以便用于任何随后的确定事故原因的调查。

国际海事组织(IMO)于 1997 年 11 月 27 日第 20 次大会上通过了 A.861(20)决议,即关于 VDR 的性能标准,同时《国际海上人命安全公约》(SOLAS)附则的 2000 年修正案(2002 年 7 月 1 日生效)对 VDR 提出了认可、检验及配备的相关要求,国际电工委员会于2000 年 7 月也推出了关于 VDR 的第一版现行有效的国际标准。

一、VDR 的组成

(1)VDR 主机,可称为数据采集单元;

(2)数据保护容器(PDC),即所谓的黑匣子,其中存放有最终记录介质;

(3)PDC 与主机的连接箱;

(4)VDR 的报警单元;

(5)麦克风组;

(6)电源单元;

(7)数据采集接口单元。

二、各部分作用

VDR 主机是整个 VDR 系统的核心,通常应包括下列几个单元:主处理单元、网络交换机、语音混响器、图像抓取及切换器、串行通信接口等。

通过采集程序它可以采集接口为 RS232 或 RS422 的串口数据,数据格式符合 IEC61162(数据接口及数据格式标准)或 NMEA0183(美国船用电子设备接口标准)的要求。同时可通过传感器接口单元采集非 IEC61162 或 NMEA0183 格式信号,即模拟量信号、开关量信号等。通过语音混响器和麦克风组合可采集驾驶室声音,也可采集 VH 信号。通过图像抓取及切换器可以同时采集多部雷达图像(要求至少一部雷达)并在它们之间自动切换,压缩存储。VDR 采集精度主要取决于被采集设备的接口输出精度。总之,VDR 主机通过采集程序至少应采集到 A.861(20)和 IEC61996 中规定的如下数据项目:

(1)日期和时间　应从船舶的外部时间源(如电子定位系统(EPFS))或船舶的内部时钟获取,可参考世界协调时(UTC)。要求应指明时间源且计时误差不能大于 1 s。

(2)船位　记录纬度和经度,及使用的数据来自哪一个电子定位系统,其分辨率应高于0.000 1 min/rad。

(3)速度　记录相对于水域地的速度,指明来自哪种设备,分辨率应高于 0.1 kn。

(4)船首向　即船舶的罗经指示,分辨率应高于 0.1°。

(5)驾驶室声音　应采集位于驾驶室内的一个或多个麦克风,其布置应充分地记录在指挥位置、雷达显示器、海图桌等位置或附近的谈话。同时尽可能捕捉到驾驶室内的内部通信、船令广播和声响报警等声音。

（6）通信声音　有关船舶操作的 VHF 通信应采集，并与驾驶室的声音独立。

（7）雷达数据　要求采集从船舶的一台雷达装置上获得的电子信号信息，它记录了当时在雷达主显示器上实际出现的全部信息。还应包括任何距离标志、方位标志、电子标绘符号、雷达图选择的部分系统电子海图（SENC）、航行计划、航行警告和在显示器上可见的雷达数据。

（8）回声测深仪　采集船舶龙骨以下的深度，当时显示的深度刻度和可以得到的其他信息，分辨率应高于 0.1 m。

（9）主报警　包括驾驶室在内的所有 IMO 强制要求在驾驶室内进行报警的报警状态。

（10）操舵命令和响应角度　应按船舶可得到和允许的数据进行记录，分辨率应高于 1°。

（11）轮机命令和响应　包括任何车钟或直接的机器/螺旋桨控制器的位置、轴转数（或等效速度）、反馈指示前进后退指示器及艏艉侧推（如设有）。转数记录的分辨率应高于 1 r/min，螺距记录的分辨率应高于 1°。

（12）船体开口状况　包括要求在驾驶室内显示的所有强制状态信息。

（13）水密和防火门状况　包括要求在驾驶室内显示的所有强制状态信息。

（14）加速度和船体应力　（如设有时）应予记录。

（15）风速和风向　用于安装了适当的传感器的船舶。相对风速、风向或绝对风速、风向都可以记录，但应指明是哪一种。

VDR 还可以在不影响规定的要求最小数据项目的记录和存储基础上，设计成对可选的数据项目进行采集。可以将采集到的数据储存到最终记录介质和本地文件夹中。

VDR 主机通过配置程序在系统安装初始化过程中，应对下列信息和数据源特征进行配置，并写入最终记录介质且在其内永久保存。同时应采取保护措施以便由经过适当授权的人员根据数据的变化进行修改。任何对上述数据块的改变都不应影响强制项目的记录。数据块应包括下列信息：

（1）VDR 的形式认可机关和参考标准；

（2）本船的 IMO 编号；

（3）正在使用的软件版本号；

（4）麦克风的安装位置和录音通道的分配；

（5）对哪台 VHF 进行了记录；

（6）日期和时间从哪个数据源获得；

（7）船位从哪个 EPFS 获得及其在船上的相对位置；

（8）对其他提供记录数据输入设备的特征，符号约定和所有输入的报警/门的标识；

（9）自动插入最近修改的日期和时间。

PDC 内存放最终记录介质（FRM 通常采用 Flash memory，其存储时间应不少于 12 h），PDC 通过接口箱与 VDR 主机相连。通过网络交换机，采用相关的网络协议来存取 VDR 主机采集到的数据。PDC 通常安装在罗经甲板（应注意与罗经的安全距离），可以采用在任何情况下都固定在船上的形式或当船舶沉没时自动浮离的形式。PDC 应带有一个在 25～50 kHz 频段内的水下声响信标，该信标所用的电池至少可以工作 30 d。对于自动浮离式还应带有一个无线电发射机，用于发射定位信号。向无线电发射机和其指示灯供电的电池至少能工作 7 d。

PDC 应设计成在其经受了下列情况后,仍能够保证最终记录介质中的数据可被恢复且没有丢失:

(1)冲击　IEC60068 – 2 – 27 标准中规定的 50 g 的半正弦脉冲,持续 11 ms。

(2)穿刺　ED56A 标准中规定的 250 kg 并带有 100 mm 直径尖头的物体,从 3 m 高处落下。

(3)耐火　ED56A 标准中规定的 260 ℃ 的低温火烧 10 h,1 100 ℃ 的高温火烧 1 h。

(4)深海压力和潜水　ED56A 标准中规定的浸没在海水中经受 60 MPa 的压力(相当于 6 000 m 的水深)。

三、VDR 的报警单元

VDR 应自动连续地监测下列状态:供电、记录功能、比特误码率、麦克风功能。当上述某一功能发生故障时应在船舶的通常驾驶位置发出监测报警,并且报警应能够被静音,但视觉指示到设备恢复可用。还应通过使继电器的触点(或等效方式)在非报警状态下保持通电的方法指示报警状态。

(1)麦克风组　根据实际船舶要求的相关位置(如海图桌旁、雷达操作位置、舵轮操作位置、驾驶室两翼等),配置相应的麦克风装置。

(2)电源单元　船舶的主用电源和应急电源应向 VDR 供电,并且 VDR 应配有专用备用电源,其容量应满足 VDR 单独记录驾驶室声音至少 2 h。

VDR 的数据采集接口单元已在 VDR 的主机部分说明,它通常固化在 VDR 主机内。

四、VDR 的试验要求

VDR 的性能标准 IEC1996 中规定了 VDR 应进行的试验及试验方法和试验结果的要求,主要包括以下内容。

1. 全面性能试验

用再现设备(Playback equipment)观察记录的数据,在整个规定的记录时间内,详细地检查数据,确保记录连续并与标准数据一致,然后将所有信道的整个记录时间,按大约 30 min 长度分段,每段检查 30 s 长度的记录数据。

2. 性能检查

首先对每一数据信道至少进行一次简单的定性检查,然后按大约 1 h 的长度,对数据进行分段,每段检查 30 s 的长度。

3. 外观检查

(1)防篡改性能检查:

①只有通过使用工具或钥匙才能进入系统的任何部位;

②任何控制器或键盘的操作或它们的组合操作应不影响 VDR 的记录;

③只有通过钥匙或其他的安全方法才能停止 VDR 的记录;

④对记录的数据应设置密码,以防止非授权人员访问。

(2)标志是否正确。

(3)PDC 的定位装置。

(4)专用备用电源。

（5）是否配有必要的说明文件。

4. 工作条件试验

应根据 IEC60945 对整个 VDR 系统进行一系列的试验。具体包括绝缘电阻测量、电源波动及故障试验、振动试验、高温试验、低温试验、干热试验、湿热试验、耐电压试验、喷水试验、电磁兼容性试验、外壳防护试验等。

5. 记录时间试验

6. 专用备用电源试验

7. 专用备用电源的充电试验

8. 断电试验

9. 系统完整性试验

10. 顺序记录试验

11. 记录与日期和时间的相关性试验

12. 对 PDC 的试验

13. 数据项目的配置试验

14. 数据项目的记录试验

（1）日期和时间、船位、速度、艏向。

（2）驾驶室声音,包括:

①音频响应试验;

②声音质量指标试验;

③噪音电平有信号到无信号;

④噪音电平信噪比和畸变。

（3）通信声音,同样包括上述试验。

（4）雷达图像,主要是通过预置的测试图像与输出图像来比较颜色误差和位置误差,其误差应在规定的范围内。

（5）回声测深仪、主报警舵令和响应、轮机控制命令和响应、船体开口的状态、水密和防火门的状态、加速度和船体应力、风速和风向试验。试验方法为逐项显示记录的数据,其格式应符合相应的规定。数据应以大于每秒一次的速度刷新,并应以小于每秒一次的速度改变。记录 30 min 的数据,并能重新回放此数据。

五、VDR 的操作要求

VDR 在正常工作状态下的运行应是完全自动的,不需要人为干预。只有当安装在通常驾驶位置的报警单元发生报警时,船上人员才应按照制造商的相关要求进行操作。

VDR 应能够连续保持规定要求采集的有关船舶状态和输出,以及船舶的命令和控制等数据项目的顺序记录。记录的方式应保证在适当的设备上再现数据时,各种数据项目可以与日期和时间相关联。另外 VDR 尽可能设计成不能对输入到 VDR 的数据进行选择,不能对数据本身或已记录的数据进行篡改。任何干扰数据或记录完整性的过程应予以记录。

VDR 的运行应保证连续性,所有存储的数据项目应至少保留 12 h,超 12 h 的数据项目可以被新的数据项目覆盖。如果船舶的应急电源供电中断,则可通过专用备用电源向 VDR 供电,而使 VDR 再连续记录驾驶室声音 2 h。2 h 结束后,所有记录应(可以)自动终止。

六、VDR 的维护要求

由于 VDR 是软硬件结合的系统,所以应根据制造商的维护要求定期对系统进行相关的整理。对专用备用电源、水下声响信标的电池(电池容量可用高阻万用表检查,信标是否正常工作可通过专用设备测试)、麦克风的输出电瓶等定期检查。同时应按照 SOLAS 的要求,对 VDR 系统(包括所有传感器)进行年度性能试验,且试验应由认可的试验或维修机构进行。

七、VDR 的配备要求

根据 SOLAS 附则 2000 年修正案第五章第 20 条的规定,从事国际航行的船舶应按下列要求配备 VDR:

(1)2002 年 7 月 1 日及以后建造的客船,于建造时配备;

(2)2002 年 7 月 1 日以前建造的客滚船,不迟于 2002 年 7 月 1 日之后的第一次设备安全检验时配备;

(3)除客滚船外,2002 年 7 月 1 日以前建造的客船,不迟于 2004 年 1 月 1 日配备;

(4)除客船外,2002 年 7 月 1 日或以后建造的 3 000 总吨及以上的所有船舶于建造时配备;

(5)除客滚船外,对于 2002 年 7 月 1 日以前建造的船舶,如能够证明 VDR 与船舶的现有设备连接是不合理和不可行的,则主管机关可以免除这样的船舶配备 VDR 的要求。

八、船上安装检验要求

船舶安装 VDR 时,应将 VDR 的布置图及 VDR 的系统图送交审图部门进行审批。现场检验人员主要应查核下列项目:

(1)查核 VDR 的船用产品证书,查核制造商提供的相关文件,包括安装手册操作及维护手册等。

(2)应根据批准的布置图核查 VDR 主机、报警装置、麦克风、PDC 等安装位置,既应满足电气设备在船上的安装要求,又应注意电磁兼容性的要求。

(3)应根据批准的系统图查核 VDR 所有采集的数据项目,对所采集的数据项目现场回放,核实其准确度(功能试验)。同时对采集数据用的所有传感器应固定安装,其精度应达到要求。采集数据时应从设备的输出接口进行,如需要在设备上另外安装输出接口时,应不影响这些设备的正常使用功能。

(4)安装 VDR 所使用的电缆应具有船用产品证书,船上敷设时,应紧固安装并注意船舶结构防火及水密的性能要求。

(5)核查 VDR 的电源供给,包括主电源、应急电源、专用备用电源。

第三节 船舶自动识别系统

船舶自动识别系统(AIS)是一种新型的助航系统,目前 AIS 已发展成通用自动识别系统(UAS)。AIS 加强了船舶间避免碰撞的措施,增强了 ARPA 雷达、船舶交通管理系统、船舶报告的功能;在电子海图上显示所有船舶可视化的航向、航线、船名等信息,改进了海事通信的功能,提供了一种与通过 AIS 识别的船舶进行语音和文本通信的方法,增强了船舶的全局意识,使航海界进入了数字时代。AIS 具有如下功能:识别船只、协助追踪目标、简化信息交流、提供其他辅助信息以避免碰撞发生。

一、VTS、ARPA 雷达的发展

通过岸基雷达搜集目标信号的船舶港口交通管理系统被称为船舶交通服务(VTS),通过船基雷达搜集目标信号并显示目标的航向、航速以及能模拟避碰的雷达被称为 ARPA 雷达。20 世纪七八十年代,是 VTS、ARPA 雷达长足发展的黄金时期,几乎全球所有的港口都安装了 VTS,全部的远航船舶都安装了 ARPA 雷达。随着航海事业的发展和人们对航海通信导航仪器要求的提高,VTS 和 ARPA 雷达无法直接标识目标的问题变得突出。VTS、ARPA 雷达的显示屏上能看到系统范围内所有船舶(目标)的航行状态、航向、航速等,但无法自动识别船舶(目标)的船名。

VTS 中心的显示屏上可以看到通过岸基雷达接收船舶(目标)的回波,工作人员需要通过 VHF 直接询问、VHF 通话加 VHF 测向、VHF 短消息等手段来获得该船的船名,并对该目标进行标识。经标识的目标,其标识会始终跟随船舶(目标)航行,直到船舶(目标)驶离 VTS 区域。

为获得船名并在显示屏上确认其位置,VHF 与船舶通话是相当频繁的。进入 VTS 中心机房,"正横某某灯浮的船舶船名是什么?""请报船名。请行驶到报告线后再报船名。"等 VHF 通信叫喊声响个不停,叫喊声已经成了 VTS 中心的一大特色,通过 VHF 确认船名和位置的工作花费了 VTS 中心工作人员相当大的精力,对 VTS 的功能是一个削弱。

ARPA 雷达与 VTS 的情况相同,无法直接了解目标船舶信息的问题非常突出,对避碰也相当不利,成了当时的技术瓶颈。在 VTS 和 ARPA 雷达上直接标识目标的问题被提上议事日程。

在 VTS 和 ARPA 雷达上直接标识目标需要解决的问题有:高精度的定位手段、船舶全球唯一的编码 MMSI 码、自控时分多址连接(SOTDMA)技术、电子海图显示与信息系统(ECDIS)等。

1. 高精度的定位手段

GPS 能做到在高速运动目标下的三维立体坐标定位,定位精度高于 1 m,主要用于武器的精确制导等方面。为了防止敌对方把 GPS 用于武器的精确制导,在 GPS 问世后的相当长时间内未能对民用开放。由于 GPS 巨大的民用实用价值,考虑到技术的原因,GPS 信号有 P 码和 CA 码之分,其中 P 码为精确码,只供美国军方、政府机关以及得到美国政府批准的民用用户使用;CA 码为粗码,定位精度约为 300 m,对民用有限地开放。航海使用的是 GPS 民用码。在得到运用通常的技术改进后仍无法将民用码 GPS 运用在武器的精确制导的结论后,时任美国总统克林顿颁布法令,于 2000 年 5 月 1 日起民用码 GPS 向民用领域免费长期开放。在通过使用 DGNSS 接收器技术后,民用 GPS 的定位可保证优于 10 m 的精度(实测可达 3 m 精度),符合 AIS 的定位要求。考虑到 GPS 对军事民用的重要性,目前欧洲国家、俄罗斯、日本等正抓紧研发自己的卫星定位系统。

2. 船舶全球唯一编码 MMSI 码

船舶全球唯一编码 MMSI 码又叫船舶识别号,每一艘船舶从开始建造到船舶使用结束解体,给予一个全球唯一的 MMSI 码。

1987 年 11 月 19 日,IMO 通过了第 A - 600(15)号决议,推广应用 MMSI 码。目的在于加强海运安全和防止海运中的欺骗及防止船舶造成海洋污染的管理。MMSI 码适用于 100 总吨及以上的国际航行船舶,不适用于渔船、非机动船、游艇、从事特殊业务的船舶和军用船舶。MMSI 码一般由当地船级社办理,现有的营运船可以向当地船级社提出申请获得。AIS 中就是使用 MMSI 码来区分不同的船舶的。

3. SOTDMA 技术

SOTDMA 技术是通过数据打包链接的技术。AIS 技术标准规定:将每分钟划分为 4 500 个时间段,每个时间段可发布一条不长于 256 bit 的信息,长于 256 bit 的信息需增加时间段。每条船舶会通过询问(自动)选择一个与他船不发生冲突的时间段和对应的时间段来发布本船的信息。在统一的 VHF 频道上,AIS 范围内任何船舶都能自行互不干扰地发送报告和接收全部船舶(岸站)的报告,这就是 SOTDMA 技术的核心。AIS 系统(在同一区域)能同时容纳 200 ~ 300 艘船舶,当系统超载的情况下,只有距离很远的目标才会被放弃,以保证作为 AIS 船对船运行主要对象的近距离目标的优先权。在实际操作中,系统的容量是不受限制的,可同时为很多船只提供服务。在实施 SOTDMA 技术中,需要两个 AIS 专用的 VHF 频道,已有有关组织向国际电信联盟申请并获得批准。

4. ECDIS

ECDIS 是现代航海的一项新技术,它在保障航行安全和提高航行工作效率方面发挥着显著的作用。IMO 对电子海图有专门的要求,与简单地用颜色显示的纸海图相比,电子海图系统包括更多使用简单、操作容易的地理和文字信息。电子海图系统不仅只是在计算机上显示电子海图,而是为驾驶员集成了各种相关航行信息的实时航行监控与显示系统。ECDIS 能自动地实时计算本船与陆地海图上的物标、目的地或潜在的危险物的相对位置,可以说将航海安全技术提升到了一个全新的高度。

电子海图一般由所在国的主管机关负责或监督制定,主要涉及的是国家主权和日常维护。电子海图主要技术指标要求高于纸质海图许多,一般来讲,电子海图需要达到精度高于 1 m 的全数字化,无级缩放,且包含全部航海信息,如灯浮、灯标等,包含全部的地理信息,如岸线码头等。

二、AIS 的发展过程

1. 先于 AIS 系统的数字选择性呼叫(DSC)

先于 AIS 系统的是 DSC,其基本方法是在 VHF70 频道上以 DSC 方式自动发出询问信息,接收到询问的船只,以同样的频道将本船的基本信息发送回询问方。DSC 询问采用广播的方式,通过信息中的地址码判断询问的对象,被询问的船才会回应,其余船只不响应。该系统已经利用了数字式自动传输技术,并将船舶的位置信息与电子海图结合起来,对船位等已能显示。

尽管 DSC 系统与原先的产品相比,优点非常突出,但是 IMO 还是认为过早地定标对科技发展不利,DSC 技术仍有发展的空间。1996 年 9 月,在 IMO 船员培训和值班标准分委会(NAV)第 42 次会议上,各成员国在 DSC 和 AIS 系统的选择问题上进行了深入的讨论。考虑到未来的通信,决定采用更加先进的 AIS 系统。

AIS 的研制发展阶段:

1994 年,瑞典等国家提出时分多址无线电自动识别系统方案;

1996 年,IMO 接受了广播式和应答式两种 AS 系统;

1997 年,IMO NAV 第 43 次会议通过《关于全球船载自动识别系统性能标准的建议案》;

1998 年,国际电信联盟正式通过《在 VHF 海上移动频段时分多址通用船载自动识别系统技术特性》;

1999 年,IMO NAV 第 45 次会议通过《AIS 强制安装决定》;

2000 年 11 月,IMO 海上安全委员会(MSC)第 73 次会议通过强制安装 AIS 的议案;

2001 年 6 月,IMO MSC 第 74 次会议通过决定采用 2000 年高速航行器代码(2000HSC 代码)取代 1994 年高速航行器代码(1994HSC 代码)。

IMO MSC 第 73 次会议最终通过了新修订的 SOLAS 第五章。在 SOLAS 新五章中,规定了安装 AIS,具体要求如下。

所有 300 总吨及以上的国际航行船舶和 500 总吨及以上的非国际航行船舶,以及所有客船应按如下要求配备一台 AIS:

①在 2002 年 7 月 1 日及以后建造的船舶。

②在 2002 年 7 月 1 日之前建造的国际航行船舶:客船不迟于 2003 年 7 月 1 日;液货船不迟于 2003 年 7 月 1 日以后的第一个船检日;除客船和液货船外的 50 000 总吨及以上的船舶,不迟于 2004 年 7 月 1 日;除客船和液货船外的 10 000 总吨及以上但小于 50 000 总吨的船舶,不迟于 2005 年 7 月 1 日;除客船和液货船外的 3 000 总吨及以上但小于 10 000 总吨的船舶,不迟于 2006 年 7 月 1 日;除客船和液货船外的 300 总吨及以上但小于 3 000 总吨的船舶,不迟于 2007 年 7 月 1 日。

③在 2002 年 7 月 1 日之前建造的非国际航行船舶,不迟于 2000 年 7 月 1 日。部分实施日期之后两年内永久退役的船舶,主管机关可以免除对这些船舶的要求。

2. 国际上对 AIS 方面的研究

自从 VTS 中船舶识别问题被重视和 AIS 的观点被提出,IMO 对船舶识别和 AIS 的讨论、研究、论证、极限测试、定标、推广等方面的工作从未间断过,每年都要召开多次 AIS 方面的会议并做出相应的决定。IMO MSC 还成立了专门的 AIS 小组,统一协调 AIS 工作和进程。

AIS 方面的研究是一项巨大的工程,其讨论、研究、论证、极限测试、定标、推广等方面的工作需要 IMO 各成员国合作参与,有的测试、定标等工作的部分费用是由 IMO 支付的,没有我国参与这方面工作的报道。查阅有关的会议文件,我国曾派人员参加了有关会议,但很少参与 AIS 讨论和发表论文。我国对 AIS 方面的研究尚处在起步阶段。

三、AIS 与 VTS、ARPA、船舶报告系统

1. AIS 与 VTS、ARPA、船舶报告系统的关系

AIS 相对 VTS、ARPA、船舶报告系统而言,仅是岸基雷达、船基雷达、报告手段的功能而已。VIS、ARPA、船舶报告系统是"一部完整的机器",而 AIS 仅是"某部机器中的一个零件"。VTS、ARPA、船舶报告系统是港口管理、船舶、搜救组织获取一定区域内船舶信息的工具,分别用于船舶管理、避碰、搜救定位。从信息角度来讲,信息越多越好;从精度角度来讲,精度越高越好;从范围角度来讲,区域越广越好。从信息精度来看,AIS 船位信息精度比 VTS、ARPA 高,比船舶报告高很多。从区域范围来看,AIS 区域范围比 VTS、ARPA 大许多,

比船舶报告小一些,但可通过其他方法解决。从成本效果上来看,在达到相同效果的前提下,AIS 与 VTS、ARPA、船舶报告系统相比成本最低、效果最好。有许多功能 VTS、ARPA、船舶报告系统是无法办到的,只有 AIS 能办到。

2. AIS、VDR、ECDIS 的关系

AIS、VDR、ECDIS 是各自独立的系统,但又是紧密联系的船舶自动识别系统。VDR 获得的数据需要在 ECDIS 上显示。AIS 和 VDR 能互相印证其数据的准确性,其标准需要一致。所以 IMO 把 ECDIS、AIS、VDR 放在一起研究、讨论和定标。AIS、VDR 两者有着不可替代的互补功能。AIS 的船舶能实时获取周边安装使用 AIS 船舶的船名、呼号、船长、货物种类等船舶静态数据和航向、航速、位置、相对距离等船舶航行动态数据。VDR 能在事故后保存记录数据并恢复和再现这些数据,可对事件准确还原,为事故原因分析提供原始数据,是传统的方法无法比拟的。

第四节　船用磁罗经

磁罗经是依据磁针在地磁力作用下指向磁北的原理制成的一种指向仪器。磁罗经本身可看作一根磁针,因地磁北极具有负磁量,地磁南极具有正磁量,在异性相吸的作用下,磁针的北极指向地磁的北极,磁针的南极指向地磁南极。磁罗经具有结构简单、性能可靠和不依赖于外界条件工作的优点,是现代化船舶重要的航海仪器之一。1977 年 IMO 通过决议,要求所有船舶都要安装一台标准磁罗经和一台操舵磁罗经,并应正确地校正自差和备有自差表或自差曲线。

一、磁罗经的分类

1. 按用途和安装位置分

(1)标准罗经　安装在罗经甲板的船首尾线上,并为水平视界最大之处,用以指示航向、观测方位及校正操舵罗经等。

(2)操舵罗经　安装在驾驶台操舵的正前方,并在船的首尾线上,供航行时观测航向之用。

(3)太平罗经　安装在船尾太平舵(又称应急舵)前面的船首尾线上,供舵机失灵而用太平舵航行时观测航向用。

(4)艇用罗经　救生艇上所用的小型液体罗经。

2. 按罗经盆内所充的物质分

(1)干罗经　罗盆内是干的,这是一种比较陈旧的罗经,现已逐渐被液体罗经所代替。

(2)液体罗经　液体罗盘浸浮在盛满液体的罗盆内,因受液体的阻尼作用,故当船摇摆时,罗盘的指向稳定性好。另外,由于液体浮力的作用,可减少轴针与轴帽间的摩擦力,提高了罗盘的灵敏度。这种罗经目前已广泛使用。

3. 按罗经的构造形式分

反射式罗经在标准罗经上加设反射装置并通到驾驶台,以代替操舵罗经供操舵用。反射式罗经目前已被广泛采用。其他还有立式磁罗经、台式磁罗经、可移式磁罗经。

二、磁罗经的结构

各种类型的船用磁罗经主要由罗经柜、罗盆和自差校正器等组成,如图8-7所示。

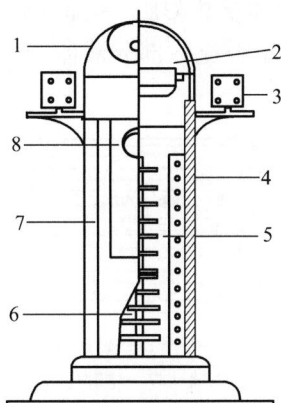

1—罗经帽;2—罗盘;3—校正软铁盒;4—纵向磁铁架;
5—横向磁铁架;6—垂直磁铁架;7—罗经柜;8—倾斜仪。

图8-7 磁罗经示意图

1.罗经柜

罗经柜有两个作用,一是放置罗盆,二是放置消除自差用的磁铁和铁。罗经柜顶部有罗经帽,起保护罗盆的作用。罗经帽上有一玻璃窗口,供观察航向用。罗经柜正前方有一竖筒,筒内根据需要放置长短不一的佛氏铁块和补充长度的木块,用以消除自差。罗经柜左右正横两侧放有软铁球或软铁片盒的座架,软铁球或软铁片的中心位于磁针平面内。罗盆放置在水平环上,以便在船体倾斜时仍保持水平。罗经柜的上部装有照明灯,以便夜航时观察航向。在罗经柜内位于罗盆中心的正下方装一垂直铜管,其内部放置消除倾斜自差的垂直磁铁,并由吊链拉动可上下移动。此外,罗经柜内还有放置纵横磁铁的架子,用以安装磁铁,从而改变其对罗经产生的纵向和横向水平力的大小。

2.罗盆

罗盆是磁罗经的指向部分。罗盆由罗盆本体和罗盘两部分组成。罗盆系铜制,罗盆顶部有一玻璃盖,其边缘有橡皮圈,并用一铜环压紧以保持水密。罗盆底部以铝作为压重,用以降低罗盆重心,使罗盆保持水平。罗盆侧壁设有注液孔,用以注入液体和排除气泡。在罗盆内的前后,各装有一根垂直金属线,直立于罗经刻度盘边缘处,为基线。位于船首方向的称为首基线,供读取航向用。罗盘内充满酒精与蒸馏水的混合液,通常酒精占45%,蒸馏水占55%;酒精用来降低冰点,罗经液体的沸点为+83 ℃,冰点为-26 ℃。

罗盘是罗经指示的灵敏部分。它由刻度盘、浮子、磁倾斜仪钢和轴帽等组成。刻度盘由云母等非磁性材料制成,呈圆盘形,上面刻有0°～359°的刻度。罗盘中间有一呈半球形的水密空气室,称为浮子或浮室,用以增加罗盘在液体中的浮力,减小罗盘与轴针间的摩擦力,提高罗盘的灵敏度。在浮子的下部,装有2～3对磁针或环形磁铁,需使磁针的N、S极与刻度盘的0°～180°轴线平行,并与刻度盘中心对称。有的罗经把磁针用铜皮密封,以防锈蚀。在浮子中心处为轴帽,其内嵌有宝石,罗盘通过轴帽支承在轴针上,轴针下端固定于罗盆内轴针横梁的中点上。

罗盆还采取了用以调节盆内液体热胀冷缩的措施,例如有的罗经在其罗盆底部装有铜皮压成的波浪形的缩片,用以调节膨胀与收缩;还有的罗经,其罗盆分上下两室,如图 8 – 8 所示。上室安放罗盘并充满液体,下室液体不灌满,留有一定的空间,用毛细管连通罗盆的上下两室。当温度升高时,上室液体受热膨胀,一部分液体通过毛细管流到下室;反之,当温度降低时液体收缩,由下室向上室补充一部分液体,于是起到调节盆内液体的膨胀和收缩作用。

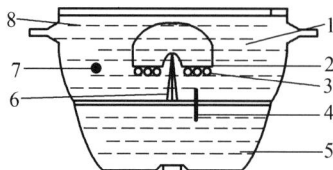

1—刻度盘;2—浮子;3—磁钢;4—毛细管;
5—罗盘下室;6—轴针;7—注射孔;8—罗盘上室。

图 8 – 8 罗盆

三、磁罗经的维护保养

磁罗经的维护和保养是否妥当,直接影响到船舶的航行安全和仪器的使用寿命。因此平时应认真做好维护和保养工作。

(1)平时磁罗经应盖上罗经帽和套上罗经套,以免受风吹雨淋致使刻度盘变形,罗经垫木被腐蚀。

(2)平时应注意检查罗经的半周期和灵敏度。

(3)保持液体无色透明,消除罗盆内的气泡。

(4)应定期对罗盆轴和常平环轴等加润滑油。

(5)各种校正器(包括备用的)不得生锈;软铁校正器不用时,不得将其靠近永久磁铁;保存校正磁棒时,应异名极相靠,并避免高温、振动和恒定磁场的影响。

(6)方位仪应保持处于完好状态,棱镜面必须与照准面垂直,旋转轴应与罗盘中心轴针相重合。

(7)投影或反射型罗经,应保持其光学透镜面的清洁,使罗盘刻度清晰可见。

(8)罗经附近不得放置或安装磁性物体。

四、磁罗经使用注意事项

1.使用磁罗经时,不得随身携带铁器,并应检查磁罗经附近有无增减铁器物品,以免影响磁罗经的指向。

2.改航向时,应在罗经正后方看船首基线所对罗经卡的度数,以提高观看度数的准确性。在风浪中航行,罗经卡两边摆动时应读平均值。

3.在风浪中观测物标方位时,应在涌浪间隙中当罗经保持水平时,读出方位度数。

4.航行中应经常校对标准罗经和操舵罗经。船舶在长航线上航行,因船体钢铁受地磁感应已久,船舶转向后需经 5 ~ 10 min 才能进行定位。

第五节 航行设备的配备

一、航行设备的配备要求

海船船舶航行设备配置要求见表 8-1。

表 8-1 航行设备配置要求

设备名称	最低配备定额	备注
1.航海罗经		
（1）标准磁罗经	1	≥150 总吨的船舶要求配备（主管机关认为不必要的,可以免除）
（2）操舵磁罗经	1	标准磁罗经能提供艏向情况,并使舵工在主操舵位置可以清楚地读出数字的情况下可以免配
（3）备用标准磁罗经	1	已设有操舵磁罗经或电罗经的船舶可免配
（4）电罗经	1	A:1984 年 9 月 1 日或以后建造的≥500 总吨的船舶要求配备 B:1984 年 9 月 1 日以前建造的 1 600 总吨的国际航行船舶要求配备
2.无线电导航设备		
（1）无线电测向仪	1	≥1 600 总吨的船舶要求配备,配备 GPS 和 GMDSS 设备的船舶可免除此项要求,但需持有免除证书
（2）雷达	1	A:所有 10 000 总吨以下的客船和 10 000 总吨以下 300 总吨及以上的货船。 B:≥1 600 总吨的船舶,应带雷达反射作图器。 C:雷达装置应能在 9 GHz 频带工作
（3）ARPA	1	除 1984 年 9 月 1 日以前建造的 15 000 总吨以下的非液货船外,所有 10 000 总吨及以上的船舶要求配备
3.计程仪	1	A:1984 年 9 月 1 日或以后建造的 500 总吨及以上的国际航行船舶要求配备 B:要求安装 ARPA 雷达的船舶,应安装 1 台相对式计程仪
4.测深仪	1	1980 年 5 月 25 日之前建造的 1 600 总吨及以上的和 1980 年 5 月 25 日或以后建造的 500 总吨及以上的国际航行船舶,要求配备
5.舵角指示器	1	1984 年 9 月 1 日之前建造的 160 总吨及以上的和 1984 年 9 月 1 日或以后建造的 500 总吨及以上的船舶,要求配备

表 8 – 1（续）

设备名称	最低配备定额	备注
2. 无线电导航设备		
6. 推进器转速指示器	1	1984 年 9 月 1 日之前建造的 1 600 总吨及以上的和 1984 年 9 月 1 日或以后建造的 500 总吨及以上的船舶，要求配备
7. 旋回角速度指示器	1	1984 年 9 月 1 日或以后建造的 100 000 总吨及以上的船舶，要求配备

二、航行设备基本性能要求

1. 磁罗经

（1）所有海船每年至少应进行一次磁罗经的自差校正，并编制自差表。但遇下列情况应重新进行自差校正，并编制自差表：

①在船体结构方面有所变动时，或磁罗经旁带有磁性的物体移动以后；

②载运大量有磁性货物后；

③用任何方法进行船舶的消磁工作后；

④船舶长期停泊并固定在一个方向，发现磁罗经自差有显著变化的；

⑤船舶遭受雷击、失火、碰撞、搁浅、船体经过电焊或敲击后，发现磁罗经自差有显著变化的；

⑥在磁罗经更换或移动后。

（2）已安装的磁罗经经校正后的剩余自差：标准磁罗经应不超过 +3°，操舵磁罗经应不超过 ±5°。超过上述值时，需重新校正。

（3）除照明外，磁罗经不应使用电源工作。

（4）标准磁罗经应安装在船舶罗经甲板上，视域应尽可能不受遮蔽，以便观察水平和天体方位。操舵磁罗经应安装在驾驶室内，使操舵位置上的舵工能清晰地读取数字。

（5）安装在露天甲板上的磁罗经应备有防水罩。

（6）校正后的磁罗经位置应记入专门的罗经记录簿内。

2. 电罗经

（1）罗经应能确定船舶相对地理北的方向。

（2）所有工作状态下，主罗经和分罗经之间的读数偏差应不超过 ±0.5°。

（3）应具有校正速度和纬度误差的装置，也可用图表和表格的方法进行校正。

（4）应具有向其他助航设备提供航向信息的能力。

（5）应设有自动报警装置，以指示罗经系统中的重大故障。

3. 雷达

（1）雷达设备应能显示相对于本船的其他水上船只、碍航物、浮标、海岸线和航标的位置。

（2）显示器应随时都能清晰地指示所用量程和距离圈的数值。

（3）雷达应具有符合要求的固定距标和带距离数字显示的活动距标。

（4）固定距标和活动距标的亮度应可调，并能使它们从显示器上完全消失。

（5）应具有在显示器上迅速获得任何物标回波方位的装置。

（6）应具有抑制来自海浪杂波、雨水及其他形式的沉淀物、云、沙暴等有害回波的合适装置。

（7）雷达从冷态启动后，应在 4 min 内正常工作。

（8）应设有准备状态，雷达从准备开始在 15 s 内应进入工作状态。

（9）安装天线时，通到天线的电缆和波导管穿过罗经甲板时，应保证水密。

（10）当要求配备双台雷达时，它们的安装应使每台雷达既能单独工作，又能使双台同时工作而不相互依赖。

（11）雷达应能连续工作 24 h。

4. 测深仪

（1）在正常传播和海床反射条件下，回声测深仪应能测量在换能器以下 2 ~ 200 m 的任何水深。

（2）当水中声速为 1 500 m/s 时，深度指示的允许误差为：浅水刻度误差为 ±0.5 m，深水刻度误差为 +5 m，或指示深度的 ±2.5%，取其大者。

（3）测深仪显示主要是图形显示，并能直接提供深度数据和可见的测深记录，显示记录应至少显示 15 min 的测深，也可附有其他显示方式，但不应影响主要显示方式的正常工作。

（4）剩余记录纸为全长的 1/10 时，应有清楚的标记或用其他方式给予指明。

（5）回声测深仪的显示器应安装在驾驶室或海图室内。

5. 计程仪

（1）计程仪应能提供有关船舶对水或陆地的航行距离和前进速度。

（2）计程仪应能显示航速和距离。

6. 航行设备的电源要求

（1）1984 年 9 月 1 日以后建造的 5 000 总吨及以上的船舶，船上航行设备除主电源供电外，还应备有应急电源供电。

（2）1984 年 9 月 1 日以后建造的 5 000 总吨以下的船舶，当主管机关认为应急电源向航行设备供电为不合理或不可行时，主管机关可免除此项要求。

7. 预防因计程仪故障被滞留的措施

（1）1984 年 9 月 1 日以前建造的 10 000 总吨以下液货船和 15 000 总吨以下非液货船，按公约要求不需要安装 ARPA 和计程仪。如果船舶未安装 ARPA，但已经安装了计程仪，应保证其工作正常，如果计程仪已损坏，应予以拆除。

（2）1984 年 9 月 1 日以前建造的 10 000 总吨以下液货船和 15 000 总吨以下非液货船，如果已安装了 ARPA，但当与之配套的计程仪已经损坏而不准备修复时，应立即拆除该计程仪。此时，除非该 ARPA 可以接受 GPS 的相关航行参数，或者可以手动设置航行参数，否则该 ARPA 仅可作普通雷达使用，并应重新制定操作规程，张贴在相关设备的控制面板上。

（3）对 1984 年 9 月 1 日以前建造的 10 000 总吨以上液货船和 15 000 总吨以上非液货船，按公约要求应装设 ARPA，此时不可免除计程仪要求，且计程仪应处于良好工作状态。若该计程仪只能依靠机械计数器显示船舶的航程，而无法显示航速，或者无法提供航速信号输出，或者其航速输出信号不能和船舶所设置的 ARPA 接口电路兼容，则这样的计程仪不符合公约要求，应尽快予以换新。

（4）按公约要求应配 ARPA 的船舶，ARPA 应与船上计程仪连接，而不应与 GPS 连接。

因为 ARPA 要求有一个能提供经由水测量的船舶首尾向速度装置,SOLAS 第五章第十二条也明确指出:要求装设 ARPA 的船舶,应装设一台能显示航速和航程的仪器。而 GPS 所显示的速度是对地速度,且 GPS 不能显示航程。因此,建议 ARPA 与 GPS 连接的船舶,尽快与船级社联系,共同解决此类问题。

练 习 题

一、简述磁罗经的工作原理和使用时的注意事项。

二、简述 VDR 概念和组成。

三、什么是 AIS 系统,它有哪些功能?

四、GPS 有哪些功能?

五、船用雷达有哪些基本要求?

航行设备

第九章 信号设备和通信设备认识与选用

第一节 信号设备概述

一、信号设备介绍

信号设备主要是指号灯、闪光灯、号型与号旗、声响信号器具等。

"桅灯"是指安置在船的首尾中心线上方的白灯,在225°的水平弧内显示不间断的灯光,其装置要使灯光从船的正前方到每一舷正横后22.5°内显示。

"舷灯"是指右舷的绿灯和左舷的红灯,各在112.5°的水平弧内显示不间断的灯光,其装置要使灯光从船的正前方到各自一舷的正横后22.5°内分别显示。长°小于20 m的船舶,其舷灯可以合并成一盏,装设于船的首尾中心线上。

"尾灯"指安置在尽可能接近船尾的白灯,在135°的水平弧内显示不间断的灯光,其装置要使灯光从船的正后方到每一舷67.5°内显示。

"拖带灯"是指具有与"尾灯"相同特性的黄灯。

"环照灯"是指在360°的水平弧内显示不间断灯光的号灯。

"闪光灯"是指每隔一定时间以每分钟120闪次或120以上闪次闪光的号灯。

1. 船舶的避让规则规定的布置船灯地位要求

(1)桅灯:前、后桅灯,白色,方位点20,角度225°,可见距离5 n mile。

(2)舷灯:左红色,右绿色,方位点10,角度112.5°,可见距离2 n mile。

(3)尾灯:白色,方位点12,角度135°,可见距离2 n mile。

(4)停泊灯:抛锚灯,白色,方位点32,角度360°,可见距离3 n mile。

(5)红灯,是操纵失灵灯,红色,方位点32,角度360°,可见距离2 n mile。

(6)信号灯,主要用于通信、操纵,有手提式、旋转坐架式、桅顶式通信闪光灯等。

2. 号灯的能见距离

号灯的能见距离是指号灯的发光强度,在下列最小距离上能被看到:

(1)长度为50 m或50 m以上的船舶

桅灯,6 n mile;

舷灯,3 n mile;

尾灯,3 n mile;

拖带灯,3 n mile;

白、红、绿、黄环照灯,3 n mile。

(2)长度为12 m或12 m以上但小于50 m的船舶

桅灯,5 n mile;但长度小于20 m的船舶,3 n mile;

舷灯,2 n mile;

尾灯,2 n mile;

拖带灯,2 n mile;

白、红、绿、黄环照灯,2 n mile。

(3)长度小于 12 m 的船舶

桅灯,2 n mile;

舷灯,1 n mile;

尾灯,2 n mile;

拖带灯,2 n mile;

白、红、绿、黄环照灯,2 n mile。

(4)不易觉察的,部分淹没的被拖船舶或物体

白色环照灯,3 n mile。

二、信号器具

信号器具包括号型、号旗与音响信号工具。

(1)雾角。

(2)黑球,一般直径大号为(610±10)mm,小号为(410±10)mm。

(3)黑色圆锥物,一般直径大号为(610±10)mm,小号为(410±10)mm,高等于 2 倍直径。

(4)火箭或曳光弹,如音响火箭,声音如放炮,可听距离不小于 2 n mile,表示"我们遇难需要援助";红星火箭,光度 20 000 支烛光,高度 150 m 发出 5～6 个红星,燃烧时间 8～15 s,作用同音响火箭。

(5)降落伞式信号火箭,爆炸后发出红光和降落伞,光度 20 000 支烛光,高度 150 m,延续 40 s,也是表示需要援助。

(6)蓝色火焰信号,可发出蓝色火焰,燃烧 1 min,光度 600 支烛光,每隔 15 min 发一次,表示"我船需要引水"。

(7)号钟。

(8)锣,一般船长超过 106 m 的机动船上配置。

(9)汽笛、电笛声号,要求可听距离达 2 n mile。声号分短声和长声,短声是 1 s,号间距 1 s;长声是 4～6 s,组间隔 6 s。例如:

1 短声表示"我船正向右转向,要求我左舷会船";

2 短声表示"我船正向左转向,要求我右舷会船";

3 短声表示"我船正向后移动,或有后退倾向";

4 短声表示"不同意你的要求";

5 短声表示"怀疑对方是否已经采取了充分避让行动,并警告对方注意";

1 长声表示"我将要离泊或我将要横渡";

2 长声表示"我要靠泊或我将要通过船闸";

3 长声表示"有人落水"。

长短声组合又表示不同的意义,如 3 短 3 长 3 短,表示求救,即 SOS 信号。

(10)旗号,包括国际信号旗、手旗、本国旗、标志旗、数字旗、代用旗等。

国际信号旗有 40 面,其中 26 面拉丁字母旗(A～Z)、10 面数字旗(0～9)、3 面代用旗、1 面回答旗。通常 1 面字旗为通用或紧急通信用,2 面字旗主要用于紧急通信,3 面字旗表

明通信要领,4 面字旗表示船名和地名等。

手旗每套两面,颜色与图案为国际信号旗的 O 和 P 字母所示,但尺寸为 350 mm × 350 mm。本国旗,如中华人民共和国国旗,有 5 种规格,见表 9 – 1。

表 9 – 1 中华人民共和国国旗尺寸 （单位:mm）

号数	1	2	3	4	5
长度	2 880	2 400	1 920	1 440	960
宽度	1 920	1 600	1 280	960	640

通常排水量为 10 000 t 级的船舶配 2 至 3 号国旗,5 000 t 级的配 3 至 4 号国旗,2 000 到 3 000 t 级的配 4 至 5 号国旗,1 000 t 级以下的配 5 号国旗,其中小一号的旗用于航行时,而大一号的旗用于节日。一般,国旗在尾旗杆上,公司旗在首旗杆上。

第二节 VHF 无线电话

VHF 无线电话是船舶 VHF 设备话音终端,主要用于海上近距离通信,如驾驶台对驾驶台的通信和救助现场的通信,通信时使用的频率是 VHF 波段。VHF 通信设备是 GMDSS 中 A1 海区的主要通信设备,是实现现场通信的主要手段,也是实现驾驶台与驾驶台之间通信的唯一手段。

根据 1988 年 SOLAS 修正案要求,GMDSS 船载无线设备配置要求航行于 A1 ~ A4 海区的船舶,不仅要求配备能进行话音和数字选择性呼叫 DSC 通信的 VHF 无线电话通信设备,还要求配备 3 台救生筏上使用的双向 VHF 无线电话通信设备,并对航行在 A1 海区的船舶可以配置 VHF EPIRB 用以代替卫星 EPIRB 进行船对岸的遇险报警。VHF 通信设备主要功能如下:

(1)港口和引航业务,实现有关港口、引航作业处理、船舶的行动和安全,以及在紧急情况下有关人员安全的通信,船舶动态业务通信;

(2)公众通信;

(3)驾驶台与驾驶台间的通信,实现有关船舶操作、安全避让、定位导航等通信;

(4)近距离的遇险报警、搜救协调通信、搜救现场通信。

VHF 通信系统由岸台和船台组成,可用来实现船岸间或船舶间近距离通信,同时通过岸台的转接还可实现船台与陆地公众网用户间的通信。VHF 电台无论岸台或船台都包括发射机、接收机和天线。船台的收发机合在一起,岸台可以分设。如图 9 – 1 所示为 JHS – 31VHF 无线电话设备的组成方框图。它包括双工器、发射机单元、接收机单元、控制单元、DSC 单元,以及作为控制器或遥控器的面板单元、显示单元、外围设备(扬声器、受送话器、键盘)等。

VHF 无线电话有单工、双工和半双工三种工作模式。

(1)单工模式:按下话筒上的 PTT 开关,发射机发射,接收机自动关闭;松开时发射机关闭,接收机开始接收。船舶间通信只能使用此模式。

(2)双工模式:通话时双方通信进行收发的一种操作模式。

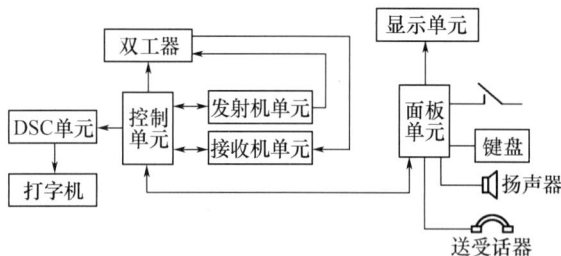

图 9 – 1　JHS – 31VHF 组成框图

（3）半双工模式：接收机一直处于接收状态，发射机还是由话筒上的 PTT 开关控制，按下发射，松开关闭。

第三节　GMDSS 系统

船舶无线电通信在保障船舶海上航行安全方面，有着非常重要的作用。随着航运业的不断发展，船舶科技水平的不断提高，各国对保证海上人命财产安全和防止海洋污染日益关注。以调幅无线电通信方式进行摩尔斯电报通信为主的现行海上遇险和安全通信系统已不适应这一发展要求。在计算机技术模拟和数字通信技术、卫星通信技术发展的基础上，由 IMO 提出的，现代化的通信系统——全球海上遇险和安全系统（GMDSS）已从 1992 年 2 月 1 日开始实施，并完全替代现行海上遇险和安全系统。

GMDSS 系统是一个服从于 1979 年《国际海上搜寻和救助公约》（该公约的目标是在沿海和相邻海洋水域的毗邻国家之间的双边或多边有关提供援救业务协议的构架基础上，建立起全球性海上搜救计划，以便在遇险事故中相互支持、协调行动）的全球性现代化通信网络。当船舶遇难时，岸上的搜寻救助机构和航行在遇难船附近的船舶将迅速地得到遇难船的报警，以便在最短的延迟时间内，提供协调搜寻和救助行动。GMDSS 系统同时提供紧急、安全、日常通信，并能向船舶播发海上安全信息（MSI），船舶可收到航行安全所必需的信息。

一、无线电通信与航行设备在海上安全方面的应用和发展

众所周知，一般航行在茫茫大海之上的船舶，随时会遇到各种各样的危险，怎样能在危急之时得到救助，无线电通信与航行设备则发挥着重大的作用。随着无线电技术的不断发展，船舶安全航行及救助的手段和体制越来越完善。

20 世纪初，无线电报通过电火花式发射机产生的高频振荡电波向外传播，在当时虽然费工费时，又不可靠，然而它开创了海上安全航行的新纪元。

1898 年，美国"圣保罗号"轮船装置了上述的收发报机，并于当年 11 月成功地抄收了怀特马的可尼通信公司海岸电台（世界上第一个海岸电台）发出的电报，迈出了船舶无线电通信的第一步。

同年，俄国"海军上将阿善检克号"轮船在航行中遇上了大风雪，搁浅在芬兰湾荷格兰德岛附近。为了营救工作，波波夫在荷格兰德岛和最靠近的海岸城市科特卡之间（直线距离约 47 km）建立了无线电台。电台建立后不到一个星期，为了营救被暴风雪困在浮冰上的渔民，以无线电报命令"耶尔马克"号破冰船前往执行搜救任务。这是无线电通信在海上搜

救的第一次应用。

1899年，意大利人马可尼实现了人类历史上首次横跨英吉利海峡的无线电通信，两年后(1901年)马可尼使用了20 kW的大功率发射机在300 kHz频率上实现了横跨大西洋2 700 km的无线电通信，这一伟大的创举，震撼了全球的科学界和航运界。电磁波跨越大洋的试验成功，引起了欧洲航运界的极大兴趣。于是，各国纷纷装备船舶无线电台和海岸电台。最初的海岸电台只对本系统开放，这种排他性措施不利于海上安全救助。于是在1908年，各国订立了一切船舶无线电台可以和世界任何海岸电台进行联系的协定。

1912年4月14日，46 000吨排水量的豪华游船"泰坦尼克号"满载2 200名旅客在从英国开往美国纽约的处女航中，撞上了飘浮在大西洋北部纽芬兰岛东南方的冰块。仅仅2 h左右该船就沉没了，150人葬身海底。该轮遇险时，无线电报务员虽然发出了海上遇险信号"SOS"(SOS的原意是SAVE OUR SHIP)，但仍不能及时获得援助，造成了这一巨大悲剧，引起了全世界的震动。

其实，事后调查得知，在"泰坦尼克号"游船发出求救信号时，距出事地点约40 km的海域有两艘船。其中一艘船未设置无线电台，另一艘船虽装了电台但没有打开接收机。幸好，在纽约一幢大楼顶部工作的一位21岁的无线电报务员戴维沙洛夫接收到这个"SOS"遇险呼救信号，随即把它转发到美国邮电部。当时美国总统脱夫特命令关闭所有其他电台，以专用电台组织搜救联络。最后，离出事地点93 km的"卡尔巴夏"轮接收到岸台转发的SOS信号，经过好几个小时才航行到出事地点，只救出700多人。从这一事件的教训上看，应对一定吨位以上的船舶配备无线电台，各船舶电台应定时在遇险频率上守听值班或在其他时段有遇险频率自动接收和报警。随着各种海上事故的发生而不断积累起来的经验教训，航行界人士觉察到，必须制定一个统一的普遍适用的海上遇险搜救及安全通信的规则，以保障海上航行船舶和人命安全。于1914年，首次制定《国际海上人命安全公约》(SOLAS)。规定了航行于海上的船舶必须备有由电池供电的收发信机，500 kHz为国际无线电报安全通信频率，以及规定了报务员的值班制度和配备在500 kHz上工作的无线电报警信号自动报警器。

古老的摩尔斯电台为发信终端报务员利用耳机旁听作为接收终端的多种现有的海上通信系统，在遇险通信与救助中发挥过巨大作用，成功地完成过无数次海上救助任务。但随着世界各国经济的发展，科学技术的进步，现代航运业的繁荣，这种以人工电键为主的通信手段显得非常落后，已不能更有效地保障海上人命安全。

二、GMDSS系统的组成

GMDSS系统主要由卫星通信系统、地面频率通信系统、MSI系统及寻位系统组成。卫星通信系统由INMARSAT移动卫星通信系统和COSPASISARSAT近极轨道搜救卫星通信系统组成。

INMARSAT移动卫星通信系统主要有三个组成部分，即国际移动卫星组织提供的卫星空间段、船舶地面站和岸站。卫星空间段由4颗工作卫星组成，分别在太平洋、印度洋、大西洋东、大西洋西区赤道上空36 000 km的静止轨道上运行。船与岸之间经工作卫星的信号中继，能实现南北纬70°以内所有海区全天候卫星通信及报警。该卫星通信系统可分为A系统、B/M系统、C系统、E系统、F系统和P系统，各系统中相应的船载卫星通信设备是A船站、B/M船站、C船站、1.6 GHz EPIRB、P船站和F船站。

　　INMARSAT 移动卫星通信系统中的 A 船站主要提供模拟电话、电传、传真、计算机高速数据通信，B 船站主要提供数字电话、电传、传真和计算机高速数据通信，M 船站主要提供数字电话、传真、数据通信，C 船站主要提供电传和低速数据通信，以上各船站都能提供船和岸间的遇险报警。E 系统中的 1.6 GHz 应急示位标（EPIRB）作为船对岸遇险报警的专用设备，F 船站为海上救助通信提供了宽带多媒体手段，可实时传送海上船舶遇险实际图像，便于陆地指挥机构根据情况组织适当的救助力量，真实地了解救助的全过程，实现了全球、全程、全网的船舶安全监控与遇险救助"可视化"。

　　COSPASISARSAT 系统中船载设备是 406 MHz EPIRB，该系统由 406 MHz EPIRB 沿经线方向绕过地球两个极区的近极轨道卫星和地面设施组成，提供全球范围内遇难船舶使用 406 MHz EPIRB 发出船对岸的报警，并且系统能跟踪 406 MHz EPIRB。

　　地面频率通信系统由 VHF、中高频（MHF）分系统组成。VHF 分系统的船载设备有：带 DSC 的 VHF 无线电话设备，该设备提供近距离调频无线电话和 DSC 呼叫及 DSC 遇险报警；便携式双向 VHF 无线电话设备，该设备提供船舶遇险时进行较近距离的调频无线电话通信，它是弃船上救生艇后唯一的通信设备；VHF EPIRB 设备，专门用于 DSC 遇险报警。

　　中频（MF）分系统提供中距离的单边带（SSB）无线电话、窄带直接印字电报（NBDP）、DSC 呼叫及 DSC 报警。船载设备是 SBMF 无线电收发信机及与之相连接的 NBDP、DSC 终端。

　　高频（HF）分系统提供远距离的（SSB）无线电话、NBDP、DSC 呼叫及 DSC 遇险报警。船载设备是 SSBHF 收发信机及与之相连接的 NBDP、DSC 终端。在 GMDS 系统中，HF 通信可以代替卫星通信，特别是在卫星覆盖区外，HF 通信是唯一的远距离通信手段。

　　MSI 系统用于向船舶提供海上航行安全所必需的气象警告、航行警告、气象预报等安全信息。MSI 系统由奈伏泰斯（NAVTEX）系统、INMARSAT 增强型群呼（EGC）系统和可用来扩充这些系统的 HF NBDP 系统组成。NAVTEX 系统主要服务于 A1、A2 海区，EGC 系统主要服务于 A3 海区。NAVTEX 和 EGC 系统还提供岸对船的遇险报警。

　　寻位系统由搜救雷达应答器（SART）和 X 波段导航雷达组成。在搜救行动中，救助船可使用 X 波段雷达发现和寻找到 SART（由遇难者携带并在遇难时开启），即遇难者的位置。

　　综上所述，船载 GMDSS 设备包括：

　　（1）卫星船站，船舶常用的有 A 船站、B 船站、C 船站、M 船站、F 船站；

　　（2）EPRB，1.6 GHz EPIRB、406 MHz EPIRB、VHF EPIRB；

　　（3）SBMF 无线电收发信机及与收发信机连接的 NBDP、DSC 终端，还有代替人工值班的 MF/HF DSC 值班接收机；

　　（4）具有 DSC 功能的 VF 无线电话设备和便携式双向甚高频无线电话设备，还有专门用于值班守听的 VHF70 频道 DSC 值班接收机；

　　（5）NAVTEX 接收机和 EGC 接收机；

　　（6）SART；

　　（7）备用电源。

三、GMDSS 系统的主要功能

1. 遇险报警

GMDSS 的通信设施按遇险报警信息的传送方向，有三种遇险报警功能。

（1）要求有至少两台独立的、使用不同无线电通信业务的无线电装置，发送船对岸的遇险报警；

（2）接收岸对船的遇险报警；

（3）接收和发射船对船的遇险报警。

遇险报警是指船舶发生海难时，遇险船使用适当的无线电通信装置及其相应的报警通信频率，将遇难信息迅速有效地告知岸上救助协调中心（RCC）或邻近船舶，这就是船对岸和船对船的报警。通常 RCC 通过岸台（指 MF/HF/VE 海岸电台）或岸站（卫星海岸地球站）收到船对岸遇险报警后，将向遇难地点附近的船舶和搜救单位转发遇险报警，要求这些船舶和搜救单位去救助遇难船，这就是岸对船的报警。GMDSS 要求每一艘配置 CMDSS 通信设备的船舶确保船对岸、岸对船、船对船三个方向的遇险报警。船对岸的报警是三种报警功能中首要的功能。

2. 发送和接收搜救协调通信

搜救协调通信通常是指在遇难船进行了成功的遇险报警后，RCC 为协调参加搜救行动的船舶或飞机所进行的必要通信。这种通信包括 RCC 和遇难海区的任何"现场指挥者（OSC）"或"海区搜寻协调人（CSS）"之间的通信。由于双方需要交流搜救方式、搜救现场情况，因此这是一种双向通信。通信手段可采用电话、电传或二者兼用，所使用的通信设备根据通信距离及船上所配置的通信设备情况，既可使用 INMARSAT 卫星系统，也可使用地面频率系统的通信设备。

3. 发送和接收搜救现场通信

搜救现场通信是在救助现场遇难船和救助单位（救助船或飞机）及救助单位间进行的有关搜救工作的通信。它通常使用 VHF 无线电话进行近距离通信，在较远距离时，可使用 SBMF 收发信装置进行 SSB 无线电话或 NBDP 通信。通信中可使用遇险、紧急、安全通信频率或频道。当与参加救助的飞机通信时，应使用 3 023 kHz、4 125 kHz、5 680 kHz 通信频率。此外，飞机可配备在 2 182 kHz 或 156.8 MHz 频率或二者兼有，以及在其他水上移动频率上工作的设备。

4. 发送和接收在 9 GHz 频带工作的雷达寻位信号

寻位是指救助单位在营救中，采用某种手段寻找到遇难船舶、航空器或其救生艇（筏）及幸存者的位置。在遇险报警信息中一般包含遇难位置，但这一位置数据可能存在误差或报警后由于各种原因其位置发生了变化。为便于救助单位及时、准确地发现遇险目标，需要遇难目标发出引航信号，这个引航信号可由遇难者携带的 9 GHz 搜救雷达应答器发出。救助单位使用的 9 GHz 波段的雷达收到 SART 信号后，可在雷达显示屏上判定遇难者的位置。遇难船还可使用 406 MHz EPIRB 发出的 121.5 MHz 信号，用于航空搜救单位的引航。

5. 接收和发射海上安全信息

GMDSS 系统使用各种有效手段播发航行警告、气象警告、气象预报等海上安全信息。船舶在 A1、A2 海区可用 NAVTEX 接收机接收该海区的海上安全信息，在南北纬 70°内的海区，可用 EGC 接收机（或有 EGC 功能的 C 船站）接收 EGC 系统播发的海上安全信息，还可用 SSB 通信设备的 NBDP 终端接收岸台在其有关频率上播发的海上安全信息。

6. 向海岸无线电系统或网络发送和接收常规无线电通信

常规通信是指船舶除了遇险、紧急、安全通信以外的日常公众业务通信。如船台经岸台或岸站与陆上管理机构间就有关调度、货物情况等的通信，船舶申请引航、拖船的通信，船员或旅客与家人的通信,等等。船舶常规通信可使用 INMARSAT 卫星船站、MF/HF 装置、VHF 无线电话来进行。

7. 驾驶室与驾驶室间的通信

这种通信是指从船舶驾驶位置上进行船舶间的安全通信。一般使用 VHF 无线电话通信设备。特别是在狭长水道和繁忙航道航行中,这种通信对船舶航行安全尤其重要。

四、GMDSS 航区划分

1988 年 10 月,由 IMO 召开了扩大的海上安全委员会会议,在该大会上通过了对 1974 年 SOLAS 的修正案。按 SOLAS 1988 年修正案的要求,所有服从于该公约的船舶应根据其航行的海区配备 GMDSS 的无线电设备,使 GMDSS 要求船舶配备无线电设备有了法律依据。

GMDSS 将全世界海洋分成 A1、A2、A3、A4 四个海区。

A1 海区:指至少有一个 VHF 岸台的无线电话所覆盖的海区,该岸台能连续提供在这个海区内船舶遇险时进行有效的 VHF DSC 报警。A1 海区的范围为以该 VHF 岸台为中心,半径为 25 ~ 30 n mile 的海域范围。这个岸台必须保持对 VHF 的 70 频道连续 DSC 值守。

A2 海区:指 A1 海区除外,至少有一个 MF 岸台无线电话所覆盖的海区,该岸台能连续提供在这个海区内船舶遇险时进行有效的 MF DSC 报警。A2 海区为以该 MF 岸台为中心半径为 100 ~ 150 n mile(这是白天距离,晚上可达 200 ~ 250 n mile)的海域内,除了 A 海区的区域。这个岸台必须保持对 MF 有关频道的连续 MF DSC 值守。

A3 海区:指除 A1、A2 海区外,INMARSAT 卫星所覆盖的海区,在这个海区内 INMARSAT 卫星通信系统提供连续、有效的 INMARSAT 船站报警。A3 海区为南北纬 70° 范围内除了 A1、A2 海区的海域。

A4 海区:是 A1、A2 和 A3 海区以外的海域。A4 海区为 INMARSAT 卫星覆盖区以外除了 A1、A2 海区的海域。

五、船载设备的配备原则

在船舶航行的海区配置的船载 GMDSS 无线电设备中,有些设备是航行于各海区的船只都必须配备的。

(1)一台 VHF 无线电话,按 GMDSS 要求,该设备除能进行无线电话通信外,还应具有在 70 频道上收、发 DSC 呼叫的功能,并能在驾驶位置启动 DSC 遇险报警发射。

(2)一台 VH70 频道 DSC 值班接收机,这个设备的功能也可与(1)项中设备合并,在 GMDSS 正式运行后,船舶应在 70 频道上进行 DSC 值班。

(3)至少两台 SART(500 总吨以上船舶)。

(4)至少三台便携式双向 VHF 无线电话(500 总吨以上船舶),该 VHF 电话应具有 6,13,16 频道收发无线电话功能。

(5)一台 NAVTEX 接收机。

(6)一台 EPIRB,如是客船,则要求至少有两台 EPIRB。EPIRB 是一个专用于发出遇险报警的信标,EPIRB 能人工启动工作,也可由其释放装置在 EPIRB 随船沉入水中一定深度内(通常为 4 m 以内)自动释放,然后浮上海面自动启动发出报警。EPIRB 的类型可根据船舶航行海区选择,应满足 EPIRB 的适用范围并与航行海区相适应。

（7）如航行于任何 INMARSAT 覆盖的海区内，而该区未能提供国际 NAVTEX 业务，应配置一台接收 INMARSAT EGC 系统的 MSI 的无线电设备（EGC 接收机或有 EGC 功能的 C 船站）。但如果船只仅能航行在使用 HF 直接印字电报提供 MSI 业务的区域，而该船已配备了能接收这种业务的设备，则可免除本条款的要求。

配置了以上必备的设备后，其余的设备按航区配置时，以自己所需通信功能及无线电设备的通信范围与船只航行海区一致或大于航行海区进行配置。各种 INMARSAT 船站的通信范围是南北纬 70°以内的 A1、A2、A3 海区，MFSSB 通信装置可用于 A1、A2 海区内船岸之间通信，SSBHF 通信装置的通信范围为 A1、A2、A3 海区，VHF 无线电话设备的适用范围为 A1 海区的船岸通信。航行于 A1 海区以外的船只还应有 M 或 MF/HF DSC 遇险报警和值班守听功能。

为了确保船载通信设备的可用性，GMDSS 采用了三种方法：双套设备、岸上维修、海上维修（由船上有维修能力的无线电员维修发生故障的通信设备）。按 SOLAS 1988 年修正案的要求航行于 A1、A2 海区的船舶至少应具备三种方法中的一种；航行于 A3、A4 海区的船舶应至少具备三种方法中的两种，以保证设备的可用性。

双套设备是指在前面配置设备的基础上，再附加一套通信设备。附加的设备是一台具有 DSC 功能的 VHF 无线电话和根据船舶的航行海区，在 INMARSAT 船站、MF 无线电装置、MF/HF 无线电装置中选择一台。

六、报警设备的选用

按照 GMDSS 要求配置了船载无线电通信设备后，船舶就具备了 GMDSS 的所有功能。其中遇险报警是最基本的，下面叙述的是三个方向的报警功能及各航区可使用的报警设备。

船舶在遇险的情况下，及时、有效地发出遇险报警是非常重要的，这关系到遇险船能否及时得到救助，以减少人员、财产的损失。GMDSS 船载无线电设备提供了船对岸、岸对船、船对船的报警功能。

船对岸报警的主要过程，是船舶使用适当无线电设备发出的遇险报警被岸台或岸站收到后，岸台或岸站首先发出遇险报警确认，即向遇险报警船确认已收到其所发的报警。同时岸站或岸台自动将报警信息发送到与之相连接的 RCC，由第一 RCC 尽快进行后续的搜救协调行动，直到有另外一个位置更有利于提供救助的 RCC 来承担责任时，再将搜救职责向此 RCC 转接。在 GMDSS 系统中，RCC 之间建立有可靠的、有效的通信网络，便于 RCC 间进行遇险和安全信息的交换。第一 RCC 是指第一个收到并应答报警的岸台或岸站通知的 RCC，如果由于有多个岸台或岸站几乎同时给予报警确认而无法确定哪一个 RCC 应是第一 RCC 时，有关的 RCC 必须尽快商定出第一 RCC。

不同报警设备覆盖海区或距离是不同的，应根据遇险船只所在海区或与通信对象的距离选择正确的报警设备。另外，报警传送方向不同，报警使用的设备也有所不同。

1. 船对岸报警可使用的设备

根据船舶 GMDSS 设备的配置情况，船对岸报警既可使用地面频率通信系统中的设备，也可使用卫星通信系统中的有关设备。

（1）地面频率通信系统中可使用的船对岸报警设备

地面频率通信设备采用 DSC 终端以 DSC 报警方式发出报警，使用该系统的哪一个分系统设备,应根据遇险船所在海区及设备的通信距离确定。设备的通信距离应与所在海区一致或大于所在海区。如遇险船只在 A1 海区,首先应考虑使用 VHF(报警工作频道为 70 频道)DSC 和 VHF EPIRB 报警。如 A1 海区被 MF DSC 值守岸台覆盖,还可使用 MF(报警频率为 2 187.5 kHz)DSC 报警。如遇险船只在 A2 海区,首先应考虑使用 MF DSC 报警,如所在海区被 HF DSC 值守岸台覆盖,还可使用 HF DSC 报警。在 A2 海区不能用 VHF DSC 进行船对岸报警,这是因为 VHF 设备通信距离小于在 A2 海区遇险船与 VHF DSC 值守岸台间的距离。如遇险船在 A3 或 A4 海区,只可使用 HF DSC 发出船对岸报警,不能使用 MF DSC 和 VHF DSC 进行船对岸报警。

(2)卫星通信系统中可使用的船对岸报警设备

遇险船只在 70°N ~ 70°S 的范围内,A1、A2 及 A3 海区可使用 INMARSAT 系统中的各种船站发出船对岸报警。报警方式根据船站的功能,既可用电话方式,也可用电传方式。在 70°N ~ 70°S 范围内还可用 INMARSAT 系统中专门用于遇险报警的设备——1.6 GHz EPIRB。在全球任何海区,可使用 COSPAS/SARSAT 系统中 406 MHz EPIRB 发出船对岸的报警。

2.岸对船报警时船舶可使用的报警接收设备

接收岸对船报警的设备可使用 INMARSAT 系统中具有收信功能的船站、地面频率系统中的接收设备及 MSI 系统中的接收设备。RCC 通过岸台或岸站发出的岸对船报警一般采用"区域性呼叫"方式,以使只有在遇险船附近的船舶才收到报警。

(1)地面频率通信系统中接收岸对船报警的设备

在 DSC 遇险报警被岸台收到后,岸台使用与遇险报警时相同的 DSC 设备通过与收到报警的工作频率或频道向遇险船只及遇险船附近船发出 DSC 报警确认,船舶的 VHF DSC、MF DSC 或 HF DSC 收到该报警后,DSC 设备有声光报警,且只能人工复原。

(2)INMARSAT 系统中可使用的岸对船报警接收设备

在卫星通信系统中,可使用 INMARSAT 系统中各种船站接收岸对船的遇险报警,其适用范围为 70°N ~ 70°S 的海区内,但不能使用 COSPAS/SARSAT 系统中的设备。因此,船舶选择安装了 INMARSAT 船站后,船站应保持值班守听。

(3)MSI 系统中可收到岸对船报警的设备

在被 NAVTEX 系统覆盖的 A1、A2 海区内,可用 NAVTEX 接收机收到遇险报警信息。在 70°N ~ 70°S 范围内的 A1、A2 及 A3 海区,可用 EGC 接收机或有 EGC 接收功能的 C 船站接收岸对船报警。

3.船对船报警可使用的设备

由于这种报警方式只需进行遇险船向其邻近船报警,因此只需采用近距离的报警设备,如地面频率通信系统中的 VHF DSC 或 MF DSC。船对船报警不能使用卫星通信系统中的设备,因该系统中设备只能进行船对岸和岸对船报警。

为保证船对船唯一的报警方法——DSC 报警的有效性,航行于任何海区的船舶必须配备能发出 VHF DSC 报警的设备及 VHF DSC 值班守听设备,VHF DSC 值班守听设备应保持连续值守。航行于 A2、A3、A4 海区的船舶还必须配有能发出 MF DSC 报警的设备及 MDSC 值班守听设备,该守听设备也应保持连续 DSC 值守。

练　习　题

一、GMDSS 的含义是什么？

二、GMDSS 系统由哪些部分组成，各组成部分有什么作用？

三、GMDSS 通信设备有哪些？

四、GMDSS 有哪几大功能？

五、GMDSS 将所有海洋划分为哪几个海区？

六、GMDSS 要求船舶按什么配置 GMDSS 设备？

七、船对岸和船对船报警可用哪些 GMDSS 设备？

信号设备

第十章　船舶设备维护与保养

第一节　舵设备的检查与保养

舵设备在开航前要仔细检查,平时要注意检查保养,使其随时处于良好的工作状态。每当安装或修理后,也应按规范要求进行试验。

一、检查与保养

1.日常检查保养

平时舵机间不准堆放杂物,应保持清洁干燥,切忌电机受潮。卸货后利用干舷高的条件看舵叶、舵杆和连接法兰的情况。当遇到大风浪时,应检查舵机间可移动物体是否绑扎好。经过大风浪或冰区航行、搁浅或其他海事后,更要仔细检查,特别要注意法兰上的水泥包是否完好。各个部位要保持清洁,生锈的地方要求除锈涂漆,活动部分要加油润滑。

按规定,船舶开航前12 h之内,应由船员对操舵装置进行检查与试验。试验程序应包括下列操作:

（1）主操舵装置;
（2）辅助操舵装置;
（3）操舵装置遥控系统;
（4）驾驶室内的操舵位置;
（5）应急动力供应;
（6）相对于舵的实际位置的舵角指示;
（7）操舵装置遥控系统动力故障报警;
（8）操舵装置动力设备故障报警;
（9）自动隔断装置及其他自动设备。

核查和试验应包括:
（1）按照所要求的操舵装置能力进行操满舵;
（2）操舵装置及其连接部件的外观检查;
（3）驾驶室及舵机室通信手段的工作试验。

对于定期从事短期航行的船舶,主管机关可免除上述规定的检查和试验要求,但这些船舶每周至少进行一次这样的检查和试验。

通常,每次开航前,驾驶员应和轮机员对操舵装置的工作情况进行校核。试验前轮机部要先做好对舵的准备。甲板部在驾驶台遥控启动舵机,派人查看舵叶周围有无障碍物,核对主罗经与分罗经误差及舵轮与舵角指示器的一致性,然后进行舵的校核和试验。

舵的校核和试验步骤如下:

（1）操舵人员在驾驶室将操舵器转至正舵位置,查看舵角指示器、舵机控制器和舵柄三者的舵角指示是否与操舵器的刻度一致,即均为"0"。

（2）慢速将舵轮向左（右）满舵,检查上述指示刻度是否一致。若不一致,应进行调整。电动舵角指示器在正舵位置应无误,在其他舵角位置不应超过 ±1°。

（3）对舵调整完成后,用同样的方法向右（左）满舵快速活舵一次,回至正舵。

（4）分别连续操左（右）5°、15°、25°、满舵和回舵的试验,以判断遥控机构、追随机构、舵角指示器和其他工作系统的运作情况是否正常。

两台操舵装置应分别做上述试验,对于辅助操舵装置也应做类似检查。

航行中,值班驾驶员应经常检查油压,对于辅助操舵装置也应做类似检查。

航行中,值班驾驶人员应经常检查油压、电源和操舵情况是否正常,切忌"跑舵"。使用自动操舵方式时,每个班次最少都要进行自动操舵与随动操舵的转换,以观察转换装置是否灵活可靠,工作是否正常。在不影响航行安全的情况下,要定期进行应急操舵演习。

停靠后,关闭电源或打开油压操舵器的旁通阀,防止无关人员随便扳动舵轮及操舵仪上的开关按钮,并将舵机间上锁。

将上述检查和试验日期以及进行应急操舵演习的日期和详细内容记入主管机关所规定的航海日志内。

2.定期检查

每3个月应对舵设备进行一次全面的检查和保养,主要内容有:

（1）查看舵杆、舵叶各个部分磨损及损坏情况,做好记录。一般舵杆下舵承处（或舵销处）的轴颈应大于非工作部分的轴颈,否则应进行修理或换新。

（2）检查电动操舵装置的绝缘和触电情况,用不带毛头的细布擦拭干净。检查自动舵部分的灵敏度。检查液压管路是否泄露及液压油的质量等。

（3）检查转舵装置运转损耗及泄露情况,做好记录或及时修复。

（4）每半年应检查应急操舵装置的活络部位,除锈、涂油,加以润滑,并做转换操作试验,使之保持性能良好,处于随时可用状态。

（5）每年或检修时应将整个液压操舵系统彻底清洗一次,以免影响使用。

（6）结合坞内检查,将舵轴或舵销原地顶高或把舵杆拆下,检查舵轴、舵销及舵承的腐蚀磨损情况;测量舵承间隙及舵的下沉量;检查舵杆、舵轴法兰盘及连接螺栓与螺母;检查舵销螺母的制动装置。

（7）对舵叶进行外部检验,必要时充气或油、水进行密性试验,除锈、涂油以及更换锌块等。

二、舵设备试验

舵设备安装或修理后,一般要进行系泊试验和航行试验。

1.系泊试验

试验前检查舵叶密性试验报告、各零部件材料检查报告、舵机整体装配验收报告、操舵设备及传动装置的安装质量及完整性检查验收报告等,然后进行下列各项试验:

（1）对于电动或电液舵机,舵机的每套电动机组至少连续进行30 min的操舵试验,从而检查舵设备的可靠性。

（2）检查主操舵装置和辅助操舵装置的转换是否迅速简便,在任何舵角下转换时间不得超过2 min。

（3）舵角指示器指示舵叶位置误差不应大于 ±1°,而且在正舵时,应无误差。

（4）舵角限位器位置应安装正确,舵机上限位器应能转舵至满舵时自动停止,舵柄的舵角限位器应比舵机的限位器大1.5°。

（5）检查舵制动装置的工作可靠性。

2.航行试验

系泊试验合格后可进行下列试验:

（1）转舵周期:具有足够强度,并能在船舶最大航海吃水和最大营运前进航速时进行操舵,能使舵自任一舷35°转至另一舷35°,并且于相同条件下自一舷的35°转至另一舷30°所需的时间不超过28 s;辅助操舵装置应能在船舶最大航海吃水和以最大营运前进航速的一半但不小于7 kn时进行操舵,使舵自一舷15°转至另一舷15°,且所需时间不超过60 s。

（2）记录在满载全速前进和后退时,向两舷转舵的速度和工作的可靠性。

（3）检查主、辅操舵装置之间的转换是否符合要求。

（4）检查保持舵位不动的制动装置是否有效。

（5）检验自动舵的性能。

（6）记录自动操舵装置灵敏度和航向超出允许偏差时自动报警的可靠性。

（7）记录"Z"字试验中舵角、旋回角速度、航向变化等曲线。

（8）检查主驾驶室和应急操舵位置之间通信联系的可靠性。

第二节　锚设备的检查与保养

一、锚的试验

1.外观检查

锚的外观检查应在涂漆前进行。锚及其零件表面不应有裂纹、气孔、砂眼及其他足以影响强度的缺陷。对不影响强度的表面缺陷允许焊补修整。

（1）锚爪转动角的允许误差为 -0.5° ~ +2°;

（2）锚爪外形尺寸的误差限度为 ±3%;

（3）锚干弯曲度小于3/1 000;

（4）每个艏锚的质量偏差允许范围为 ±73%;

（5）成套锚的质量偏差允许范围为 -4% ~ +8%。

2.拉力试验

根据规范要求对制造所用的钢材需要进行化学成分分析、热处理和机械性能试验,并按要求制造。对3 t以上的锻造锚,制造后要进行热处理,然后再进行拉力试验。名义质量（包括锚杆在内）大于等于75 kg的锚、56 kg的大抓力锚或38 kg的超大抓力锚应按规范规定的试验负荷进行拉力试验。

拉力试验的拉力作用点一端在锚卸扣处,另一端在锚冠中心至锚爪尖之间的1/3处,如图10-1所示。无杆锚应同时拉两个爪,先在一面拉试后,再将锚爪转至另一面拉试;有杆锚的两个锚爪应分别进行拉力试验。表10-1为拉力试验负荷摘录。当锚重为中间值时,拉力试验负荷可采用内插法来确定。当普通锚质量 m_a 大于48 000 kg时,其拉力试验负荷为 $Q = 2.059\ m_a^{2/3}$（kN）,当大抓力锚的质量 m_a 大于36 000 kg时,其拉力试验负荷为 $Q = 2.452\ m_a^{2/3}$（kN）。

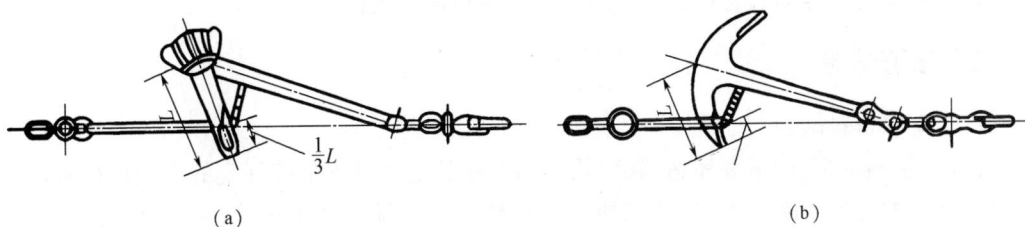

（a）   （b）

图 10 – 1 锚的拉力试验作用点

表 10 – 1 锚的拉力试验负荷

锚的质量/kg	拉力试验负荷/kN	锚的质量/kg	拉力试验负荷/kN
1 000	199.0	15 000	1 260.0
3 000	474.0	20 000	1 520.0
5 000	661.0	30 000	1 990.0
10 000	1 010.0	40 000	2 410.0

注：表中锚的质量，对无杆锚为锚的总质量；对有杆锚，为不包括横杆的锚重；对大抓力锚，名义质量等于锚的实际质量的
　　1.33倍；对超大抓力锚，名义质量等于锚实际质量的2倍。

拉力试验前，先在锚卸扣处的锚干上及锚爪每一尖端处各做一标志以便于测量间距，然后施加拉力。应先施加试验负荷10%的拉力，保持5 min后，测量两标记间的距离。然后逐渐加大拉力至试验负荷并保持5 min。再将拉力降至试验负荷的10%，再测量两标志间的距离。对有杆锚应一次施加拉力至试验负荷，保持5 min后逐渐卸去载荷，当载荷降至规定载荷的10%时，测量两标记间的距离。

拉力试验后，应按规范要求对锚进行外观检查、无损检测、残余变形测量和锚的转动灵活性检查。无杆锚的残余变形应不超过原标距长度的1%，且锚爪仍应转动灵活并能转至最大角度。如锚爪不灵活或不能转至最大角度时，则应消除缺陷，并重做拉力试验，如仍不合格则该锚不能通过验收。对有杆锚，在拉力试验后应无永久变形。

3. 大抓力锚的抓力试验

新设计的大抓力锚和超大抓力锚在申请认可时，应在海上进行试验，以验证大抓力锚的锚抓力为相同质量无杆锚抓力2倍以上，超大抓力锚抓力为相同质量普通无杆锚抓力的4倍以上。

设计为大抓力锚或超大抓力锚系列，认可时至少应选择两种规格的锚在海上进行抓力试验。海上抓力试验通常应与质量相近的无杆锚海上试验进行比对。试验时，被试验的锚和用于比较的普通无杆锚应采用相同长度的锚链，其长度应不小于锚链筒口至海底垂直距离的6倍（建议为10倍）。试验通常可由拖船进行拖拉，并立即测抓力。抓力试验的载荷不应超过锚验证拉力试验的载荷。

4. 证书与标记

经检验合格后的锚应具有包含下列内容的检验证书：订货号，能追述锚整个制造过程的标记，锚的形式、主尺度和质量，锚的化学成分，热处理情况，锚材料的力学试验结果，锚拉力试验负荷等。经检验合格的锚还应打上船级社认可的标记。

二、锚链试验

1. 锚链原材料试验

锚链(包括焊接、锻造和铸造锚链)用材料应在其生产过程中按规定的方法取样进行化学成分分析和力学性能试验(包括拉伸试验和夏比 V 形缺口冲击试验,一级焊接锚链钢只需做拉伸试验)。

轧制圆钢的脱氧方法和化学成分,拉伸试验和冲击试验制备及试验方法应符合船级社有关规范的要求。

2. 成品锚链及附件的力学性能试验

见表 10－2,AM2 和 AM3 级锚链应每 4 节焊接锚链为一批,对铸造或锻造锚链则以浇铸炉号和热处理炉号分批,每批不大于 4 节锚链。每批应按表 10－2 的要求制取 1 个拉伸试样和 2 组各 3 个夏比 V 形缺口冲击试样进行试验(AM1 级焊接锚链和经过正火热处理的 AM2 级焊接锚链不要求)。拉伸试样和 1 组 3 个冲击试验试样应在与焊缝相对部位的木材上截取,而另 1 组 3 个冲击试样的缺口应位于焊缝中心(锻造或铸造不使用)。为了取样,在一节锚链上应有一个附加的链环。试验链环应与该节锚链一起制造和热处理。

表 10－2　锚链力学性能试验

锚链等级	制造方法	交货状态	试验数量		
			母材拉伸试验	夏比 V 形缺口冲击试验	
				母材	焊缝
AM1	闪光对接缝	焊接、正火	不要求	不要求	不要求
AM2	闪光对接缝	焊接	1	3	3
		正火	不要求	不要求	不要求
	锻造或铸造	正火	1	3	不适用
AM3	闪光对接缝	正火、正火加回火、淬火加回火	1	3	3
	锻造或铸造	正火、正火加回火、淬火加回火	1	3	不适用

力学性能试验应在验船师在场时进行。

3. 成品锚链及附件的拉断和拉力试验

所有等级的成品锚链及其附件均应在验船师在场时,按公认的标准进行拉断试验、拉力试验。并在试验后按照尺寸公差和表面质量要求,进行外形尺寸和外观检查。

拉断试验中锚链及附件都应按照表 10－3 要求,抽取一定数量试样在经认可的拉力试验机上,按规范规定的相应等级进行拉断试验。试验后,试样上无断裂现象为合格。经检验合格的锚链和附件,均应在每节锚链的两端打上锚链等级、证书编号和检查单位的标志。

表 10 – 3 　锚链及附件拉断试验取样数量

锚链等级	制造方法和交货状态	试样数量
AM1	焊接,未经处理	从每节或不足 27.5 m 的锚链中取 3 环或 5 环试样一个
AM1 AM2 AM3	焊接,热处理 焊接或落锻经热处理	从每 4 节节长为 27.5 m 或不足此长度的锚链中取 3 环或 5 环试样一个
AM2 AM3	铸造经热处理	每一热处理批量中取试样一个,但每 4 节或不足 4 节的锚链中至少取 3 环或 5 环试样一个

三、锚机试验

首先检查锚机安装位置是否正确,并按锚机要求进行各项试验;再在码头边进行抛、起锚试验;最后在海上进行抛、起锚试验。按规范要求,在水深大于 82.5 m 处,单起锚的平均速度在从 82.5 m 深处到 27.5 m 处其速度应不小于 9 min。在锚链抛出过程中,试验刹车 2~3 次,检查刹车效能。锚链在链轮上应无滑出、跳链、卡住和止不住等现象。将锚抛妥后用掣链器固定,再用慢车将锚链拉紧,检查掣链器的可靠性。最后检查锚爪与船壳的贴合情况。

四、锚设备的检查和保养

1. 日常检查保养

(1)检查锚、锚链、转环、锚卸扣、连接链环(或卸扣)等是否有裂纹、弯曲变形、横挡松动及脱落情况,及掣链器与连接甲板的牢固性。

(2)锚链标记是否清晰,如有脱落应及时补做。

(3)锚机每次使用前应对轴、轴承及传动齿轮等处加油。检查刹车的有效性及离合器动作的可靠性。锚机使用前应暖车、试运转,检查运转部位是否正常。

(4)掣链器、导链滚轮等部分加润滑油。

(5)在平时应轮流使用左、右锚,厂修时第一节锚链与最后几节锚链有计划地调换使用,以免锚链磨损集中。深水锚抛锚使用锚机松出锚链,以防撞坏或绷断锚链。

(6)起锚时不要硬绞,必要时应用车舵配合。如绞不动,应将刹车刹牢,脱开离合器(必要时加刹掣链器),开动主机用慢车将锚拖动后再绞。

2. 定期检查

定期检查是发现设备有无损坏的关键,至少半年进行一次检查,还要结合坞修对锚设备做全面的检查保养。

(1)锚的检查

锚最容易受损的部位是锚爪、锚冠、横销和锚卸扣等。锚爪易发生弯曲和裂纹,助抓突角容易磨损,横销磨损严重易松动,锚卸扣容易磨损和产生裂纹。当发现有严重磨损和松动时应换备用锚并将旧锚送厂修理。

（2）锚链的检查

链环和卸扣长期使用后会产生磨损、裂纹、变形和结构松动等。因此,检查时应针对这四种情况进行。

①磨损检查:检查环与环的接触处和锚链与锚链筒的摩擦处。用卡尺测量链环两端截面的直径,检查锚链链环受损部位。锚链磨损的极限为无限航区的船舶的锚链,磨损后平均直径不得小于原直径的88%;近海和沿海航区船舶的锚链,磨损后的平均直径不得小于原直径的85%,无挡链环或卸扣,其磨损量超过原直径的8%,则不能再使用。

②裂纹检查:用手锤轻敲各链环及卸扣,听其声音是否清脆。如声音沙哑,则有裂纹。

③变形检查:用目视检查或测量检查链环是否弯扭、伸长变形。

④结构松动检查:逐个检查链环横挡有无松动,连接链环、卸扣、转环等铅封有无脱落和销钉松动。电焊链环横挡稍微松动,无须更换,可在其一端补焊。连接链环拆开检查后应先在内吻合处涂上黄油再复装。

（3）锚机

按日常检查保养要点进行更仔细的检查保养。

应经常检查刹车是否良好,离合器是否轻便灵活。经常加油以保证在良好的润滑环境条件下运转。应特别注意零件各摩擦面的润滑。减速箱内的机油应定期检查更换,以保证其清洁。链轮的齿轮容易磨损,其限度规定为不超过原厚度的10%。若发现油滑链、跳链现象,应及时焊补;检查锚机底座与甲板连接处的座板是否有脱焊、锈蚀现象,固定锚机的紧固螺栓是否有松动、锈蚀,如有缺陷,应及时修复。锚机底座的蚀耗一般应小于原厚度的25%。除底座外一般应3个月检查一次。

（4）锚链舱、锚链管和锚链筒

对锚链舱和锚链管进行检查、清理和维修。将锚链全部倒出,进行清洁工作,检查锚链舱排水设备是否正常。对已损坏的木衬垫应进行调换,并对锚链舱进行除锈、涂漆,锚链管定期除锈、涂漆,有损坏时修复。锚链筒上下口的口唇易磨损,应经常检查其磨损情况,修船时进行堆焊并磨光。锚链舱在定期检查时,应检查弃链器是否正常。

（5）掣链器

①活动部位上油,保持活络,其余部位除锈、涂漆。

②检查闸臂、螺杆等是否变形或损坏,操作是否灵活。

③检查与甲板连接处锈蚀情况,并及时修理。

3.修理期间维修保养

锚设备的定期检查保养可结合船舶定期修理进行全面彻底的检查、维修和保养。在船舶进厂修理时,应结合日常、定期检查记录和维修保养计划,安排好锚设备的维修保养工作,特别是解决船舶营运期间无法和不便解决的问题。修船时将全部锚链倒于甲板上,清除污泥、铁锈和油漆。连接链环拆开,更换销钉和钳封。对每个链环按照规定定期检查的方法进行详细检查,有缺陷应予以消除或更换。为均衡使用锚链,在修船时可将第一节与最后一节对调,下次修船时再将第一节与倒数第二节对调,以后依次有计划地调换。

锚链在每次修理检查和调换链节位置后,应涂煤焦沥青漆两层,并重做锚链标志。锚链在涂漆前必须将铁锈、氧化铁及脏污都清除干净。锚链经清理干净后,涂上两层以煤焦沥青为原料的沥青漆或浸涂柏油。用涂刷法涂漆应在锚链标志做好后进行,做标志的链环上不允许涂沥青漆。当第一层漆干燥时即涂上第二层漆。

第三节 系泊设备的检查与保养

一、系泊设备的检查保养

对于系泊设备,应有计划地进行日常和定期检查保养。

1. 日常的检查和保养

日常的检查和保养工作是在每航次的甲板系、解缆作业和船舶靠泊码头期间,注意检查系泊设备的情况。航行期间也应对在船舶靠泊期间不便检查和维护的内容进行检查和保养,并消除有关缺陷,保持良好的技术状态。

(1)系船缆

靠泊期间注意检查系船缆有无磨损。若发现磨损应及时采取适当措施,如调整缆绳受力、对摩擦部位进行包扎、更换导出位置、更换系缆和增加系缆等。钢丝绳应注意有无断丝情况。

(2)绞缆机械

使用前检查活络和运转情况,离合器、刹车是否灵活和可靠。使用后应及时断电,主令控制器应罩好防水罩。

(3)导缆装置

注意检查导缆装置是否有锈蚀,滚轮的活络和滚动情况,是否对缆绳有磨损作用,如不能滚动,应及时修复。

(4)制缆装置的撇缆、碰垫、挡鼠板等属具

每次使用前都应检查其数量、外观状况,丢失补充,损坏换新。用后及时回收归位。

2. 定期检查和保养

系泊设备的定期检查保养可按表10-6的要求进行,并做好检查和保养记录。

表10-6 系泊设备检查保养

设备名称	养护周期	检查要点	养护要点
钢丝绳	3个月	锈蚀和断丝情况,绳内油芯含油量	除锈上油,断丝超过规定值时换新或插接
植物纤维缆	3个月	磨损、潮湿和霉烂情况	洗净晾干后收藏,有霉点换新
化学纤维缆	3个月	磨损情况,测量粗细	洗净晾干后收藏
绞缆机械	3个月	离合器、刹车是否灵活可靠;机械传动部分的润滑情况;卷筒磨损、腐蚀情况;检查自动张力绞车的有效性;操纵控制器的水密情况	失灵者修复,活络处加油
缆索卷车	半年	外壳和底角的锈蚀情况,转动灵活性;制动器有效性	除锈涂漆,活动部分加油活络

表 10 - 6（续）

设备名称	养护周期	检查要点	养护要点
导缆钳、导向滚轮	半年	本体锈蚀、磨损情况，滚轮是否活络，销轴是否弯曲变形	本体除锈涂漆；做好磨损记录；滚轮加油活络，销轴弯曲应修理
系缆桩、导缆孔	半年	腐蚀、磨损情况	除锈涂漆，做好磨损记录
制缆装置	每航次	甲板眼环是否锈蚀、磨损，链是否变形、腐蚀和磨损	除锈涂漆，磨损变形严重时换新
撇缆、碰垫、挡鼠板	每航次	是否齐全、损坏	丢失补充，损坏换新

二、系船缆使用注意事项

1. 化纤缆使用注意事项

（1）化纤缆弹性较大，上滚筒受力时易突然跳动，操作时应离滚筒远一些（站在卷筒后方 1 m 以上距离处手持缆绳活端），以防弹出伤人。

（2）收绞缆绳时，尽量避免绞车空转或打滑（钢丝缆 5 圈、化纤缆通常 4 圈），以免摩擦产生高温使化纤绳变质或黏合；存放时应避开高温处；化纤绳头部等易磨损处用帆布包好。

（3）不可与钢丝绳使用同一导缆孔或缆桩。

（4）避免接触酸、碱等化学品，以免变质，经常用淡水冲洗，存放时保持干燥。

2. 钢丝缆绳使用注意事项

（1）在钢丝绳 10 倍直径长度内发现断丝超过 5% 或有显著变形、磨损和锈蚀时应换新。

（2）钢丝绳不应有扭结、急折；系缆时弯曲处应至少有 6 倍钢丝绳直径以上的弯曲半径。

（3）发现钢丝绳锈蚀，其使用强度应降低 30%。

（4）一根钢丝绳不能同时出两个头使用。

（5）用完后，钢丝绳应整理卷好在缆车上，罩好帆布罩。平时应对转动部分定期检查和涂油防锈。使用系缆卷车时，应特别注意卷车的转速。松缆时应使用缆车的脚踏刹来控制速度，不能用手来制止缆车的转动，以免发生危险。

3. 其他注意事项

（1）绞缆时不要硬绞或突然加大系缆绞车的功率。

（2）应使用与缆绳同质的制缆索。

（3）缆绳和属具要预先准备好。

（4）操作人员应穿戴好防护用品。

（5）溜缆时应在距缆桩 1 m 以上处手持缆绳活端。

（6）注意两根或两根以上缆绳同时上同一船上缆桩或岸上缆桩的正确套桩方法。

（7）各系缆受力均匀，松紧适度。在船舶靠泊期间，甲板值班人员应注意经常检查缆绳的受力和有无磨损情况，及时调整受力和采取安全措施。尤其是前后倒缆和横缆，其数量少、伸出长度短、潮水和吃水变化时受力变化明显。

钢丝绳和纤维绳的弹性和伸长率不同,不能同时用在同一部位和方向。

第四节　推拖设备的检查与保养

一、推拖设备的使用和保养

1. 推拖设备的日常养护

(1)推拖设备中的拖钩、拖缆承梁及拖缆桩较易磨损,平时应经常保养,如有磨损则用焊补法修复。

(2)白棕绳主拖缆应用旧帆布全部包住扎紧,在与拖缆承梁接触处再包上竹片垫料。钢丝与拖缆承梁接触处,用厚橡皮包扎紧。白棕绳与钢丝绳接触处用旧帆布条包扎并用旧白棕绳小股缠紧,以防止白棕绳被钢丝绳割断。航行中,要经常检查包扎部分,如果因为摆动造成的损坏或松动应进行修整。

(3)拖缆承梁表面要经常涂以牛油,以减轻拖缆磨损。

(4)每个航次对拖钩的轴、销、弹簧以及远距离控制拖钩装置等部分进行检查,摩擦部分加油润滑。

2. 推拖设备的定期检查

(1)对于白棕绳主拖缆,每4~6个月对包扎部分应进行拆开检查,重新包扎一次。

(2)对于拖钩,每4~6个月进行拆检、清洗、润滑。磨损过度或损伤部分应修复或换新。

(3)推拖设备在使用中,超负荷受力后应检查系桩基础,拖钩各部件等有无变形、裂纹及折断等情况。

(4)检查拖缆磨损情况,拖缆每米长度内断丝不得超过总丝数的15%。

(5)检查自动拖钩装置是否灵活可靠。

3. 推拖设备操作注意事项

(1)拖船在拖曳时,其负荷主要由拖钩承受,尤其是在拖缆由于某种原因突然快速张紧时,拖缆的牵引力可能达到原来张力的两倍,因此拖钩必须具有足够的强度,拖钩的各项构件应牢固可靠。为了应付突然加剧的冲击负荷,应有缓冲装置,而且在紧急情况下,为了保护拖船的安全,能够在拖缆张紧情况下进行拖钩。

(2)拖船在起拖时,由于车速控制不当极易使拖钩骤然受力,因此在拖船起拖时,工作人员应退离到拖钩后面,以保证安全。

(3)拖船在拖曳时,拖缆会左右摆动,甚至滑落舷外,为防止起拖时拖缆滑向两舷而荡于水中,及解拖时使拖缆固定便于解缆,可采用制缆索。

(4)进行解拖缆操作的人员,直至拖缆解脱前,其头部或身体不得超出拖缆承梁的高度,以防拖船或驳船队漂动,使拖缆拉紧摆动而危及工作人员安全。

二、顶推设备的使用和保养

1. 顶推设备的日常养护

(1)顶推设备的日常养护与系泊设备相同,应经常对各装置、构件等进行清洗、加油、除锈、涂漆。

（2）各部件如有磨损、变形、转动不灵等应立即修复。

2. 顶推设备的定期检查

（1）长缆系结装置的定期检查与系缆装置相同。

（2）无缆系结装置主要检查各装置是否灵便可靠，与船体连接处的接口、螺栓是否牢固。

（3）短缆系结装置主要检查紧缆器的效能，止逆棘齿是否牢固可靠，滑车缆桩转动灵活性及损耗程度。

3. 顶推设备操作注意事项

（1）系结缆绳必须绞紧，以人站立绞紧缆绳上无弹性为宜。

（2）连接锁与连接柱连接时，锁块必须落到位。旁挂连接时亦相同。

（3）短缆系结时，应预先从紧缆绞车上放出适当长度的缆绳。缆绳绞紧，止逆棘齿落位牢固可靠后，将手柄取下，将安全销插好。

第五节 起货设备的检查与保养

一、各零部件蚀耗标准

（1）吊杆、臂架、桅柱等金属构件的焊缝表面应均匀，不得有裂纹、焊瘤、咬口、气渣及未填满的凹陷存在。任何情况下，钢质吊货杆的壁厚应不小于 4 mm。

（2）吊杆轴线挠度不应超过长度的 1/1 500，臂架轴线挠度不应超过其长度的 1/1 000。

（3）起货设备固定及活动零部件的最大磨损超过原尺寸的 10% 或发生裂纹或有显著变形者均不得使用（绞车基座及周围构件的复制极限为 25%）。

（4）可卸零部件的耳环、链条环、环栓、拉板与吊钩等的最大蚀耗超过原尺寸 10%，销轴的最大蚀耗超过原直径的 6%，或有裂纹、显著残余变形者，以及滑轮轮缘有裂纹或折断者，不允许继续使用。

（5）吊货钩有裂纹或钩尖开口部分的伸长超过原有间距的 15% 时必须换新。

（6）钢丝绳在其 10 倍直径的长度内，有 5% 断丝或整股断裂或过度磨损、腐蚀，则必须换新。

（7）转环或转钩有明显变形或不能转动时不允许使用。

（8）滑车的滑轮衬套或轮毂有明显磨损时不能使用。

（9）制动装置衬垫有磨损时必须换新。

（10）起货机齿轮损坏时不允许使用。

二、检查和保养

检查期间应对起货设备定期进行检查保养。

1. 航次检查

重点检查与吊杆顶箍相连的卸扣、环、滑车、绑扎卸扣销子的细钢丝、吊货滑车、导向滑车、夹制品等。

2. 季度检查

对吊货滑车、导向滑车进行拆装、清洁并记录。检查吊杆顶箍的螺栓、眼板及转环、卸扣、眼环、吊货钩等。

3. 半年检查

拆卸千斤索滑车,记录受损情况;检查千斤索攀头竖销、横销磨损情况;拆卸鹅颈头,并保证其清洁,测量其磨损程度;检查吊杆承座横销磨损情况。

三、起重机试验

每台起重机应按表10-5规定的试验负荷进行试验,臂架应放置在经批准的设计图纸所规定的最大臂幅位置。试验应使用具有质量证明的重物悬挂于吊钩或吊具。重物吊离甲板后保持悬挂时间不少于5 min。

表10-5　起重设备的试验负荷　　　　　　　　　　　　　　(单位:kN)

安全工作负荷(SWL)	试验负荷
SWL≤196	1.25×SWL
196<SWL≤490	SWL+49
SWL>490	1.1×SWL

负荷试验前,应进行空载试验,即变幅、回转、制动、上下仰角的限位和可行走的起重机行走试验,检查起重机系统是否处于有效的工作状态。然后在试验负荷下进行慢速起升、回转与变幅试验,同时还应进行起升、回转与变幅机构的制动试验。可行走的起重机尚应在试验负荷下进行慢速全程行走试验。

具有不同臂幅对应不同安全工作负荷的起重机,应在各个不同臂幅对应的试验负荷下进行试验,对要求减少中间臂幅试验负荷的试验,将予以特别考虑。

对超负荷、超力矩保护装置应进行动作试验。

液力起重机如起升全部试验负荷不现实时,可减少试验负荷进行试验,但在任何情况下所采用的试验负荷应不少于1.1倍安全工作负荷。

起重机经超负荷试验后,应进行安全工作负荷下的操作试验,试验起升、回转和变幅的各挡运转速度,以确保表面运转情况、超负荷效能、负荷指示器与限位器等处于良好工作状态。

起重机试验完毕后应进行全面检查,核实是否有变形或其他缺陷存在。

四、起重机检验

1. 一般要求

(1)起重设备在投入使用前应进行初次检验;起重设备投入使用后,应进行定期试验和检验。

(2)起重设备可卸零部件在首次使用前,以及在使用中更换或修理影响其强度的部件,应进行验证试验和全面检查。

(3)当起重设备发生重大事故或发现重大缺陷,更换或修理影响其强度的部件时,船长或船东应及时报告船级社,以便能及时对起重设备进行检验。

（4）可卸零部件和钢索在每次使用前,应由船上职能人员进行检查,但在最近 3 个月内通过检查者可例外。对发现有断丝的钢索,每月至少应检查一次。

2. 检验要求

（1）初次检验

起重机初次检验内容包括:申请单位应按规定提供图纸资料一式 3 份,供批准和备查。检查已经批准的起重机设备设计图纸和技术文件。对起重机的主要结构件的尺寸、装置、布置、材料、焊接和制造工艺进行检查。逐个检查起重设备的零件,并检查证件,核对标记。其中设备在安装过程中应进行全面检查,安装完毕后,应按要求进行试验,确认整个设备可有效和安全工作,任何停车、控制和类似装置功能应正常。试验后,装置及其支承结构均应检验确定无变形或扭曲。起重机的产品出厂试验不能代替船上安装后的试验。初次检验合格后应签发相应的证书,并在"起重和起货设备检验簿"上签字。

（2）年度检验

年度检验应在初次检验或换证检验每周年日前或后 3 个月内进行,检验的项目有:吊杆装置的吊货杆和附连于吊货杆、桅或起重柱和甲板上的固定零部件,进行外部检查。可卸零部件应进行全面检查,钢索应进行外部检查。绞车、起重机、货物升降机、车辆跳板,应进行全面检查;检查起重机械、绞车等装置的使用、保养和修理记录,以确认其装置处于正常的维修保养状态。年度检验合格后应在"起重和期货设备检验簿"上签字。

（3）换证检验

在初次检验或换证检验后,每隔 4 年,应进行以下项目的换证检验:吊杆装置的吊货杆和附连于吊货杆、桅或起重柱和甲板上的固定零部件,应进行全面检查,吊杆装置应按要求进行负荷试验。起重机、货物升降机、车辆跳板应按要求做负荷试验,确认在试验负荷下操作状况是满意的,超负荷指示器和限位开关工作有效。

换证检验合格后应签发"起重设备检验与试验证书"或"双杆检验与试验证书"（如适用时）,并在"起重和起货设备检验簿"上签字。

（4）损坏和修理检验

起重设备的损坏和修理应及时通知船级社进行检验,检验范围应为验船师能查明的损坏程度和原因所必需的范围。起重设备检验师发现显著磨损或锈蚀超过本节第一部分内容规定时,应立即予以更换或修理。修理中更换的零件应附有试验证明,更换的构件材料应与原材料相当,修理完成后应按规定进行负荷试验,合格后签发"起重设备试验与检验证书",并在"起重和起货设备检验簿"上签字;尚未完成修理的设备应签注,该设备直到完成修理和试验前不能使用。

损坏和修理检验完成后,可签发检验情况报告,其内容应清楚地阐明以下方面:参加损坏检验的人员,说明损坏原因,发现的损坏程度和特征,进行过修理的范围和性质以及是否修复、试验负荷。

（5）展期检验

应船东申请,换证试验可推迟进行,但两次换证试验的间隔期不超过 5 年,且应是船旗国当局同意并授权 CCS 进行。展期检验范围应不少于规定的年度检验范围,以确认其适合于预定用途并处于正常工作状态。展期检验合格后应在"起重和起货设备检验簿"上签字。

若起重设备搁置或修理时间达 12 个月以上时,在重新投入使用之前应进行一次检查。

试验和检验的范围根据搁置和修理期间应进行的检验种类而定。如换证检验和负荷试验到期,则应按规定维持试验和检验,并签发证书,新的换证检验周期应从此次试验和检验完成的日期开始。

参 考 文 献

[1]金永兴,伍春生.船舶结构与设备[M].北京:人民交通出版社,2004.

[2]杨星.船舶结构与设备[M].武汉:武汉理工大学出版社,2013.

[3]余建星,苗春生,赵立财,等.深海结构与船舶设备[M].天津:天津大学出版社,2017.

[4]谢世平.船舶结构与设备管理[M].北京:人民交通出版社,2002.

[5]刁玉峰.船舶设备与系统[M].哈尔滨:哈尔滨工程大学出版社,2006.

[6]中国船级社.钢质海船入级规范(2006)[S].北京:人民交通出版社,2006.

[7]中华人民共和国船舶检验局.国际航行海船法定检验技术规则[S].北京:人民交通出版社,1999.

[8]中国船级社.钢质内河船入级与建造规范(2006)[S].北京:人民交通出版社,2006.